Ullstein Reiseführer

Der Autor

Hans Joachim Kürtz, geboren 1933 in Pommern, Fernsehjournalist und Buchautor, war zwölf Jahre Skandinavien-Korrespondent des ZDF. Gut drei Dutzend Reisen führten ihn dienstlich wie privat in die nordatlantischen Gebiete zwischen Spitzbergen und Grönland. Neben aktueller Berichterstattung auch mehrere Filmdokumentationen und zahlreiche Zeitschriftenveröffentlichungen über Island und Grönland in *Geo, Zeitmagazin, Merian* u. a. Lebt in Kiel.

Island
und
Grönland

Hans Joachim Kürtz

Ullstein

Ullstein Reiseführer
Ullstein Buch Nr. 32 139
im Verlag Ullstein GmbH,
Frankfurt/M – Berlin

3. aktualisierte und
überarbeitete Auflage
Umschlaggestaltung:
Hansbernd Lindemann
Umschlagfoto: Mauritius/F. Schulz

Satz: KCS GmbH, Buchholz/Hamburg
Lithos: Meisenbach, Riffarth & Co. –
Bruns & Stauff GmbH, Berlin
Druck und Verarbeitung:
Kösel GmbH & Co., Kempten/Allgäu
Printed in Germany
ISBN 3 548 32139 9

Gedruckt auf Papier mit chlorarm
gebleichtem Zellstoff

Die Deutsche Bibliothek –
CIP-Einheitsaufnahme

Kürtz, Hans Joachim:
Island und Grönland/Hans Joachim
Kürtz. – Frankfurt/M; Berlin: Ullstein,
1993
(Ullstein-Buch; Nr. 32139:
Ullstein-Reiseführer)
ISBN 3-548-32139-9
NE: GT

Inhalt

Island, die Insel aus Feuer und Eis

Die »Navigatio sancti Brendani« ist der erste Reisebericht, in dem Island erwähnt wird. Brendan, der wagemutige irische Abt, hatte seine Seefahrt um die Mitte des 6. Jahrhunderts unternommen. Voller Schaudern berichtet der Gottesmann, daß garstige Teufel auf der düsteren Insel riesige Schmiedefeuer geschürt hätten, was die Luft mit gewaltigem Donner, feurigen Wurfgeschossen und Getöse erfüllt habe.

Brendan beschreibt ziemlich exakt eines der für Island typischen Naturphänomene. Offensichtlich war er Zeuge eines Ausbruchs des auch später noch als Fegefeuer verrufenen Vulkans Hekla geworden. Dem heiligen Iren hatte das Teufelswerk einen solchen Schrecken eingejagt, daß er Island nur vom Meer aus anzuschauen wagte. Heute aber ist es gerade das dramatische Naturtheater von vulkanischen Kräften, eisigen Gletschern und einer urzeitlichen Landschaft, das die Touristen auf die »Insel aus Feuer und Eis« lockt.

Island, dieser eigenwillige Vorposten Europas weit draußen im Nordatlantik, ist – so Halldór Laxness – das Land, wo »das Feuer zu Erde, die Erde zu Wasser, das Wasser zu Luft und die Luft zu Geist« geworden ist. Das anhaltende Ringen von Vulkanen und Gletschern um die Vormacht, das Kräftespiel der beiden feindlichen Elemente Feuer und Eis prägt die faszinierende Landschaft Islands.

So suchen die Touristen hier auch nicht großartige architektonische Hinterlassenschaften früher Kulturen oder Geschichtsepochen, sondern die ursprünglichen Denkmäler der Natur. Sie geben der Insel ihre Faszination. Hinzu kommen die Menschen. Sie sind selbstbewußt und stolz, weltoffen und karg, fatalistisch und zupackend – anders hätten sie das harte Dasein nicht gemeistert. Und: Sie sind liebenswürdig und gastfreundlich. Schließlich: sie stecken voller Spiritismus und Aberglauben.

Vieles ist in den letzten Jahren in Island geschehen, was das Reisen leichter und den Aufenthalt komfortabler macht. Dennoch muß man sich viele Erlebnisse noch immer mit Verzicht auf Bequemlichkeit erkaufen. Aber gerade das macht die Insel liebens- und erlebenswert.

Islands
Lebenszentren

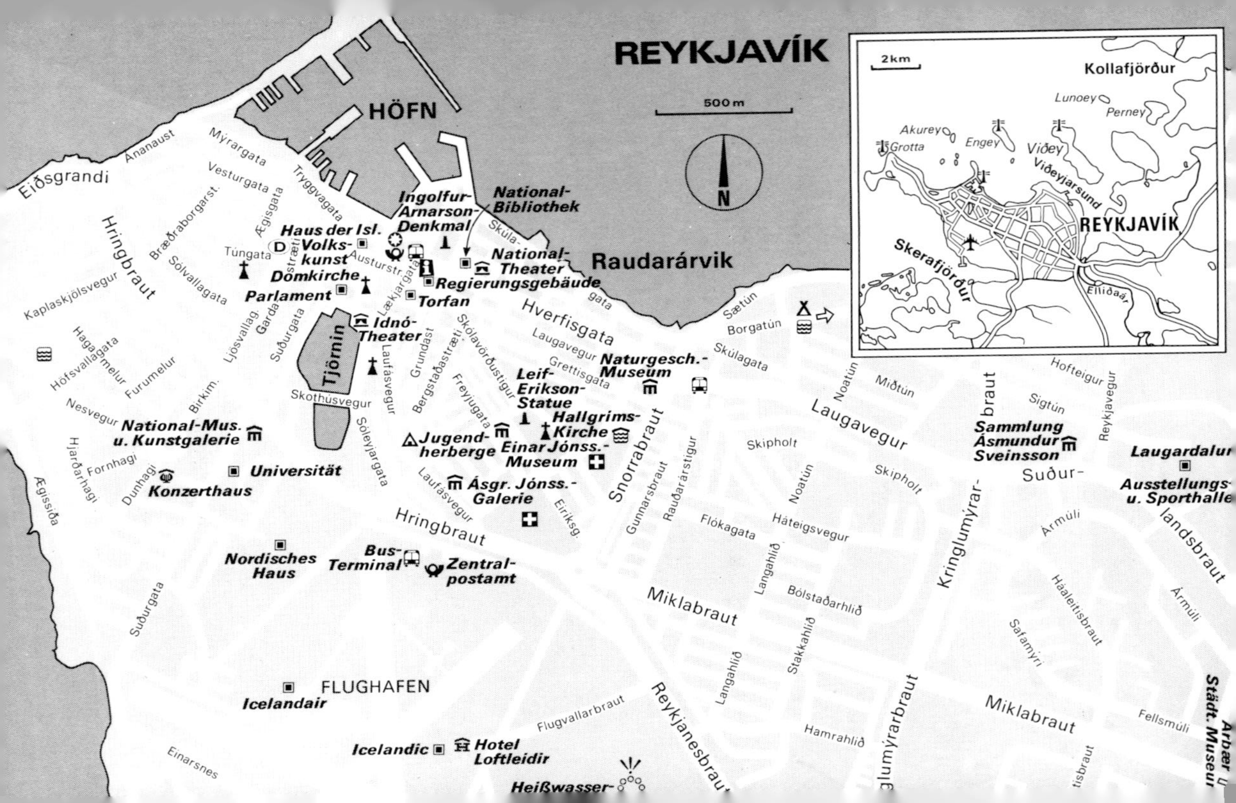

REYKJAVÍK
500 m
N
HÖFN
Raudarárvik
Ingolfur-Arnarson-Denkmal
National-Bibliothek
National-Theater
Regierungsgebäude
Haus der Isl. Volkskunst
Domkirche
Parlament
Torfan
Idnó-Theater
Tjörnin
Naturgesch.-Museum
Leif-Erikson-Statue
Hallgrims-Kirche
Jugendherberge
Einar Jónss.-Museum
Ásgr. Jónss.-Galerie
National-Mus. u. Kunstgalerie
Universität
Konzerthaus
Nordisches Haus
Bus-Terminal
Zentral-postamt
FLUGHAFEN
Icelandair
Icelandic
Hotel Loftleidir
Heißwasser-
Sammlung Ásmundur Sveinsson
Laugardalur
Ausstellungs- u. Sporthalle
Árbær u. Städt. Museum
Eiðsgrandi
Ánanaust
Mýrargata
Vesturgata
Tryggvagata
Ægisgata
Bræðraborgarst.
Túngata
Hringbraut
Sólvallagata
Kaplaskjólsvegur
Hagamelur
Hofsvallagata
Furumelur
Ljósvallag.
Garðastræti
Suðurgata
Austurstr.
Lækjargata
Skúlagata
Hverfisgata
Laugavegur
Grettisgata
Skólavörðustígur
Bergstaðastræti
Grundarst.
Freyjugata
Laufásvegur
Skothúsvegur
Sóleyjargata
Birkim.
Nesvegur
Hjarðarhagi
Fornhagi
Dunhagi
Ægissíða
Eiríksg.
Snorrabraut
Gunnarsbraut
Rauðarárstígur
Sætún
Borgatún
Nóatún
Miðtún
Skipholt
Flókagata
Háteigsvegur
Langahlíð
Bólstaðarhlíð
Stakkahlíð
Hamrahlíð
Miklabraut
Reykjanesbraut
Flugvallarbraut
Einarsnes
Kringlumýrarbraut
Hofteigur
Sigtún
Reykjavegur
Suðurlandsbraut
Ármúli
Háaleitisbraut
Safamýri
Fellsmúli
2 km
Kollafjörður
Lunoey
Perney
Akurey
Engey
Viðey
Viðeyjarsund
Grotta
REYKJAVÍK
Skerafjörður
Elliðaár

Gott Oðin, dem Stammvater der Asen im Germanenhimmel, verdanken die Isländer die Runen und den Met. Erstere benutzten sie so lange als Schriftzeichen, bis sie ihre Helden- und Götterlieder in lateinischen Lettern zu Pergament bringen konnten. Letzterer dient ihnen noch heute als willkommener Vorwand für ungetrübte Trankesfreude. Oðin aber tat noch ein weiteres: Er wies den Isländern den Platz an für ihre Hauptstadt *Reykjavík*, im ebenen Südwesten der Vulkaninsel, an der Faxaflói. An die Ufer dieser Bucht waren jene geschnitzten Pfosten des heiligen Hochsitzes getrieben, den der erste Dauersiedler, *Ingólfur Arnarson*, nach altem Wikingerbrauch über Bord geworfen hatte, als sein Auswandererschiff sich der isländischen Küste genähert hatte. Die magischen Hölzer dienten ihm als eine Art Orakel. Denn dort, wo Oðin sie an Land treiben ließ, wollte Ingólfur seinen Wohnsitz nehmen. Mit der *Faxabucht* war der Platz so günstig gewählt, daß er sich am Ende sogar für die Hauptstadt eignete – für die nördlichste Metropole der Welt. Doch dazu mußte noch ein Jahrtausend ins Land gehen.

Wer nach Island reist, kann Reykjavík kaum übergehen. Dafür sorgt schon die ganz auf die Hauptstadt ausgerichtete Infrastruktur des Landes. Zwei, drei Tage Zeit sollte man sich für die Entdeckung dieser ungewöhnlichen Weltstadt unbedingt lassen. Immerhin: Reykjavík war 1986 als Ort des Gipfeltreffens Reagan/Gorbatschow für zehn Tage Mittelpunkt des Weltgeschehens.

Panorama über Reykjavík

Wer sich mit den topographischen Gegebenheiten von Reykjavík vertraut machen will, sollte als erstes auf den *Öskjuhlíð* steigen, den Hügel mit den Heißwassertanks der Fernheizung, die seit 1990 von einer riesigen Stahl- und Glaskuppel mit Reykjavíks originellstem Aussichtsrestaurant gekrönt werden. Zur offenen See hin liegt – locker über die buchtige Halbinsel ausgebreitet – das Zentrum der Stadt. Diese protzt nicht mit einer beeindruckenden Skyline. Es überwiegen noch immer die flachen Bauten, nur wenige übersteigen 4 Etagen. So ist es eher die

S. 10/11: *Þingvellir mit tektonischem »Riß«*

Physiognomie einer Kleinstadt, die sich da zeigt, bescheiden-zurückhaltend, von Grün durchzogen und farbig-heiter. Der Hafen liegt unter uns mit seinen Frachtschiffen, Fähren und Fischkuttern. Er schiebt sich bis in das Herz der Stadt hinein.

Aber auch die umgebende Landschaft gehört zum Bild Reykjavíks, das Meer, das seine Wogenberge in die Faxabucht drängt, und der hochgewölbte Himmel mit seinem wechselvollen Wolkentheater und seinen Lichtstimmungen. Nach Süden trennt Reykjavík ein schmaler Fjord von der benachbarten Halbinsel mit der Vorstadt *Kópavogur* und den *Reykjanes-Bergen* am Horizont. Den Blick nach Norden verstellt die Felsenkulisse der »Esja«, deren schneebedeckte Gipfel in ständig wechselnden Licht- und Farbspielen leuchten. Bei klarer Sicht zeigt sich im Nordwesten die Eiskappe des Snæfells-Gletschers.

Kein Rauch über der Rauchbucht

Die klare Sicht: sie fällt uns hier oben auf dem Heißwasserhügel als erstes auf. Denn die Luft über der Stadt mit ihren 100 000 Einwohnern ist ungewohnt klar und ohne die Dunstglocke, die auf dem Kontinent über den Städten hängt. Keine qualmenden Schornsteine schicken hier die Abgase verbrannter Kohlen oder verheizten Öls gen Himmel. Dabei bedeutet der Name der Stadt übersetzt: »Rauchbucht«. Landnehmer Ingólfur hatte die Gegend so getauft, als er dort, wo sein Hochsitzpfeiler an Land getrieben war, Dampfwolken von heißen Quellen aufsteigen sah. Solche natürlichen *Heißwasserquellen* haben die Isländer jahrhundertelang für den Hausgebrauch genutzt – zum Baden, Waschen und zum Garen ihrer Schwarzbrote.

Heute wird das heiße Wasser durch ein System von Tiefbrunnen und Pipelines in ganz Reykjavík frei Haus geliefert und die Stadt bis zur letzten Wohnung geothermisch fernbeheizt. Reykjavík war die erste Stadt der Welt, die sich komplett der natürlichen kostenfreien »Fußbodenheizung« im vulkanischen Untergrund bediente – was die Verbrennung von einer halben Milliarde Liter Heizöl pro Jahr überflüssig macht.

Die Reykjavíker haben – als geschichtsbewußte Isländer – ihrem ersten Bürger Ingólfur ein Denkmal gesetzt. Im Panzerhemd, mit Schild und Speer, den gefürchteten Drachenkopf des Schiffsstevens vor sich, blickt der alte Wikinger vom *Arnarhóll* (Adlerhügel) herab auf das Herz der Stadt, den *Lækjartorg*. Dort, zu beiden Seiten des Regierungsgebäudes, halten zwei weitere Bronzestandbilder aus der Werkstatt des berühmten Einar Jónsson (1874–1954) das Gedenken an die Historie wach: die Denkmäler von Dänenkönig Christian IX. und dem Dichter Hannes Hafstein. Nimmt man noch das Monument von Jón Sigurðsson vor dem Parlamentsgebäude am *Austurvöllur* dazu, das ebenfalls von Einar Jónsson stammt, hat man einige der wichtigsten Stationen der isländischen Geschichte beisammen.

Islands Helden

Beschränken wir uns bei dem historischen Exkurs hier auf jene vier Bronzehelden, weil sie symbolhaft auch für die Entwicklung der Stadt

Blick über Reykjavík

Reykjavík stehen. Wie Archäologen beweisen konnten, haben hier schon vor dem Jahr 900 Menschen gelebt. Das bestätigt ziemlich exakt die Zeitangabe der Besiedlung, die Ari Þorgilsson der Weise vor 850 Jahren in seinem *Íslendigabók* (»Isländerbuch«) niedergeschrieben hatte.

Allerdings ging es mit dem Ort an der Rauchbucht nur langsam aufwärts. Als 1703 die gesamte Bevölkerung Islands bei der ersten exakten Volkszählung Europas amtlich erfaßt wurde, lebten in Reykjavík nicht einmal 200 Menschen. Dennoch erhielt der Ort 1786 die Rechte eines königlichen Kaufortes. Zwölf Jahre später wurde das Althing, das Parlament, von Þingvellir in die neue Stadt verlegt. Sie war – seit dem Bau der Domkirche am Stadtsee – auch Bischofssitz und Sitz der Lateinschule. Und selbst ein Gefängnis hatte man am Lækjartorg errichtet.

Island war damals Teil des dänischen Königreiches, und so waren es vor allem die vom Außenhandelsmonopol begünstigten dänischen Kaufleute, die dem Stadtzentrum das Gesicht gaben. Sie bauten ihre vergleichsweise stattlichen Häuser entlang des *Torfan* (»Torf«), der heutigen *Lækjargata*. Zu dieser Zeit betrat jener *Jón Sigurðsson* (1811–1878) die politische Bühne Islands. Er wurde zum leidenschaftlichen Vorkämpfer für die Unabhängigkeit des Landes und damit zum größten Helden der Nation. Sein Geburtstag am 17. Juni wird als Nationalfeiertag begangen. Und so wählte man auch für die Ausrufung der Republik Island im Jahre 1944 den 17. Juni.

Dem Einsatz Sigurðssons vor allem ist es zuzuschreiben, daß Dänenkönig Christian IX. zur Tausendjahrfeier der Besiedlung Islands, 1874, als Geburtstags-Präsent eine eigene Verfassung für die Insel mitbrachte, allerdings unter der Oberhoheit der dänischen Krone. Die Reykjavíker dankten ihm die damit verbundene weitere Aufwertung ihrer Stadt mit dem Standbild am *Lækjartorg*. Als 1904 dann der erste isländische Minister mit Dienstsitz in Reykjavík die Arbeit aufnahm, war das der Dichter und Schriftsteller Hannes Hafstein, der heute – in Bronze gegossen – dem Dänenkönig am Lækjartorg Gesellschaft leistet.

Die Präsidentin im Gefängnis

Bleiben wir noch am Lækjartorg, bei dem bescheidenen Gebäude, das der neunte Christian und Dichter Hafstein flankieren. Es handelt sich um das 1770 gebaute Gefängnis und damit um eines der ältesten Häuser der Stadt. Heute jedoch hat die vormalige Besserungsanstalt für Tagediebe, Landstreicher und Totschläger höhere Weihen: Sie ist Amtssitz des Staatspräsidenten. Letzterer ist seit 1980 eine Frau: die charmante und standhafte *Vigdís Finnbogadóttir*. Sie schlug in drei Wahlen ihre drei männlichen Gegenkandidaten aus dem Feld.

Wache stehen vor dem *Stjórnarraðið*, dem Regierungshaus nur die beiden vorerwähnten Bronzestatuen – die Tür ist für jedermann offen. Und jedermann kann unangemeldet um ein Gespräch mit der Staatspräsidentin nachsuchen. Wenn deren Terminkalender es erlaubt, kann der Besucher auf der Stelle sein Anliegen vortragen oder auch nur seine Meinung äußern. 1986 fungierte sie als ebenso liebenswürdige wie selbstbewußte Gastgeberin des amerikanisch-sowjetischen »Gipfels«.

Parlament und Domkirche – zwei Nationalsymbole

Nur ein paar Gehminuten vom Regierungsgebäude entfernt, am Austurvöllur-Platz, finden wir zwei weitere Gebäude, die für das nationale Selbstbewußtsein der Isländer eine symbolhafte Bedeutung haben. Das eine ist das *Altþingishúsið*, das Parlament, ein düsteres, dreistöckiges Gebäude aus behauenem Basalt. Das *Althing* (Alðing) kann sich rühmen, das älteste Parlament der Welt zu sein. Schon im Jahre 930 war es – als Versammlung der freien Siedler – auf der Ebene von Þingvellir zusammengetreten. 1798 wurde es nach Reykjavík verlegt. Nach fast fünfzigjähriger Schließung durch den Dänenkönig tagte es seit 1845 in der Lateinschule. 1881 zog es in das eigene Gebäude ein.

Das zweite »nationale« Bauwerk ist das benachbarte, unscheinbare Gotteshaus mit dem aufgestülpten Glockentürmchen: die *Lutherische Domkirche*. Sie wurde gebaut, als der Bischof von Skálholt im einsamen Inselinneren die Gelegenheit beim Schopf ergriff, in die »Stadt«

Reykjavík umzusiedeln. Den Grund hatte ihm 1784 eine göttliche Heimsuchung geliefert – ein Erdbeben hatte seinen jahrhundertealten Bischofssitz einstürzen lassen. Der Umzug gab der jungen Stadt kräftigen Auftrieb. Als von der neuen geistigen Metropole der Insel die politischen Impulse für das Ringen um die Unabhängigkeit ausgingen – vor allem von Jón Sigurðsson –, spielte auch die Domkirche eine wichtige Rolle. In ihr erklang dann 1874 zum ersten Mal die isländische Nationalhymne.

Zementstil gegen Holzstil

Reykjavík, sagen die Isländer, kenne nur zwei Stilepochen – die Bauten vor der Errichtung der staatlichen Zementfabrik auf Akranes und die Bauten danach. Tatsächlich hatten *vor* dem Zementzeitalter Holzhäuser das Gesicht der Stadt geprägt – zunächst altisländisch mit Torf- und Grassoden verkleidet, seit der Jahrhundertwende mit Wellblech. Als man dann im Borgarfjörður eine abbauwürdige Muschelbank entdeckte, konnte man mit deren Hilfe auf der Insel eigenen Zement produzieren. Dann begann die »Betonperiode« in der isländischen Baugeschichte, wobei man offenbar seinen ganzen Ehrgeiz daran setzte, der Hauptstadt möglichst schnell ein neues, funktionalistisches Zementgesicht zu geben. Vieles, was von der ursprünglichen Bausubstanz die Zeitläufe überlebt hatte, fiel dabei der Spitzhacke zum Opfer.

Doch einiges konnte noch in letzter Minute gerettet werden. Dazu gehört die Häuserzeile am »Torfan«, dem kleinen Grashang zwischen dem Regierungsgebäude und der *Menntaskólinn*, dem ältesten Gymnasium der Insel. Mit Ausnahme des später errichteten *Gimli-Hauses* wurden die Häuser des »Torfan« in der zweiten Hälfte des vorigen Jahrhunderts von wohlhabenden Kaufleuten nach vorherrschendem dänischem Geschmack erbaut. Das war später einer der Gründe dafür, daß man im Zeichen des neuen Nationalismus diese »verrotteten Symbole der Dänenzeit« nur allzugern beseitigt hätte. An ihrer Stelle sollten Betongebäude aus dem »Torfan« wachsen. Die Abbruchpläne spalte-

Eríksson-Denkmal vor der Hallgrímskirche

ten Island in zwei gegnerische Lager, die sich über die Jahre hinweg heftig befehdeten, wobei man 1977 sogar versuchte, mit Brandstiftung vollendete Tatsachen zu schaffen.

Doch die Abrißgegner obsiegten am Ende. Die Häuser wurden unter Denkmalschutz gestellt und bis hin zum letzten Fensterrahmen stilgetreu restauriert. Heute befinden sich hinter den schwarzgeteerten Holzfassaden zwei der besten Restaurants der Stadt, »Torfan« und »Lækjarbrekka«. Weitere Häuser mit Geschäften und Boutiquen sind mit viel Stilgefühl in die Bebauung eingefügt worden.

Wellblech in Norwegischem Stil

Während im übrigen Stadtzentrum die alten Häuser den Platz für moderne Zweckbauten räumen mußten, blieben die angrenzenden Quartiere vorerst von der Betonlawine verschont. Doch Ende der sechziger Jahre tauchten die ersten Planierraupen auch dort auf. Opfer waren zahlreiche Häuser, die um die Jahrhundertwende im sogenannten Norwegischen Stil gebaut waren. Ihn hatten die norwegischen Heringshändler mit auf die Insel gebracht. Die stattlichen, zweistöckigen Holzbauten mit reichem Dekor fanden schnell Nachahmer – isländische Zimmerleute fügten den importierten Vorbildern zusätzlichen Fassadenschmuck aus neoklassizistischen und Jugendstil-Elementen hinzu. Ihre eigentliche isländische Ausformung fanden diese Bauten dann durch die Wellblechverkleidung der Holzfassaden. Dieses Material schützte die Bretterwände vor dem häufigen Regen. Als immer mehr dieser Zeugen des Wellblech-Zeitalters verschwanden, regte sich Bürgerprotest. So hatten im Sommer des Jahres 1973 junge Menschen über Nacht eine große Zahl der vom Abriß bedrohten Häuser in leuchtenden Farben angestrichen. Das ließ die Stadtväter und die Behörden im Rathaus aufwachen. Abbruchgenehmigungen wurden fortan nicht mehr so großzügig erteilt. Und: Die Protestfarben gefielen vielen Althausbesitzern so gut, daß ihr Wellblech heute auch in lebhaften Farben leuchtet, vor allem in den Straßenzügen südöstlich des Zentrums.

Die »Eiskappe« und der »wahre« Entdecker Amerikas

In diesem Stadtviertel ragt von der Hügelkuppe des *Skólavörðuheað* auch die absolute Krönung des Zementzeitalters in den Himmel über Reykjavík: die nach fast fünfzig Baujahren noch immer nicht vollendete *Hallgrímskirche*, benannt nach dem größten geistlichen Poeten der Insel, Hallgrímur Pétursson (1614–1674). Dem Architekten Guðjón Samúelsson, der u.a. das Nationaltheater entworfen hat, stand bei seiner Arbeit die Kulisse der heimischen Bergwelt mit ihren Basaltsäulen-Orgeln und den mit Eiskappen bedeckten Gipfeln vor Augen. Das Resultat waren vier bugartig aufsteigende Reihen von Betonsäulen, die den hohen Turm flankieren. Und da Samúelsson bewußt nur heimisches Baumaterial verwenden wollte, griff er auf den hellen Zement aus Akranes zurück.

Seine »Eiskappe« über Reykjavík mit dem Kirchenschiff für 1300 Gläubige und dem 75 Meter hohen Turm fiel zu großzügig aus – der zuständigen Gemeinde ging immer wieder das Geld aus. Immerhin: Nach vielen Anläufen wurde die Kathedrale so weit fertiggestellt, daß seit Ende der achtziger Jahre in ihr Gottesdienste gefeiert werden können. Der Turm kann von Touristen als Aussichtsplattform hoch über der Stadt benutzt werden – gegen Gebühr, die in die Baukasse fließt.

Der kühne Wikinger übrigens, der vor der Kirche angestrengt nach Westen blickt, ist *Leifur Eríksson* der Glückliche, der Entdecker Amerikas. Die Bronzestatue ist ein Geschenk des amerikanischen Volkes zur Tausendjahrfeier des isländischen Parlaments im Jahre 1930 und stammt von dem amerikanischen Bildhauer Stirling Calder.

Bildhauerkunst in Gärten

Zu Füßen der Hallgrímskirche, in der Eriksgata, hatte einer der beiden großen isländischen Bildhauer, *Einar Jónsson* (1874–1954), seine Werkstatt – in einem Museum, das ihm die Stadt Reykjavík zu Lebzeiten nach seinem eigenen Entwurf errichtet hatte. Den großen Garten rund um das eigenwillige Gebäude hat man kürzlich zu einem öffent-

Typisch isländisches Einfamilienhäuschen

lichen Park umgestaltet, in dem viele der Skulpturen Jónssons zu sehen sind. Seine ungezügelte Phantasie, die Vielfalt seiner Darstellungsformen, die Umsetzung von mythologischem, magischem und religiösem Gedankengut in die Skulptur haben ihm den Ruf eines »Dichters der isländischen Bildhauerkunst« eingetragen. Einen Rundgang durch diesen Garten und einen Besuch im Museum sollte man nicht versäumen. Das gilt auch für die Sammlung der Werke des anderen großen Bildhauers, *Ásmundur Sveinsson* (geb. 1893), am östlichen Stadtrand (Ecke Sigtún/Reykjavegur). Das ausgedehnte Gartengelände rund um das weißgetünchte Kuppel-Atelier ist zu einer Freiluftgalerie für Sveinssons monumentale Skulpturen geworden. Kunstinteressierten empfehle ich auch den Besuch der Ausstellungshalle »Kjarvalstaðir« (Miklatúni), die ihre Tore bis um 22 Uhr offenhält. Diese Galerie zeigt das Lebenswerk des wohl populärsten isländischen Malers, *Jóhannes Kjarval* (1885–1972), in dessen Bildern die mystifizierte Natur Islands eine besondere Rolle spielt. Außerdem finden hier ständig Sonderausstellungen statt. Einen generellen Überblick über das Kunstschaffen der

Vergangenheit bietet die staatliche Kunstsammlung im *Nationalmuseum* (Hringbraut – nahe der Universität). In dem Museum sind auch sehenswerte Sammlungen von Funden aus der frühen Wikingerzeit und von sakraler Volkskunst des Mittelalters untergebracht.

Sires Pfannkuchen

Wer mehr über die Vergangenheit Reykjavíks und über die isländische Lebensweise im letzten Jahrhundert wissen möchte, sollte zu dem 1957 gegründeten Freilichtmuseum *Árbœr* vor den Toren der Stadt hinausfahren (Buslinie 10). Auf dem Gelände eines typischen Bauernhofes vom Beginn unseres Jahrhunderts hat ein Dutzend alter Gebäude, die dem Beton weichen mußten, eine neue Heimat gefunden. Das älteste Bürgerhaus ist das *Smiðshús* von 1820, das typisch für die Zeit ist, in der die fremden Kaufleute das Geschehen in der kleinen Stadt mit ihren 500 Einwohnern beherrschten. Damals lebte die ärmere Bevölkerung in Häusern, die eher grassodenbedeckte Hütten waren, während die Handwerker – wie das Schmiedehaus zeigt – sich schon bescheidene Holzhäuser aus importiertem Baumaterial leisten konnten. Als Ende des 19. Jahrhunderts, mit dem Aufblühen der Fischverarbeitungsindustrie, die Einwohnerzahl Reykjavíks in die Höhe schnellte, entstanden zahlreiche kleine Häuser, bei denen die Wände aus aufgeschichtetem Felsgestein, die Giebel aus Brettern und die Dächer aus Wellblech waren. Diese Periode ist mit mehreren Beispielen in Árbær vertreten.

Von besonderem Interesse ist die kleine Kirche aus dem Jahre 1842 mit ihren grasüberwachsenen Wänden aus Fels und Torf und dem geteerten Holzgiebel, die aus Nordisland in das Museum gebracht wurde. Sie dient nach wie vor als Gotteshaus – für eine der neuen Wohnsiedlungen in der Nachbarschaft. Und auch das *Dillon-Haus* dient seinem alten Zweck. Der irische Adelige Arthur E. D. Dillon hatte es 1867 für seine Geliebte Sire Ottensen bauen lassen, die darin nach dem Techtelmechtel eine Gaststätte errichtete. Heute werden in den gemütlichen Räumen der Jungfer Sire den Museumsbesuchern Kaffee und die jedem rechten Isländer unentbehrlichen Pfannkuchen serviert.

Fisch – der Gott der Isländer

Reykjavík lebt heute vor allem von der Dienstleistung, von der zentralen Verwaltung, den öffentlichen Institutionen, der Universität, dem Handel, den Banken und dem Verkehr. Bummeln wir durch die Einkaufsstraße, den Laugavegur und die Bankastræti hinab über den Lækjartorg in die lebhafte Fußgängerzone der Austurstræti, so hört und riecht man schon den Hafen, die Schlagader der Wirtschaft. Schiffe aus »Übersee«, aus Europa und den USA liefern hier ihre Fracht ab – der Bedarf an Importgütern ist gewaltig. Außer der Aluminiumfabrik in Straumsvík und den Fischfabriken besitzt Island kaum nennenswerte Industrie. Fisch macht fast 80 % des isländischen Exports aus. Die meisten Waren des täglichen Bedarfs und die Investitionsgüter kommen aus dem Ausland.

Praktisch im Alleingang, ohne Abstimmung mit den Nachbarn hatte Island seine Hoheitsgewässer von 3 auf 12, von 12 auf 50 und von 50 auf 200 Seemeilen ausgeweitet. Das traf vor allem die britischen Fischer – die stolze Seefahrernation war nicht bereit, das hinzunehmen. Es kam zu drei »Kabeljaukriegen« zwischen England und Island. Beim ersten – 1958 – bombardierte man sich noch verbal, doch in den folgenden beiden Kriegen bemühte man »Thor«: Das nach dem Kriegsgott benannte Boot der isländischen Küstenwache feuerte Warnschüsse vor den Bug britischer Marineeinheiten. Die Kriegsschiffe Ihrer Majestät setzten sich zur Wehr, aber am Ende mußte London dennoch kapitulieren und erkannte die 200-Meilen-Zone an.

Wenn wir unseren Spaziergang an der Wasserfront fortsetzen, endet unser Weg nach gut zehn Minuten im *Fischereihafen*. An einem Gewirr von Brücken und Kais dümpeln hölzerne Kutter und stählerne Trawler, eine quirlige Armada von Fangfahrzeugen. Tauwerk knirscht, Fender stöhnen, Schornsteine tuckern ihr Stakkato. Ein Wald von Masten schwankt vor der sanft ansteigenden Kulisse der Stadt, die von der Orgelpfeifen-Fassade der Hallgrímskirche überragt wird. Kreischende Kräne hieven Kiste auf Kiste mit allerlei Seegetier an Land: Rotbarsch und Rochen, Heilbutt und Hering, Seezungen, Schellfisch und Seeteufel. Vor den Fischmehlfabriken saugen riesige Rüssel glitzerndes Silber aus den randvollen Laderäumen von Trawlern – die millionenfach aus dem Meer geschürften, sprottengroßen Lodden. In den Fabrikgebäuden neben dem Hafen wird im Akkord gesäubert, filetiert, verpackt.

Halldór Laxness kommt in Erinnerung, der den Fisch den eigentlichen Gott der Isländer genannt hat: »Hier wohnt das wahre Island, die Seele unseres Volkes, der Gott unseres Volkes«, heißt es in seinem *Fischkonzert*.

Kinderarbeit nach Tarif

Bummeln wir zurück vom Hafen in das Zentrum der Stadt, an den *Tjörnin*, den Stadtteich, mit seinen Schwärmen gefiederter Bewohner, oder in die Parkanlagen, deren Pflege in den Sommermonaten das Privileg der Schuljugend ist. Denn »Kinderarbeit« in den langen Sommerferien hat alte Tradition, an der niemand zu rütteln wagt. Im Gegenteil: Da heute auf den Bauernhöfen längst nicht mehr so viele helfende Hände gebraucht werden wie früher, bemühen sich die Städte, kommunale Ferienarbeitsplätze für Schüler zur Verfügung zu stellen. Ihr Angebot reicht vom Straßenbau bis zur Müllabfuhr – wobei die Pflegearbeiten in den öffentlichen Anlagen und auf Friedhöfen besonders beliebt sind. Für die Entlohnung gibt es einen regelrechten Tarif, der mit dem Salär für Elfjährige beginnt. Ein Teil des Lohnes muß »zwangsgespart« werden, so daß die jungen Erwachsenen dann über ein gutes Startkapital beim Eintritt in das Erwerbsleben verfügen. Die Abschaffung dieser Art von legaler »Kinderarbeit« hätte sicher einen Aufstand zur Folge.

Árnagarður, die Heimstatt der Sagas

Als man den »Árnagarður«, das *Árni-Magnússon-Institut* der Universität, baute, vergaß man Stahltüren und Klimaanlagen nicht. Denn dieses Gebäude sollte einen der kostbarsten Schätze des europäischen Kulturerbes aufnehmen: die Handschriften der isländischen Sagas, der Edda-Lieder und der Skalden-Dichtung – Manuskripte aus der Blütezeit der altisländischen Literatur vom 11. bis zum 14. Jahrhundert.

Denn ausgerechnet auf der fern von den kulturellen Zentren des Abendlandes gelegenen Insel ist eine Fülle von Zeugnissen altgermanischer Poesie und Prosadichtung erhalten geblieben, während auf dem Kontinent nur Bruchstücke davon die Jahrhunderte überlebt haben. Für die Isländer haben diese Handschriften, die im Árnagarður erforscht und der Öffentlichkeit gezeigt werden, den Rang von weihevollen, nationalen Reliquien. So tragen sie es ihrem Landsmann Árni Magnússon (1663–1730) noch immer nach, daß er vor fast 300 Jahren den größten Teil der kunstvoll ausgestalteten Manuskripte nach Dänemark verfrachtet hatte, wo er an der Universität Kopenhagen eine Professur hatte.

Als »Arnamagneische Sammlung« hütete die Universität Kopenhagen fortan die geretteten Zeugnisse isländischen Kulturerbes – nicht allzugut, wie sich bald zeigte. Denn 1728 fiel ein großer Teil der Kollektion einem Feuer zum Opfer. Mit dem wachsenden Nationalismus auf der Insel wurde der Ruf nach einer Rückführung der Manuskripte immer lauter. Aber die Dänen stellten sich taub. Doch 1961, und vier Jahre später noch ein zweites Mal, faßte das dänische Parlament den Beschluß, dem leidigen Drängen der nordischen Vettern nachzugeben und den Großteil der Handschriften wieder in deren Heimat zurückzuführen.

Die Rückkehr der Edda

Im April 1971 war es dann endlich soweit: An Bord des dänischen Kanonenschiffes *Vædderen* kehrten – bei Lloyds mit 600 Millionen Mark versichert – die *Ältere Edda*, die im *Codex regius* aufgezeichnet ist, und das um 1380 geschriebene *Flateyjarbók*, das Flatey-Buch, heim nach Island. In Reykjavík, so wird berichtet, hatte sich die halbe Einwohnerschaft der Insel zur Begrüßung versammelt. Sie wurde Zeuge, wie unter den Klängen der Nationalhymne von dänischen Matrosen in Paradeuniform ein enttäuschend unscheinbares Paket feierlich an Land getragen wurde – ein in wasserdichtes Ölpapier verpacktes Stück isländischen Nationalbewußtseins. 1500 weitere Handschriften sollen bis 1996 ausgeliefert werden.

An drei Nachmittagen in der Woche öffnen die eifrig forschenden »Schriftgelehrten« ihre Schatzkammer für die Öffentlichkeit. Da kann man an ausgesuchten Originalbeispielen sehen, was der große Snorri Sturluson, der Lehrmeister frühmittelalterlicher Liedermacher und Urvater des Genres »Dichtung und Wahrheit«, zu Pergament gebracht hatte oder was Ari Þorgilsson, der Gelehrte, über die Besiedlung der Insel niederzuschreiben wußte. Gesetzesabschriften werden gezeigt oder Heiligenlegenden, von unbekannten Meistern der Schreibkunst angefertigt, oder mit farbigen Miniaturen illustrierte Sagas, aus denen sich manch kulturgeschichtliches Detail ablesen läßt. »Erstausgaben«, also originale Manuskripte, gibt es praktisch nur aus dem 14. und 15. Jahrhundert. Aber auch die frühen Kopien, die man abschrieb, wenn die Originale durch häufiges Vorlesen an den langen Winterabenden abgegriffen waren, sind oft kalligraphische Kunstwerke.

Schreibwütige Bauern

Die Runen, die Oðin den Wikingern geschenkt hatte, reichten zwar für knappe, sachliche Informationen aus, nicht aber für die Konservierung literarischer Werke. Erst die lateinischen Lettern, die mit der Christianisierung (im Jahr 1000) auf die Insel kamen, verursachten eine überraschende Schreibwut der Isländer. Bis dahin waren die alten Mythen um die germanischen Gottheiten, die Heldenlieder und die Memoiren der ersten Siedler von Generation zu Generation mündlich weitergegeben worden. Und da die Winterabende lang waren und andere Kurzweil fehlte, wurden die Geschichten oft wiederholt, so daß sie sich fest einprägten. Dadurch wurde die Erinnerung an Geschehnisse und Personen zurück bis in die Zeit der Landnahme und darüber hinaus bewahrt. Außerdem sorgte die Isolation des Insellebens dafür, daß diese frühe »mündliche Literatur« der Isländer nur wenigen Fremdeinflüssen ausgesetzt war. Nur die Phantasie der jeweiligen Erzähler veränderte sie durch Ausschmückungen, Verwechslungen, Vermischungen und Weglassungen. Dieses »Zeitalter der Überlieferung«, das bis etwa 1100 dauerte, ist die erste Epoche der altisländischen Literatur.

Die zweite Epoche war die der »Sachbuchautoren« oder das »Zeitalter der Gelehrsamkeit«. Im Gegensatz zum Kontinent hatte auf Island die Kirche mit ihrer starken geistigen Bindung an Rom keine beherrschende Rolle gespielt. Sie war kein Staat im Staate, sondern fügte sich der weltlichen Gewalt der *Jarle*, der Stammesführer. So war sie auch nicht so sehr der Mittelpunkt des geistigen Lebens wie anderswo. Mehr noch als Klöster und Kirchen waren die Bauernhöfe die Keimzellen kultureller Aktivitäten. Diese hegten eine ausgesprochene Vorliebe für die eigenen kulturellen Traditionen und die eigene Sprache. So schrieben sie selbst die Heiligenlegenden und andere religiöse Werke nicht im üblichen Kirchenlatein nieder, sondern in ihrer Muttersprache.

Isländische Gelehrsamkeit

Die ältesten isländischen Dokumente sorgten dafür, daß der Gesetzessprecher des Parlaments überflüssig wurde. Dieser angesehene »Ehrenbeamte« hatte bei jeder Sitzung des Althings auf Þingvellir die Aufgabe, vom Gesetzesfelsen herab die nur mündlich überlieferten, zahlreichen Paragraphen des bürgerlichen Rechts zu rezitieren. Um 1120 schließlich hatte man sie auf Pergament, und jedermann konnte sich seine Abschrift davon fertigen. Den Gesetzesniederschriften folgten religiöse Texte, die man aus dem Lateinischen übersetzte, und – schon gegen Mitte des 12. Jahrhunderts – die erste Grammatik der isländischen Sprache. Sie wurde zur unerschöpflichen Fundgrube für die Philologen der nachfolgenden Jahrhunderte. Aber noch mehr erfreute isländische Gelehrsamkeit die Historiker bis hin in unsere Tage. Als älteste Quelle stehen ihnen Aufzeichnungen von Sæmundur Sigfússon (1056–1133) zur Verfügung, der sich durch sein Studium an der Pariser Universität (!) bei seinen Landsleuten den Zunamen Sæmundur der Gelehrte erworben hatte. Sæmundur hatte unter anderem eine Geschichte der norwegischen Könige geschrieben. Besonders aufschlußreich für die Geschichte der Besiedlung Islands sind das *Islendîngabók* von Ari Þorgilsson dem Gelehrten (1067–1148) und das *Landnámabók* (Landnahmebuch), dessen Autor nicht bekannt ist. Dieses Werk zählt die Namen, die Herkunft und Niederlassungsorte von rund 400 Einwanderern der ersten Generation auf.

Meister Snorris Weltenkreis

Gegen Ende des 12. Jahrhunderts wich die nüchterne Geschichtsschreibung der künstlerischen Verarbeitung historischer Geschehnisse – das Zeitalter der Sagas war da. Ein unübertroffener Meister dieses literarischen Genres – und zugleich einer der großen europäischen Schriftsteller seiner Zeit – war Snorri Sturluson (1179–1241), einer der angesehensten und mächtigsten Stammesführer auf Island. Snorri schrieb die berühmte *Heimskringla*, den »Weltenkreis«. Es ist ein monumentales Prosaepos, das in 16 Lobesliedern auf die jeweiligen Könige die Geschichte Norwegens von ihren mythischen Anfängen bis zum Jahr 1177 wiedergibt.

Snorri verstand sein Handwerk meisterhaft – das zeigt die aus seiner Feder stammende *Jüngere Edda*. Die *Ältere Edda* ist so etwas wie eine Anthologie von 30 Liedern unbekannter Autoren, die um Götter und Helden kreisen. Die *Snorra-Edda* dagegen ist ein in der Literaturgeschichte ziemlich einmaliges Lehrbuch für den Dichternachwuchs, für die Jungskalden. Mit einer 102 Strophen langen Lobpreisung auf den Norweger-König Hákon Hákonarsson gibt der Meister 100 verschiedene Beispiele für metrische und rhythmische Variationen. Außerdem liefert die exakte Dichtanweisung Tips für die besondere Kunst der Binnenreime und ein umfangreiches Vokabular von poetischen Umschreibungen häufiger Allerweltswörter wie Pferd oder Boot oder Streitaxt. Und da ein rechter Liedermacher sich im nordischen Götterhimmel mit all seinen komplizierten Stammbäumen genau auskennen mußte, versah Snorri sein Handbuch der Skalden-Dichtkunst mit einem umfangreichen »who was who« in der Himmelsburg Ásgarður. Damit ist die Jüngere Edda nicht nur ein unersetzbarer Schlüssel für das Verständnis isländischer Literatur, sondern auch die wichtigste Quelle germanischer Mythologie. Und es sind nicht wenige Isländer, die fest daran glauben, daß die verdammten Seelen der Helden und Unhelden noch immer über die Erde geistern – vielleicht schon hinter dem nächsten Felsen?

Þingvellir, das Tal des Parlaments

In *Þingvellir*, dem nationalen Wallfahrtsort 50 Kilometer vor den Toren Reykjavíks, kann man die Ruhelosigkeit des vulkanischen Untergrundes von Island wie in einem offenen Buch studieren. Aber nicht nur die besondere Erdgeschichte wird in dieser Lavaebene »begreifbar«, sondern auch die Anfänge der Landesgeschichte, die das nationale Bewußtsein der Isländer geprägt haben. Þingvellir zeigt Erd- wie Landeshistorie – Grund genug, der »Ebene des Parlaments« einen Urlaubstag zu widmen.

Von Reykjavík aus folgen wir der Ringstraße Nr. 1 nach Norden, bis hinter der Ortschaft Álafoss die durchgehend asphaltierte Straße des »Þingvallavegur« Nr. 36 nach rechts ins Landesinnere abzweigt. Diese Straße führt durch das *Mósfells-Tal* an den Hängen des *Esja-Massives* vorbei. Ein Wegweiser zeigt die Zufahrt zum Hof Laxness, dem Wohnsitz des Dichters *Halldór Laxness* (geb. 1902). Laxness schildert in seinen Romanen vor allem arme und unterdrückte Menschen in ihren

»Rauchfedern« nicht weit vom Þingvallavegur

Spannungsverhältnissen zur Umwelt und Gesellschaft. 1955 erhielt er den Nobelpreis für Literatur. Wir lassen die Esjaberge hinter uns zurück, die Straße beginnt zur *Mósfellsheiði* – einer vegetationsarmen Hochebene – hin anzusteigen. Nach einer knappen Stunde (35 Kilometer) erreichen wir den *Þingvalla-See*, mit gut 80 Quadratkilometern der größte Binnensee der Insel. Sein Wasserspiegel liegt 103 Meter über dem Meer, seine größte Tiefe wurde mit 114 Metern gelotet. Noch 13 Kilometer folgen wir der Straße nach Nordwesten, am Ufer des Sees entlang, zur Linken die aufsteigenden Hänge des *Kjölur* (787 m) und des *Búrfell* (782 m). Dann liegt das National-Heiligtum zu unseren Füßen: Þingvellir, das Tal des Parlaments, wo schon vor tausend Jahren Recht geschaffen, gesprochen und vollzogen wurde.

Allmännerschlucht und Axtfluß

Þingvellir, das »düstere Erhabenheit mit eigenwilliger Lieblichkeit« vereint, ist ein Lavafeld, das ein breites Bett zwischen den steilen Felswänden der *Almannagjá* (»Allmännerschlucht«) und der *Hrafngjá* ausfüllt. Saftgrüner Rasen deckt die dunkle Lava, durchsetzt mit Wasserflächen, eingerahmt von Buschwerk und Krüppelbirken. Die *Öxará*, der Axtfluß, stürzt sich in einem 30 Meter hohen Wasserfall in die Allmännerschlucht und sucht sich von dort in unentschlossenen Windungen den Weg zum Þingvalla-See. Ein Kranz von Bergen unterschiedlicher Gattung umrahmt die Ebene: im Westen das *Esja-Massiv* (909 m), im Norden der Tafelberg *Ármannsfell* (766 m) und der Schildvulkan *Skjaldbreiður* (1060 m), der das Tal vor 9000 Jahren mit seiner Lava füllte, im Osten die Tuffgrate der *Kálfstindar* (826 m) und zum Süden hin, über dem metallblauen Spiegel des Sees, der *Hengill-Vulkan* (803 m).

Den Urgewalten, die sich hier aus dem Erdinneren freimachen, verdankt Þingvellir die augenfälligsten Züge seines Gesichts: die tief eingeschnittenen Risse, Spalten und Brüche, die in ganzen Schwärmen die einst glatte Oberfläche der Lavaebene parallel in Nordnordost-Südsüdwest-Richtung zerschneiden. Wohl an keiner anderen Stelle der Insel zeigt sich die Erdkruste so geborsten, nirgendwo anders sind die Wunden tektonischer Gewalt so deutlich wie hier.

Zwischen zwei Kontinenten

Für die geologischen Eigenarten Islands ist es von Bedeutung, daß sich durch den ganzen Atlantik ein gewaltiges, submarines Nord-Süd-Gebirge zieht. Diese Bergkette unter Wasser zeichnet sich durch besonders starke vulkanische Aktivität aus. Die ganze Insel Island ist ein Teil dieses nicht zur Ruhe gekommenen Gebirges, das heute als *Mittelatlantischer Rücken* in allen Atlanten verzeichnet ist. Der deutsche Geophysiker Alfred Wegener hatte schon 1912 das Denkmodell für die Entstehung dieses Untersee-Gebirges geliefert – mit seiner Hypothese der *Kontinentalverschiebung*. Danach driften seit Millionen von Jahren die Kontinente unaufhaltsam in Ost-West-Richtung auseinander – der submarine Rücken markiert die Bruchkante. Island liegt genau auf dieser Bruchkante, und es ist nicht leicht, sich vorzustellen, daß hier vor etwa 20 Millionen Jahren der Urkontinent in das spätere Norwegen auf dem eurasischen Kontinent und Grönland auf dem amerikanischen zerriß. Wegeners jahrzehntelang umstrittene Theorie hat durch die Erkenntnisse der neueren Forschung mittlerweile weltweite Anerkennung gefunden. Die These von der Kontinentaldrift bildet die Grundlage für die heutige Lehrmeinung, daß die wichtigste Gestaltungskraft bei der fortwährenden Genesis von Island die *Plattentektonik* war und ist. Was man dazu am »Modell Island« erforscht hat, trägt wesentlich bei zu dem neuen Bild vom Werden des gesamten Erdballs.

Schwankender Boden

Der sehr komplexe Vorgang der »Plattentektonik« kann hier nur skizziert werden. Nach dieser Theorie driften viele Millionen Quadratkilometer große Platten der Erdkruste mit den auf ihnen liegenden Kontinenten auseinander. An den Rändern der Platten – im Zentrum des Rückens – quillt geschmolzener Basalt auf, der im Bereich der aufreißenden Spalten an die Oberfläche dringt. Dieser Vorgang – das Riften – ist von häufigen Vulkanausbrüchen begleitet. Die ständig aus dem Erdinneren dringenden Schmelzmassen schweißen sich an den Plattenrändern fest – die Platten wandern immer weiter auseinander.

Was bedeutet das nun alles für Island, das ja ein Teil dieser Rißwunde des Erdballs ist? Island gehört heute zu den vulkanisch aktivsten Gebieten der Erde. Denn die Bruchkante führt in einem breiten Gürtel quer über die Insel, wobei sie im südlichen Teil leicht nach Osten abknickt und sich dort – noch immer in Bewegung – in zwei Äste teilt. Dieser Gürtel, der fast ein Drittel der isländischen Gesamtfläche ausmacht, zählt über 200 Vulkane aus den letzten 10 Jahrtausenden, wovon seit der Besiedelung der Insel noch 30 Lava gespien haben. Die letzte Lava floß im September 1984 nördlich der Krafla im Mývatn-Gebiet.

Als eine weitere Folge der Plattenverschiebung wächst Island unablässig nach Osten und Westen auseinander. Die »Amerikanische Platte« und die »Eurasische Platte« entfernen sich im Jahr um 2 Zentimeter voneinander. Die Spalte wird ständig wieder mit Material aus den Eruptionen der »Neuvulkanischen Zone« ausgefüllt. Die dabei entstehenden Spannungen haben insbesondere im Gebiet von Þingvellir die Oberfläche stark zerrissen, was deutlich zu sehen ist – ebenso wie ein weiteres Symptom der Plattentektonik: das Absinken des Rückens auf der Bruchkante, wobei typische senkrechte Abbruchkanten als Felswände stehen bleiben – wie stumme Zeugen der Erdseparation unter ihnen.

Die Mönche kamen als erste

Ohne die gewaltigen Erdsetzungen wäre die Ebene kaum zum Versammlungsplatz geworden. Denn eine der Folgen waren die fast senkrechten Felsabbrüche am westlichen Rand des Senkgrabens. Diese 40 Meter hohe Wand brauchte man aus Gründen der Akustik: Sie verstärkte ohne störendes Echo die Stimmen der Redner. Und geredet wurde viel bei der wechselvollen Geschichte des Landes – diese war kaum weniger aufregend als die anderer Länder Europas.

Dagegen mangelt es Island völlig an eigener *Vorgeschichte*. Es gibt keine einzige prähistorische Hinterlassenschaft, nur ganze vier römische Kupfermünzen von ca. 300 v. Chr. – die ersten Menschen tauchten hier erst am Ende des 8. Jahrhunderts auf, als bei uns Karl der Große schon fleißig dabei war, sich sein Kaiserreich zu bauen. Diese ersten Anreisenden waren gottesfürchtige Iren gewesen, Mönche, die in der menschenleeren Einöde vorübergehend gottgefällige Abgeschiedenheit suchten.

Die Karawane der Wikinger

Als ersten Wikinger hatte es 861 Garðar Svavarsson auf die Insel verschlagen, der eigentlich auf die Hebriden wollte, um sich dort die Mitgift seiner Frau abzuholen. Nach der Heimkehr muß er wundersame Nachrichten über das von ihm entdeckte *Garðarshólmi* (»Gardarshügel«) verbreitet haben. Und seine Landsleute wären keine rechten Wikinger gewesen, wenn nicht gleich ein paar Drachenboote in See gestochen wären, das herrenlose Land zu besetzen. Flóki Vilgerðarson, der 865 mit reichlich Gesinde und Vieh aufbrach, hatte noch Pech. Ihm verhungerten die mitgebrachten Kreaturen, weil er vor lauter Begeisterung über das Fischen die Heuernte vergessen hatte. Flóki kehrte zurück nach Norwegen und berichtete nur Abfälliges über das barsche *»Eisland«* – der Name Island war geboren. Einer seiner Mannen aber pries die Insel als einen Ort, wo »die Butter von den Grashalmen tropft«. Seinen Worten glaubte man eher, und so kam es zu einer regelrechten Auswanderungswoge mit Ingólfur Arnarson an der Spitze, an deren Ende um 920 ca. 30 000 Menschen auf der Insel lebten. So jedenfalls stellte man sich die Erstbesiedlung bisher vor, weil das »Landnahme-« und das »Isländerbuch« es so berichteten. Doch neuerdings gibt es da Zweifel bei den Archäologen, wie sich bei Ausgrabungen auf den Westmänner-Inseln (s. S. 54) gezeigt hat.

Das Land der Freiheit

Zu der Massenauswanderung aus Norwegen am Ende des 9. Jahrhunderts hatte das Gelübde des norwegischen Bezirkskönigs *Haraldur* (860–930) geführt, nicht eher sein Haar zu schneiden und zu kämmen, ehe nicht alle 30 Kleinkönigreiche unter seiner Krone vereint sein

Kutter und Möwen vor Reykjavík – auf Fischfang

würden. Zwölf Jahre später konnte er Kamm und Schere wieder auspacken, sich fortan mit dem Namen »Haraldur Hárfagri« – Harald Schönhaar – schmücken und in die Geschichte als der große Begründer des norwegischen Gesamtstaates eingehen. Denn er hatte mit Waffengewalt Schluß gemacht mit den zahlreichen selbständigen Kleinkönigen und der Freiheit der Bauern. Doch das ließ deren dickköpfiger Wikingerstolz nicht zu – so siedelten sie zu Tausenden in das menschenleere Island über, in das Land der Freiheit, wo kein König herrschte.

Hier sammelten sich die Einwanderer in Kultgemeinden um heilige Höfe, deren Besitzer Tempelsäulen aus Norwegen mitgebracht hatten. Diese Hofbesitzer wurden zu Goden (Priestern), denen auch immer mehr politische Aufgaben zufielen. So wurden aus den Kultgemeinden sehr schnell auch politische Gemeinwesen. Schon um das Jahr 900 verständigten sich angesehene Goden in mehreren Nachbarschaften darauf, zur Regelung von übergeordneten Angelegenheiten gemeinsame regionale Thinge abzuhalten, Volksversammlungen, wie man sie im alten Norwegen gekannt hatte. Aus diesen Bezirksparlamenten kam dann der Wunsch, die so entstandenen »Provinzen« unter einheitliches Recht zu stellen. Dazu aber bedurfte es einer übergeordneten, gesetzgebenden Institution – man brauchte ein Althing.

Mutter aller Parlamente

Den idealen Ort für die Volksversammlung fand nach gründlichem Suchen ein gewisser Grim Geißschuh: eine weite, grasbewachsene Ebene, die von allen Hauptorten des am dichtesten besiedelten Südwestens gleich gut erreicht werden konnte, mit ausreichend Platz, mit guter Weide und frischem Wasser und mit der akustisch hervorragenden »Verstärkerwand« der Abbruchkante. So berief man im Jahr 930 die erste Volksversammlung auf die *Thingebene* (Þingvellir) ein, und dieses Althing – die »Mutter aller Parlamente« – förderte mehr als alles andere das Zusammenwachsen der Siedler zu einem Volk – die Nation war geboren. Allerdings war der neue Freistaat keine Demokratie im heutigen Sinne, sondern aristokratisch und oligarchisch organisiert. Die tatsächliche Macht lag – gleichmäßig verteilt – in den Händen der 39 Goden. Dennoch war Island damals die einzige, vollständig freie Republik der Welt.

Rundblick über Þingvellir

Blicken wir vom Aussichtsplatz am Südausgang der düsteren Allmännerschlucht auf das historisch so bedeutsame *Amphitheater* des Parlamentsplatzes. Zum Osten hin entdecken wir die mit der Nationalflagge geschmückte Plattform des *Lögbergs*, des Gesetzesfelsens, von dem der Gesetzessprecher zu Beginn jeder Thingsaison die Gesetze rezitierte, wegen der Menge der Vorschriften in jedem Jahr nur jeweils ein Drittel. Die rasenüberwucherten Lavabänke vor dem Lögberg dienten als Tribünen. Zu den Thingsitzungen gehörte auch die Rechtsprechung. Man war dabei nicht zimperlich mit Strafen. Der häufig benutzte *Gálgaklettar* (Galgenberg) zeugt ebenso davon wie die *Brennugjá*, die

Verbrennungsschlucht. Dort, wo heute die Öxará aus der Allmännerschlucht tritt, sehen wir den *Drekkingarhylur*, den Ertränkungspfuhl, in dem vor allem Ehebrecherinnen ihr Leben lassen mußten. Zu den grausamsten »Spezialitäten« der isländischen Strafverfolgung gehörte die Ächtung, die Erklärung zum *friðlaus*, zum Friedlosen, der sein Leben fortan in den Lavawüsten und Bergeinöden fristen mußte – die Sagas sind voll von den Schicksalen dieser aus der menschlichen Gemeinschaft verbannten Unglücklichen. Die Kirche zu Füßen der Felswand stammt aus dem 18. Jahrhundert. Das Gotteshaus erinnert daran, daß genau eintausend Jahre nach Christi Geburt das Christentum auf Island eingeführt wurde.

Geburtsort der Republik

Auch in den folgenden Jahrhunderten hat Þingvellir seinen besonderen Platz in der Geschichte Islands gehabt. 1262, knapp 400 Jahre nach Harald Schönhaar, mußten sich die Nachfahren der aus Norwegen emigrierten ersten Siedler wieder der norwegischen Krone unterwerfen, was das Ende der freien Republik bedeutete. 1380 gerieten sie im Kielwasser Norwegens unter dänische Hoheit. Über sechseinhalb Jahrhunderte blieb die Insel unter fremder Herrschaft. Und fast tausend Jahre nach der Geburt der Nation auf dem Thingplatz an der Allmännerschlucht wurde am 17. Juni 1944 die Republik Island ausgerufen – ebenfalls in Þingvellir.

Für die Rückfahrt nach Reykjavík können wir wählen. Die erste Möglichkeit: Wir umrunden den Þingvalla-See, bis wir wieder auf die Ankunftsstraße stoßen, fahren diese knapp 5 Kilometer in Richtung Westen und biegen dann rechts nach *Reynivellir* ab. Diese Straße Nr. 45 führt über den *Kjósaskarð-Paß* und durch das Tal der Laxá nördlich um die Esja-Berge herum und trifft am *Hvalfjörður* (Walfjord, s. S. 64) auf die Ringstraße Nr. 1. Die andere, landschaftlich nicht minder reizvolle Möglichkeit: am Ostufer des Þingvalla-Sees entlang südwärts nach *Selfoss*, dem Hauptort der *Ölfusá-Ebene*. Von dort geht es auf der Ringstraße Nr. 1 über *Hveragerði* und die *Hellisheiði* zurück nach Reykjavík.

Der heiß-kalte
Südwesten

Ein gewisser Friedrich Knoll, der 1748 das liebenswerte Island-Büchlein *Wunder der feuerspeyenden Berge in Briefen an eine Frau, für Damen und Naturliebhaber* veröffentlichte, nannte sie schwärmerisch den »Shakespeare unter den Quellen«. Die Rede ist von der wohl berühmtesten Springquelle der Welt, dem *Großen Geysir* im Haukadalur. Das Wort Geysir bedeutet im Isländischen soviel wie »der mächtig Hervorspringende« – dieser Name wurde 1647 von Bischof Brynjólfur Sveinsson zum ersten Male erwähnt.

Als 100 Jahre nach Knoll der deutsche Chemiker Robert Bunsen – der Erfinder des Bunsenbrenners – an Ort und Stelle das Phänomen der Springquellen studiert und seine Theorie über die physikalischen Vorgänge im Untergrund veröffentlicht hatte, ging der Name Geysir als Gattungsname für Springquellen in aller Welt in die Literatur ein – der große Fontänenschleuderer im Haukadalur wurde weltberühmt. Auch wenn er sich heute ausgesprochen müde zeigt, lohnt die Fahrt ins Haukatal – der *Strokkur*, ein kleinerer Vetter der großen Springquelle, gibt sich alle Mühe, die Besucher mit ziemlich regelmäßig wiederkehrenden Ausstößen zufriedenzustellen. In der Nachbarschaft des Geysirs liegt auch Islands schönster Wasserfall, der *Gullfoss*, der »Goldene Wasserfall«.

Lavafelder und blaue Berge

Von Reykjavík fahren wir auf der Ringstraße (Nr. 1) in südöstlicher Richtung zunächst nach Hveragerði. Die Straße führt vorbei an niedrigen Hügeln, an Mooren, Seen und Wasserlöchern, zwischen denen Schafe weiden. Doch bald erreicht sie die steinige Öde der Lavafelder. An der rechten Seite taucht der *Vífilsfell* (655 m) und hinter ihm die *Bláfjöll* – die »blauen Berge« – auf, deren Hänge beliebte Skigebiete mit Pisten und Lifts für die Bewohner Reykjavíks sind, ebenso wie die des Hengill-Vulkans (803 m) auf der linken Straßenseite. Die Straße durchquert die Vulkanlandschaft der *Hellisheiði* mit ihrem düsteren Gewirr von Lavagestein, wobei sie auf 374 Meter ansteigt. Dann liegt

S. 38/39: Silhouette von Bessastaðir

plötzlich der steile Abbruch des *Kambar* vor uns, hinter dem sich – flach wie ein Brett – die große Ebene zum Meer hin ausbreitet.

Diese fruchtbare Ebene, die das Herzstück der isländischen Landwirtschaft ist, verdankt ihre Existenz der *Hvítá*, die sie von Nordosten her durchfließt und in der Ölfusá südlich von Hveragerði ins Meer mündet. Die Hvítá führt die gewaltigen Schmelzwasser des Langjökull zu Tal, wobei sie die Jahrtausende hindurch auch fruchtbares Erdreich und Geröll transportiert hat. Damit hat sie die Küstenlinie zwischen der Halbinsel *Reykjanes* und dem *Eyjafjallajökull* immer weiter ins Meer hinausgeschoben. Die Eiskappe dieses 1666 Meter hohen Gletscherberges kann man vom Aussichtspunkt des Kambar bei gutem Wetter im Osten sehen, ebenso wie die des *Mýrdalsjökull*. Weiter nach Norden hin taucht Islands berüchtigtster Vulkan *Hekla* (1491 m) auf, während nach Südosten hin die Felsberge der Westmänner-Inseln wie gewaltige, schlafende Urwelttiere im Meer liegen. Und noch etwas ist von der Höhe des Kambar gut auszumachen: Dampfsäulen, die aus der Ebene aufsteigen.

Bananenstauden und Kaffeesträucher

In Serpentinen führt die Straße hinab in das Tiefland – nach wenigen Kilometern erreichen wir das Zentrum des isländischen Gartenbaus, *Hveragerði*. Dieses Dorf mit seinen 1200 Einwohnern lebt von der Wärme, die hier als Heißwasser und Dampf überall aus der Erde brodelt. Schon vor gut 50 Jahren hatte man damit begonnen, die reichlich vorhandene geothermische Energie zu nutzen – mit einer Dampfmolkerei, die später durch eine Käserei erweitert wurde. Heute betreibt man mit der Erdwärme auch eine Wollwäscherei für 600 Tonnen Wolle im Jahr, eine Trockenanlage für Salzfisch, ein Schwimmbad und die Thermalbäder eines modernen Hotels (»Örk«) mit Kurbetrieb.

Das wichtigste aber sind die riesigen Treibhäuser, die Island das ganze Jahr über mit frischem Gemüse, Obst und Blumen versorgen. In mehr als 1000 Gewächshäusern versucht man hier, unter Glas die vegetationsfeindliche Natur der Insel zu überlisten – mit großem Erfolg, wie man sich in einigen für Touristen offenen Treibhäusern mit ihrer fast

Ungewöhnlich viel Verkehr im Hochland

tropischen Vegetation überzeugen kann. Neben Gurken und Tomaten, Rosen und Nelken wachsen Weinstöcke, Bananenstauden mit prächtigen Fruchtständen und Kaffeesträucher. Insgesamt sind in Island fast 170 000 Quadratmeter Gemüse- und Blumenfelder unter Glas. Hveragerði hat sich in den letzten Jahren zu einem Ort mit Touristenrummel entwickelt – mit einem Vergnügungspark unter Dach (»Tivoli«) und dem »Garten Eden«, der an einen mallorquinischen Großbasar für Ausflugsbusse erinnert. Wir können in *Hveragerði* aber auch noch zünftig Brotzeit halten – mit frischen Gurken und Tomaten und mit *Hverabrauð* aus der Bäckerei Heiðmörk 63 (einem nach Wikingerart im heißen Quellwasser gegarten Pumpernickelbrot).

Von Hveragerði nach Þorlákshöfn

Hveragerði gehört zu den größten Heißwassergebieten Islands, die Zeichen des jungen Vulkanismus entlang der Driftachse – hier des

Reykjanes-Gürtels – sind. So verändern die Quellen häufig ihre Aktivität, alte begeben sich zur Ruhe und neue entstehen. Als 1974 der Hekla-Vulkan ausbrach, war dem eines der auf der Insel ziemlich häufigen Erdbeben vorausgegangen. Nach einem heftigeren Erdstoß sprudelte im Keller eines Hauses in Hveragerði plötzlich heißes Wasser aus dem Fußboden – eine neue, ergiebige Quelle war entstanden. Das Haus hatte buchstäblich über Nacht eine eigene Warmwasserversorgung erhalten. Mitten im Ort kann man übrigens schon seine erste Begegnung mit einem Geysir haben: Der *Grýta* stößt alle zwei Stunden seine Wasserfontänen aus der Erde.

Von Hveragerði aus kann man auf der Straße Nr. 38 – am riesigen Mündungsdelta der *Ölfusá* vorbei – einen Abstecher zum Fischerhafen *Þorlákshöfn* (20 km) machen, von dem aus die Fähre zu den Westmänner-Inseln (s. S. 47 f.) verkehrt. Am Wege, nahe *Hliðarskóli*, liegt die *Raufarshellir*, eine Höhle mit schönen Stalaktiten und Stalagmiten (Taschenlampe erforderlich).

Bei unserer Weiterfahrt von Hveragerði auf der Ringstraße 1 über-

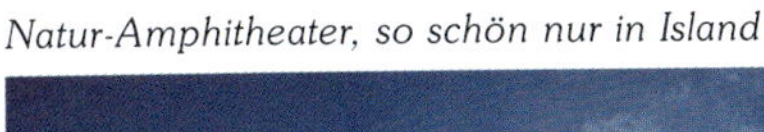

Natur-Amphitheater, so schön nur in Island

queren wir bei Selfoss die Ölfusá mit ihrem Gletscherwasser aus der Hvítá und biegen nach 13 Kilometern links auf die Straße Nr. 30 ab, die dem Lauf der *Þjórsá*, des längsten isländischen Flusses, folgt. Der Weg führt durch ausgedehnte Wiesen und Felder. Bei Reykir biegen wir auf die Straße Nr. 31 ab. In *Laugarás*, wo wir wieder die Dampffahnen der heißen Quellen sehen, führt eine Brücke über die reißende Hvítá, und nach 5 Kilometern sind wir in Skálholt mit seiner eigenwilligen Kirche.

Enthauptung in Skálholt

Skálholt war als Bischofssitz für Südisland (von 1056 bis 1796) im Mittelalter das geistige Zentrum für ganz Island. Schon um 1100 wurden hier Latein, Grammatik, Poesie und Musik gelehrt. Die ersten Drucke des berühmten *Landnámabók* kamen aus Skálholt. Der letzte katholische Oberhirte war hier – bis 1540 – Ögmundur Pálsson. Sein Nachfolger, Gissur Einarsson, der im geheimen das neue Bekenntnis angenommen hatte, führte in seinem Bistum die Reformation durch. Nach dessen Tod 1548 versuchte der Bischof von Hólar, Jón Arason, ein feuriger Vorkämpfer der isländischen Selbständigkeit, Skálholt mit Waffengewalt wieder zum alten Glauben zurückzuholen. Doch er wurde von seinen Gegnern, die von den auf der Insel herrschenden und aus machtpolitischen Gründen an der Reformation interessierten Dänen unterstützt wurden, gefangengenommen und 1550 zusammen mit seinen beiden Söhnen (mit dem Zölibat hatte man es auf Island nie so ernst genommen) kurzerhand enthauptet. Ein Jahr später wurde mit militärischer Nachhilfe der Dänen die Lehre Luthers als Staatsreligion für ganz Island eingeführt.

Die heutige Kirche – es ist bereits die zwölfte in Skálholt – wurde zwischen 1954 und 1963 mit finanzieller Hilfe der skandinavischen Kirchen gebaut. Die eindrucksvollen Glasmosaikfenster und die Altartafel sind Werke isländischer Künstlerinnen: Gerður Helgadóttir und Nína Tryggvadóttir. Sehenswert ist die Krypta mit den Bischofsgräbern – vom Turm bietet sich ein guter Ausblick über das Tal der Hvítá und auf die umliegenden Berge.

Der Große Geysir beliebt zu ruhen

Kurz hinter Skálholt mündet der Weg in die Straße Nr. 35, der wir 26 Kilometer nach Nordosten folgen, dann steigen vor uns erneut weiße Dampffontänen auf: Wir sind im *Haukadalur* mit seinem halben Hundert heißen Quellen, von denen der Große Geysir die berühmteste ist. Auf engstem Raum finden wir Austritte in mannigfaltiger Form – ruhige Tümpel, über deren Wasserspiegel feine Dampfschleier hängen, Becken, aus denen Dampfblasen aufsteigen, Quellen, die hohe Kegel aus Kieselsinter um sich herum aufgebaut haben. Der Boden klingt an vielen Stellen hohl – er ist von einem Labyrinth von Gängen und Kanälen durchzogen. Vorsicht ist geboten – man sollte auf vorhandenen Gehwegen bleiben.

Der »Shakespeare unter den Quellen«, der »Große Geysir« ruht vorwiegend. In dem fast 10 Meter hohen Sinterkegel, den er sich im Laufe der Jahrhunderte um sein Becken mit 15 Meter Durchmesser aufgebaut hat, steht das dampfende Wasser mit seinem hellen, leuchtenden Blau völlig regungslos. Deutlich ist am Grund des Beckens der senkrechte Schacht zu erkennen, der sich in jener unergründlichen Tiefe zu verlieren scheint, aus der einst explosionsartig gewaltige Wasserfontänen gen Himmel schossen.

Nach alten isländischen Handschriften muß der Große Geysir um das Jahr 1300 zum ersten Mal sein kochendes Wasser ausgeblasen haben – als Folge eines Hekla-Ausbruchs, mit dem ein gewaltiges Erdbeben einherging. Im 18. Jahrhundert muß Stóri-Geysir einen Höhepunkt seiner Eruptionsaktivität gehabt haben. 1915 hatte er seine Tätigkeit ganz eingestellt, bis man 1935 einen Kanal in das Becken schlug und den Wasserspiegel um 83 Zentimeter senkte. 20 Jahre lang hatte das Land wieder seine Touristenattraktion, dann konnte er nur noch durch ein paar Kilo Schmierseife – ein Rezept, das man einem Chinesen im Yellowstone-Park abgeschaut hatte – zu halbherzigen Ausstößen bewogen werden. Seine alten Höhen von 60 Metern erreichte er nicht mehr. Seit 1964 ruht »Shakespeare« so gut wie völlig. Dafür ist sein benachbarter kleiner Artgenosse, der *Strokkur* (»Butterfaß«), um so aktiver. Er läßt seine Wasserfontänen, denen riesige kuppelförmige Aufwallungen im Becken vorausgehen, alle 8 bis 10

Minuten bis zu 20 Meter hoch aufsteigen. Zu den ungezählten Wissenschaftlern, die dem Phänomen der Springquellen auf den Grund gingen, gehörte 1846 auch Robert Bunsen. Seine Theorie über die Ursachen der Eruptionen geht davon aus, daß der hohe Druck der gewaltigen Wassersäule im heißen Untergrund zu einem Siedeverzug führt. Irgendwann ist dann die Überhitzung des Wassers zu groß – es siedet explosionsartig und läßt die darüberstehende Wassersäule aus dem Schacht schießen.

Unterkunft bietet das neue »Hotel Geysir« unmittelbar neben den vielbesuchten Springquellen.

Gullfoss, der Goldene Wasserfall

Die Straße Nr. 35 bringt uns nach 10 Kilometern an das letzte Ziel der Fahrt: an den *Gullfoss*, den Goldenen Wasserfall, der zu den eindrucksvollsten Katarakten der Welt gehört. Schäumend und brüllend stürzen sich ungeheure Wassermassen ins Tal, zerstieben zu weißer Gischt, wirbeln als Wolken auf, als Wasserstaub, in den die Sonnenstrahlen bunte Regenbogen und leuchtendes Gold zaubern – das gab dem Wasserfall seinen Namen. Der brüllende und donnernde Sturz in die Tiefe, der in einem über 30 Meter tiefen Canyon endet, geschieht über zwei gewaltige Kaskaden, deren Stufen fast senkrecht aufeinanderstoßen.

Kein Bauwerk stört die Großartigkeit des Gullfoss, nicht einmal ein Souvenir- oder Würstchenkiosk. Es würde hier sicher anders aussehen, wenn der Besitzer des nächstgelegenen Hofes *Brattholt* zu Beginn dieses Jahrhunderts die 50 000 Kronen angenommen hätte, die ihm ein ebenso reicher wie geschäftstüchtiger Engländer für den Gullfoss geboten hatte. Einige Zeit später schloß eine englische Gesellschaft, die die Wasserkraft des riesigen Katarakts nutzen wollte, einen Kaufvertrag mit den Bauern der Nachbarschaft. Der Tochter des Brattholt-Bauern gelang es aber, mit Hilfe von Anwälten den Vertrag zu annullieren. Dankbare Isländer haben ihr neben dem Gullfoss ein Denkmal gesetzt – heute hat der Staat den Wasserfall in seiner Obhut.

Für die Rückfahrt bietet sich ein erholsamer Aufenthalt in *Laugar-*

Die Kaskaden des Gullfoss

vatn an, das wir über die Straßen Nr. 35 und Nr. 37 nach 40 Kilometern erreichen. Der Ort ist wegen seiner heißen Quellen im See (Badestrand!) und seiner urigen Dampfsauna (40–60° C) ein beliebter Ferienort und zugleich Ausgangspunkt für Reittouren und Wanderungen. Von Laugarvatn aus folgen wir der Nr. 365 über den Paß der *Lyngdalsheiði* und fahren durch Lavafelder, bis die Straße am Þingvalla-See auf die Nr. 36 stößt. (Weitere Rückfahrt wie beim Þingvalla-Ausflug.) Wer es eiliger hat, fährt auf der durchgehend asphaltierten Straße 37/35 nach Selfoss. Unmittelbar neben der Straße liegt der *Kerið*, ein Vulkankegel mit einem blaugrünen, kreisrunden Kratersee.

Die Westmänner-Inseln, Kinder von Surtur und Rán

Für die Sagadichter war die Angelegenheit klar: Einer der Unholde, an denen es auf Island nicht mangelte, hatte im Zorn riesige Felsbrocken von der Hellis-Hochebene geschleudert. Die Wurfgeschosse verfehlten ihr eigentliches Ziel und landeten im Meer. So entstand der Archipel der *Vestmannaeyjar* mit seinen 15 Inseln und Inselchen, 15 Kilometer vor der Südküste Islands. Für die Geologen vollzog sich die Genesis komplizierter – auf jeden Fall war reichlich submariner Vulkanismus mit im Spiel. Die Reste von gut 2 Dutzend Feuerkratern unter und über dem Wasser zeugen davon, daß die Westmänner-Inseln Kinder von Surtur, dem Feuerriesen, und der Meeresgöttin Rán sind.

Heimaey, die einzige bewohnte Insel des Archipels, können wir in einer halben Stunde mit Icelandair oder Charterflügen erreichen. Alle Exkursionsveranstalter in Reykjavík haben Tagesausflüge zu den Westmännern in ihrem Programm. Wer das Ganze mit einer Seereise verbinden will, kann auch mit dem »Milchboot« – der Autofähre »Herjólfur« von Þorlákshöfn (50 Kilometer südlich Reykjavík) übersetzen. Und wer länger als ein paar Stunden zwischen zwei Abflügen auf der Insel bleiben möchte, findet Übernachtungsmöglichkeiten in mehreren Hotels, Pensionen oder einer Jugendherberge.

Die Westmänner-Inseln stehen in dem Ruf, die windigste Ecke des sturmgewohnten Island zu sein. Zahlreiche Wracks, die von der aufgepeitschten See oft meterhoch auf die Küsten Heimaeys geworfen wurden, zeugen davon. Ab Windstärke 12 gibt es schulfrei – mehrmals im Jahr. Selbst Windstärke 15 wird hier hin und wieder gemessen.

Beim Flug von Reykjavík über die *Bláfjöll-Berge* und die riesige Mündungsebene der Ölfusá hinweg taucht auf der linken Seite die Eiskappe des *Mýrdalsjökull* auf, während auf der rechten die Feuerinsel *Surtsey* als letzter und jüngster isländischer Vorposten im Meer zu sehen ist. Die Landung auf Heimaey bringt gleich die erste direkte Begegnung mit dem vulkanischen Schicksal der Insel – die Landebahn besteht aus festgewalzter Vulkan-Asche, die bei der Katastrophe 1973 meterdick auf die Stadt Heimaey herabgeregnet war.

Vulkangeboren, meerumspült: Surtsey

Der Flugplatz liegt zu Füßen des *Helgafell* (226 m). Dieser erloschene Vulkan hat mit seiner Lava vor 5000 Jahren das Gesicht Heimaeys geformt. Seit tausend Jahren schweigt er – dafür war das benachbarte *Eldfell* (250 m) in jüngster Vergangenheit um so aktiver. Dieser Vulkan, dessen stumpfer Kegel dunkeldrohend gegen den Himmel steht, war vor drei Jahrzehnten noch gar nicht vorhanden. Doch bevor das Eldfell 1973 nach tausendjähriger vulkanischer Ruhe auf den Westmännern aus dem Boden wuchs, hatte es schon ein spektakuläres Vorspiel gegeben. Knapp zehn Jahre zuvor, am 14. November 1963, hatten die Männer des Kutters »Ísleifúr« eine riesige schwarze Rauchsäule aus dem Meer vor sich aufsteigen sehen. Diese hatte ein dramatisches Naturtheater eingeleitet, das dreieinhalb Jahre dauern sollte, ein tosendes, donnerndes, explodierendes Inferno aus Rauch, Dampf, Asche, Schlacke und Lava, die rotglühend vom Grund des Meeres heraufquoll und im Kampf mit den Atlantikwogen zu schwarzem Tephrit zerbarst.

Diese turbulente Vereinigung von Surtur und Rán ließ drei neue Inseln aus dem Meer aufsteigen, von denen zwei nach wenigen Monaten wieder von der Landkarte verschwunden waren. Die dritte aber, die man nach ihrem Vater *Surtur Surtsey* nannte, ließ Island um rund 2 Quadratkilometer wachsen. Zwar hat die Brandung auch von ihr gut 80 Hektar wieder fortgespült, doch nimmt die Erosion stark ab, da sich die Inseloberfläche zunehmend zu Palagonittuff verfestigt, ein chemischer Prozeß, bei dem die im Untergrund noch reichlich vorhandene Hitze dazu beiträgt, daß sich der basalte Staub zu festem Gestein verschweißt. Heute schaut die Insel mit ihren beiden Kratern Surtur I und II 169 Meter aus dem Meer empor, das hier eine Tiefe von 130 Metern hat.

Der erste Tag der Evolution

Als Normalsterbliche müssen wir uns mit dem Blick auf Surtsey von Heimaey aus zufriedengeben, denn das Neuland ist Reservat für die Wissenschaft. Sie hat hier die einzigartige Chance, an einem riesigen Modell unter natürlichen Bedingungen die geologischen Prozesse der Landwerdung und die Evolution von Leben zu studieren. So beobachtet und registriert man akribisch das Werden der Ökosysteme vom Punkt Null an – das Auftauchen erster Mikroorganismen, die Ansiedlung zunächst niederer, dann auch höherer Pflanzen, von denen zum 20. Geburtstag Surtseys 1983 genau 20 Arten vertreten waren. Dazu gehörte die Spezies des Zahnlosen Meersenfs ebenso wie die Strandsalzmiere oder die Geruchlose Kamille. Wind, Wellen und Wasservögel haben die Samen oft von weit her auf das jungfräuliche Eiland getragen – ein Gänseblümchen am Hang des Hauptkraters hatte seine nächsten Verwandten in Schottland. Der erste tierische Siedler – neben allerlei Insekten – war ein Eisvogel, der 1970 in den Lavaklippen seine Eier ausbrütete. Inzwischen sind mehr als 60 Vogelarten als Einwanderer oder Durchreisende mit »Stop-over« auf Surtsey registriert. Die Evolution vollzieht sich in kleinen Schritten.

Heimaey, das Pompeji des Nordens

Wenn wir durch die Straßen von *Heimaey* mit seinen blitzsauberen Häusern und gepflegten Gärten bummeln, fällt die Vorstellung schwer, daß diese Stadt fast zum *Pompeji* des Nordens geworden wäre. Nur die erstarrte Lavawand, die sich unmittelbar am Stadtzentrum vorbei bis hinunter zum Hafen schiebt und aus der noch Überreste von Wohnhäusern ragen, zeugt von der Katastrophe, die am 23. Januar 1973 begann und die sich zum feurigen Furioso steigerte – so, wie es das von Schulkindern gestaltete »Riesengemälde« auf einem der Hausgiebel unten am Hafen zeigt.

In den ersten Morgenstunden jenes 23. Januar war östlich der Stadt, nur 2000 Meter vom Hof *Kirkjubœr* entfernt, die Erde in einer Länge von 1600 Metern aufgerissen – Feuergarben schossen aus der Spalte hervor, und schon bald stieg eine ganze Wand von Flammenfontänen in den Morgenhimmel. Das Donnern der Eruptionen riß die Einwohner aus dem Schlaf. Was dann geschah, grenzte an ein Wunder: Bereits wenige Stunden später waren alle der gut 5000 Einwohner auf dem Festland in Sicherheit. Denn ausgerechnet am Tag vor dem Ausbruch hatte die gesamte Fischflotte wegen eines Sturmes im Hafen von Heimaey Schutz gesucht. Mit ihrer Hilfe und mit der von Hubschrau-

Der »Strokkur« beliebt zu schäumen

bern des amerikanischen Stützpunktes Keflavík war die Massenevakuierung beendet, noch ehe der Tag auf Heimaey begann.

Bald konzentrierten sich die Eruptionen auf ein kleines Gebiet nicht weit vom Helgafell entfernt. In knapp vier Monaten wuchs dort ein 250 Meter hoher Kegel hervor, das *Eldfell*, aus dessen Krater Millionen Kubikmeter von Lava hervorquollen. Zunächst aber drohte die Stadt unter einer meterdicken, schwarzen Aschedecke zu verschwinden. Glühende Lavabomben, wie sie schon den heiligen Brendan verschreckt hatten, schossen kilometerweit durch die Luft und setzten Häuser in Brand. Dann ging eine 300 Meter breite Lavazunge über den Ostteil der Stadt hinweg – über 200 Häuser unter sich begrabend. Danach wälzte sich ein mehr als 100 Meter hoher Lavastrom im Nordwesten durch den Ort, gleichzeitig flossen riesige Mengen des glühenden Gesteinsbreies in die Hafenzufahrt. Eine Blockade des Hafens aber hätte der Stadt die Lebensgrundlage genommen, denn Heimaey war (und ist wieder) der wichtigste Fischereistützpunkt an der Südküste Islands. Ein verzweifelter Kampf gegen die glühende Flut begann. Man pumpte in monatelanger Arbeit mit einem halben Hundert aus den USA herbeitransportierten Mammutpumpen und kilometerlangen Plastikschläuchen mehr als 6 Millionen Tonnen Meerwasser auf die fließende Glut. Man brachte sie damit zum Stillstand, bevor sie die Hafenzufahrt für immer blockieren konnte. Das, was als riesige Lavahalde bereits in das Wasser hineingewachsen war, hat sich inzwischen als ein zusätzlicher Schutz für die Hafenbecken erwiesen.

Phönix aus der Asche

Am 26. Juli 1973 konnte Entwarnung gegeben werden – der Vulkan schwieg endgültig. Mehr als 230 Millionen Kubikmeter Lava hatten sich bis dahin über die ganze Insel ergossen, 20 Millionen Kubikmeter Asche waren herabgeregnet. Die Stadt selber mußte aus 2,5 Millionen Kubikmeter Asche herausgegraben werden. Man machte aus der Not eine Tugend und verwendete die Riesenmengen von Asche als Baumaterial für Straßen, Sportplätze und für das Rollfeld des Flugplatzes. Über 400 Häuser, Geschäfte, Fabriken und öffentliche Gebäude waren völlig zerstört oder unter Lava begraben, ein paar hundert weitere schwer beschädigt. Doch man ließ sich nicht entmutigen – noch während des Ausbruchs begann man mit dem Aufräumen, und am ersten Jahrestag der Katastrophe waren bereits 2500 Einwohner wieder auf die Insel zurückgekehrt. Heute hat *Heimaey* 4700 statt der einstigen 5200 Einwohner. Handel und Wandel blühen mehr als je zuvor.

Auf einem Pulverfaß

Vor dem Spaziergang durch Heimaey sollte man sich den Film über den Vulkanausbruch ansehen, der regelmäßig im Theater gezeigt wird. Dann führt der erste Weg hinunter zum Hafen, der heute wie früher das wirtschaftliche Herz der Insel ist. Jenseits der Hafenbecken, in denen sich die Fangfahrzeuge drängen, sehen wir die Felsen des *Heimaklettur* (286 m) senkrecht aus dem Wasser steigen. Sie gehören seit mehr als tausend Jahren zur Kulisse dieses Hafens. Dagegen ist der grasbewachsene Berghang neben den Gebäuden der Fischfabrik gerade ein Dutzend Jahre alt: Es ist die mittlerweile begrünte Wand des Lavastroms, der noch eine Ecke der Fischfabrik eindrückte, ehe er unmittelbar vor dem Hafenbecken endgültig zum Stillstand kam. Auch andere Teile der Lava- und Aschefelder sind heute von einem grünen Teppich bedeckt – man hat von Flugzeugen aus tonnenweise Grassamen über die Brandwunden der Insel ausgestreut.

Oberhalb der Stadt aber zeigen schwefelgelbe Ablagerungen auf dem Gestein, daß aus den Spalten in der Lava vielerorts noch immer sulphurgesättigter Dampf austritt. An einigen Stellen ist die an die Oberfläche steigende Hitze so stark, daß sie Papier entzündet. Denn vielerorts ist der innere Kern des Lavagebirges nach wie vor flüssig, was eine Temperatur von 1050 Grad Celsius bedeutet. Der gewaltige, von der Natur geschaffene Wärmespeicher reicht aus, Heimaey noch für Jahrzehnte mit Heizenergie zu versorgen. Die Stadtväter haben sich diesen positiven Nebeneffekt der Katastrophe zunutze gemacht und dabei die Erfahrungen verwertet, die man beim Kampf gegen die glühende Lava gesammelt hatte. So pumpt man weiterhin Wasser auf den Lavarücken – wenn auch in weit bescheideneren Mengen. Dieses

Wasser dringt durch die Spalten und Risse in das Innere ein, wo es verdampft. Der aufsteigende Dampf wird in unterirdisch verlegten Betonrohren gesammelt und gibt über einen Wärmeaustauscher seine Wärme an das Wasser der Fernheizung ab. Da der technische Aufwand sehr gering ist, heizt Heimaey praktisch zum Nulltarif.

Frühgeschichte im dunkel

Auf Heimaey hat eine unkonventionell denkende Archäologin die bisherigen Grundfesten der isländischen Frühgeschichte erschüttert. Die Funde von Überresten einer größeren Siedlung sprechen dafür, daß schon vor Ingólfur, dem ersten Siedler – also vor 874 –, nordische Menschen samt Pferden, Schafen und Hunden auf Island gesiedelt haben. Alle bisherigen Untersuchungen der Hinterlassenschaften und Ruinen – von der Pollenanalyse über das Radiocarbon-Verfahren bis hin zur Tephro-Chronologie – lassen an dem historischen Landnahmejahr 874 zweifeln. Denn das, was da auf Heimaey von der Archäologin Margrét Hermannsdóttir ans Tageslicht geholt wurde, muß schon Jahrzehnte vor der Landung Ingólfurs dagewesen sein. Vielleicht muß die Geschichte Islands der ersten Bewohner Heimaeys wegen umgeschrieben werden. Das würde einer nationalen Katastrophe gleichkommen – rühmten sich die Isländer doch gern der Tatsache, daß sie die einzige europäische Nation mit einer geschriebenen Geschichte von ihrer Stunde Null an sind.

Wer sich eingehender mit der Geschichte der Westmänner-Inseln, die zugleich eine Geschichte des Fischfangs vor Island ist, beschäftigen möchte, sollte das nach dem Wiederaufbau eingerichtete Heimatmuseum im Gebäude der Stadtbibliothek besuchen. Dort ist u. a. die sogenannte Türkenkanone zu sehen, die vom »Türkenüberfall« am 17. Juli 1627 berichtet. An jenem Tag hatten 300 marokkanische Seeräuber Heimaey überfallen, hatten 36 Einwohner erschlagen und 242 Männer, Frauen und Kinder verschleppt, um sie als Sklaven zu verkaufen. Lohnend ist auch der Besuch des Aquariums mit seinen seltenen nord-

Heimaey, ans Meer geduckt

atlantischen Tiefbewohnern – u. a. einem kegelförmigen Fisch mit Leuchtantennen – und der Mineralien- und Vogelsammlung.

Vestmannaeyjar – das Paradies der Vögel

Die Vestmannaeyjar sind eine echte Attraktion für Ornithologen. Die von Menschen unbewohnten Felsinseln rund um Heimaey mit ihren zerklüfteten Riffen sind die Kinderstube von Hunderttausenden von Wasservögeln. Hier nisten die gefiederten Bewohner in riesigen Kolonien dichtgedrängt, auf Terrassen übereinander – Kormorane und Mantelmöwen, Tordalken und Trottellummen, Eissturmvögel und Papageitaucher. Auf Hellisey haben die gewaltigen, blendend weißen Baßtölpel, die »Herren des Atlantiks«, ihre Gelege. An den oft Hunderte von Meter steil aufragenden Felsen betreiben die jungen Männer von Heimaey auch heute noch das Einsammeln von Eiern und den Fang von Papageitauchern, die in tiefen Erdhöhlen leben und als Delikatesse gelten. Der Aufstieg in die Wände vom schwankenden Schlauchboot aus oder das Herausschwingen am Seil hoch über dem Meer erfordert eine gehörige Portion Mut und Geschicklichkeit. Der Fang ist bis zum 15. August erlaubt. Papageitaucherbrust (Lundi) in süß-würziger Sauce steht als Spezialität auf den Speisekarten fast aller Inselgaststätten. Auskünfte über Möglichkeiten, selber die Vogelberge zu besichtigen, erhält man im Rathaus von Heimaey.

Sollten Sie in den ersten Augusttagen auf die Insel kommen, dürfen Sie nicht erschrecken, wenn die Stadt ausgestorben daliegt. Ihre Bewohner sind dann alle im festlich geschmückten Tal des *Herjólfur*, dem Krater eines erloschenen Vulkans, wo man mit Musik, Gesang und Tanz, mit Vorführungen und Wettkämpfen und einem Riesenfeuerwerk den »Nationalfeiertag« der Insel, den 2. August, feiert.

Lavameer Reykjanes

Ein zu Stein erstarrtes, sturmgepeitschtes Meer – so hat J. R. Campbell in seinem berühmten Island-Buch aus dem Jahre 1861 die wildzerrissene Lavazunge des *Kapelluhraun* beschrieben, die sich wenige Kilometer südlich von Reykjavík bei *Hafnarfjörður* ans Meer heranschiebt. Diese Lava ist nicht älter als 1000 Jahre – sie floß in einem breiten Strom aus der von Staffelbrüchen durchzogenen Bergkette *Undirhliðar*. Auch sonst ist an junger Lava kein Mangel auf *Reykjanes*, dem Südwestzipfel Islands, wo man Dutzende von Vulkanen und Hunderte von Kratern findet, die sich noch bis ins 14. Jahrhundert hinein durch besondere Aktivität ausgezeichnet haben. Denn Reykjanes liegt genau auf dem berüchtigten Mittelatlantischen Bruch, wo sich die Erde besonders dünnhäutig zeigt. Auch heute noch treten hier die typischen Begleiterscheinungen des jungen Vulkanismus deutlich sichtbar zutage – mit fauchenden Dampfquellen und brodelnden Schlammkesseln. Wer nicht die Möglichkeit hat, die eindrucksvollen Solfatarengebiete im Inselnorden zu besuchen, kann das Naturschauspiel der Dampf- und Schwefelquellen bequem bei einem Halbtagsausflug ins Reykjanes-Gebiet kennenlernen.

Bessastaðir, Sitz des Gouverneurs

Auf der zum Flughafen führenden Straße Nr. 41 fahren wir nach Süden durch die Vorstadt *Kópavogur*, wo 1973 nach dem Vulkanausbruch auf den Westmänner-Inseln zahlreiche Bewohner von Heimaey eine neue Heimat fanden. Nur wenige Kilometer hinter Kópavogur zweigt rechts die Nr. 415 auf die Landzunge *Álftanes* ab, wo uns die weißen Gebäude des Gutshofes *Bessastaðir* entgegenleuchten: die Residenz des Staatspräsidenten. Der Hof gehörte im 13. Jahrhundert dem großen Dichter Snorri Sturluson. Als dieser 1241 im Gefolge politischer Wirren ermordet wurde, fiel der Besitz an den norwegischen und später an den dänischen König, der Bessastaðir zum Sitz des Gouverneurs machte. Die jetzigen Gebäude wurden um 1760 errichtet – sie gehören damit zu den ältesten der Insel. Die – etwas jüngere – Kirche besitzt sehenswerte Glasmosaiken mit Bildern aus der isländischen Geschichte. An den Ufern der kleinen Buchten und Tümpel rund um Bessastaðir fallen farbige Markierungen auf – sie kennzeichnen die Brutplätze von Eiderenten. Deren Daunen waren schon im Mittelalter ein kostbarer Exportartikel, der an den Fürstenhöfen des Kontinents buchstäblich in Gold aufgewogen wurde. Auch heute noch werden die Daunen vorsichtig aus den Nestern der Enten gesammelt. Die Erlöse aus dem Verkauf der auf Álftanes »geernteten« Federn gehen als eine Art Deputat in das Gehalt des isländischen Präsidenten ein.

Hansehafen Hafnarfjörður

Bei der Weiterfahrt kommen wir nach *Hafnarfjörður* mit seinem lebhaften Trawlerhafen, der bis mitten in die Stadt hineinreicht. Diese geschützte Hafenbucht verhalf dem Ort zu seiner »deutschen Vergangenheit«. Um 1400 hatten sich hier zunächst englische Kaufleute niedergelassen, die aber von 1475 an norddeutschen Kaufleuten weichen mußten. Diese hatten im norwegischen Bergen erfahren, daß mit isländischer Ware – von Stockfisch über Schwefel bis hin zu Jagdfalken – gutes Geld zu verdienen war. Die geschäftstüchtigen Deutschen, die das Handelsimperium der *Hanse* über ganz Nordeuropa ausgebreitet hatten, machten Hafnarfjörður zu ihrer Hauptniederlassung auf Island. Die Rolle als Vorposten des Hansebundes im Nordatlantik spielte der Ort bis um die Mitte des 16. Jahrhunderts.

Hafnarfjörður hat man mitten in ein Lavafeld hineingebaut, das vor 7000 Jahren aus dem *Búrfell* floß. Noch heute winden sich die Straßen im älteren Teil der Stadt um riesige Lavablöcke herum. Auch der sehenswerte Stadtpark mit seiner für Island reichen Baumvegetation zeigt überall deutliche Spuren der vulkanischen Vergangenheit des Geländes. (Lohnendes Seefahrts- und Postmuseum.)

Wir setzen die Fahrt in Richtung Keflavík fort und biegen nach wenigen Kilometern links auf den Weg Nr. 41 ab, der sich schnurgerade durch eine weite Lavaeinöde zieht. Nach gut 10 Kilometern stoßen wir auf den *Kleifar-See*, dessen stahlblauer Spiegel in einem seltsamen Kontrast zu der umgebenden, vegetationslosen Mondlandschaft steht. Wir fahren am Westufer des Sees entlang und sehen bald Dampffahnen über den dunklen Lavahängen stehen, die schon von weitem das Gebiet der Heißquellen im Tal von *Krisuvík* anzeigen.

Das Schwefeltal von Krisuvík

Dieser Taleinschnitt zu Füßen der Kraterreihen der *Trölladyngja* ist ein beeindruckendes Beispiel für die geothermische Aktivität in der Zone des Neovulkanismus, zu der die Halbinsel Reykjanes gehört. Fauchend entweichen mächtige Dampffontänen dem Erdreich, aus Lavaspalten schießt stoßweise verdampftes Sprühwasser hervor. Blaugrauer Schlamm brodelt in trichterförmigen Senken – riesige Dampfblasen quellen darin auf und zerplatzen an der Oberfläche. Fauliger Gestank zieht mit den Dampfwolken herüber, eine dicke Schicht von Schwefelkristallen überkrustet gelb das Gestein rund um die zischenden Spalten. Der aus der Erde wachsende Schwefel wurde früher abgebaut und exportiert. Heute sind die Mengen für einen Abbau nicht mehr lohnend, das Heißquellental liefert nur noch die Wärme für ein paar Treibhäuser in der Nähe. Hinter Krisuvík biegen wir rechts in den Schotterweg 425 ein, der durch ödes Lavagewirr an die Südwestküste Islands führt. Auch diese Küste besteht aus erstarrtem Magma, das – in

Islands größte Badewanne: die »Blaue Lagune«

Schichten übereinander getürmt – hoch aus der Brandung steigt. Und selbst im Meer vor dieser Küste haben vulkanische Aktivitäten immer wieder an die Existenz der mittelatlantischen Erdwunde erinnert.

Die »Blaue Lagune« bei Grindavík

Wir kommen auf unserer Fahrt nach *Grindavík*, einem emsigen Fischerhafen, von dem die meisten der knapp 2000 Einwohner leben. Und auch hier sind die typischen Wahrzeichen tektonischer Unruhe nicht zu übersehen. Nur drei Kilometer in nördlicher Richtung liegt das Hochtemperaturgebiet von Svartsengi mit seinen 240 Grad heißen Salzwasserquellen. In der Nähe hat man das größte Dampfloch der Welt erbohrt – aus einem einzigen Brunnen schießen in der Sekunde 180 Kilo Dampf mit einer Temperatur von 290 Grad an die Oberfläche.

Der einzige Nachteil ist, daß es sich um Salzwasser handelt, das nicht unmittelbar verwendet werden kann. So muß man sich die Energie von Svartsengi mit einer auf der Welt einmaligen technischen Lösung nutzbar machen – in einem kombinierten Heizkraftwerk, das mit seinen silberglänzenden, dampffauchenden Separatorentürmen in der düsteren Lava von Ferne einer Raketenabschußbasis gleicht. Das überheiße Salzwasser gibt seine Energie über Wärmeaustauscher an kaltes Süßwasser ab. Mit dem anfallenden Dampf wird über eine Turbine Strom erzeugt, mit dem der ganze isländische Südwesten versorgt wird. Daneben dient das geothermische Kraftwerk dem Badevergnügen und der Gesundheit. Denn das an Mineralien reiche und noch immer heiße Wasser aus den Wärmeaustauschern wird in die Lava gepumpt und bildet dort einen riesigen, dampfenden Badesee, die opalfarbene »Blaue Lagune«. Das Wasser in »Islands größter Badewanne« erneuert sich täglich. Die Mineralien wirken heilend. Kleines Motel.

Nach Keflavík

Wir setzen die Fahrt von Grindavík auf der Straße Nr. 425 fort, die der Küstenlinie folgt – bis zur südwestlichen Spitze Islands, dem *Kap*

Reykjanestá (»Zeh von Reykjanes«). Auf der Fahrt zum Leuchtturm passieren wir weitere heiße Quellen und Solfataren unmittelbar neben der Fahrbahn. Bei klarem Wetter ist – in ca. 15 Kilometer Entfernung – die Insel *Eldey* auszumachen, die auf ihren 77 Meter aus dem Meer aufragenden Felsen die größte Baßtölpel-Kolonie der Welt mit 70 000 Tieren beherbergt. Die Insel ist seit 1974 Naturschutzgebiet und darf nur mit Sondergenehmigung betreten werden.

Über den Fischerort *Hafnir* kommen wir nach gut 20 Kilometern nach *Keflavík* mit dem Mitte der achtziger Jahre völlig neugestalteten »Leif Eriksson International Airport«, dem Einfallstor nach Island. Island, das selber kein Militär unterhält, aber seit 1949 Mitglied der NATO ist, stellt als seinen Beitrag zur Verteidigungsgemeinschaft den Flugplatz zur Verfügung. Keflavík, das ohne die amerikanischen Soldaten und deren Familien knapp 7000 Einwohner zählt, ist ein bedeutender Fischereihafen und gleichzeitig der zweitgrößte Exporthafen der Insel. Um 1500 waren hier zahlreiche deutsche Kaufleute ansässig. (Zwei Hotels am Ort.)

Straumsvík: Aluminiumhütte und Lavakapelle

Durch weite Lavafelder, die in ihrer Monotonie schon wieder reizvoll erscheinen, kehren wir auf der betonierten Straße Nr. 41 nach Reykjavík zurück. Nach etwa 30 Kilometern tauchen links die rotweißen Silotürme der isländisch-schweizerischen Aluminiumhütte *Íslenska Álfélagið h/f* in *Straumsvík* auf, die der größte Industriebetrieb der Insel ist. Obwohl alle Rohstoffe per Schiff herbeitransportiert werden müssen – zum Teil sogar aus Australien –, ist die Verarbeitung dennoch rentabel, weil das Wasserkraftwerk Búrfell billige Energie liefert. Unmittelbar gegenüber der Fabrik stehen die Ruinen einer kleinen, mittelalterlichen Kapelle, deren Wände aus Lavaplatten aufgeschichtet sind. Sie gaben der *Kapellurhraun* (»Kapellenlava«) ihren Namen. Von *Straumsvík* sind es noch 15 Kilometer bis Reykjavík.

In der Einsamkeit der Westfjorde

Der legendäre Wikinger Flóki Vilgerðarson oder Hrafnar-Flóki (s. S. 34) hatte bei seiner Landnahme bei sich an Bord auch ein Besatzungsmitglied von den Hebriden mit Namen Faxi. Dieser Faxi hielt die riesige Bucht zwischen Reykjanes im Süden und Snæfellsnes im Norden für eine so gewaltige Flußmündung, daß er daraus schloß, Garðarsholmi, das man da umsegelte, müsse ein riesiges Land sein, wenn es so riesige Flüsse habe. Seither trägt diese Bucht seinen Namen, *Faxaflói* – so steht es im »Landnahmebuch«. Ein Dreitagesausflug von Reykjavík aus rund um die Faxabucht bietet gute Gelegenheiten, die Vielfalt der isländischen Landschaft kennenzulernen. (Übernachtungsmöglichkeiten an mehreren Orten der beschriebenen Strecke.)

Die Walfjorde der Faxabucht

Die Ringstraße in nördlicher Richtung bringt uns zunächst an den *Hvalfjörður*, den »Walfjord«. Dieser bis zu 200 Meter tiefe Meeresarm zwängt sich zwischen hohen Bergen 30 Kilometer weit ins Land. Im 2. Weltkrieg diente er als geschützter Ankerplatz für die im Nordatlantik operierende Flotte der Alliierten und für die amerikanischen Geleitzüge nach Murmansk. Die Straße überquert im *Kjósátal* die *Laxá*, die in Kaskaden in den Fjord stürzt, und führt am Ende des Fjords in das malerische *Botn-Tal* mit seinen Birkenwäldern, das der Botn-Fluß tief in die umgebenden Berge eingeschnitten hat. In einer – unzugänglichen – Schlucht stürzt sich der Fluß im *Glýmur* 200 Meter in die Tiefe, womit dieser Wasserfall der höchste in Island ist. Zum Inland hin schließt der mächtige Kegel des *Hvalfell* (848 m) das Tal ab, weiter nach Südwesten hin zeigen sich die schneebedeckten Zinnen des *Botnssúlur* (1095 m).

Die Straße wendet sich nach Westen und bleibt am Fjordufer, während auf der rechten Seite die Felswände des *Þyrill* fast 400 Meter emporwachsen – mit ihren phantastischen Skulpturen, die Wind und Wetter in das Gestein gekerbt haben. Hinter einer Bergkuppe tauchen Öltanks und Wellblechbaracken auf – die Walfangstation *Hvalstöðin*.

S. 62/63: Nur der Leuchtturm wacht überm Fjord

Schon Skallagrímur jagte Wale

Die Tradition des Walfangs reicht auf der Insel zurück bis in die Tage der ersten Besiedlung. Die *Egils-Saga* vermerkt schon bei der Landnahme Skallagrímurs am Ende des 9. Jahrhunderts das Vorhandensein großer Herden von Walen, die man mit dem Speer erlegen konnte. Und das *Jónsbók* – eine Gesetzessammlung aus dem Jahre 1280 – schrieb bereits die obligatorische Registratur für Eigentümermarken an Walharpunen vor. Doch man jagte – im Gegensatz zu anderen Fangnationen – die Jahrhunderte hindurch nur für den bescheidenen, eigenen Bedarf und nicht für die industrielle Verwertung. Erst als nach dem 2. Weltkrieg mit Tran und Fleisch für die Tierfutterfabriken und zoologischen Gärten ein gutes Geschäft zu machen war, setzten die Isländer vier Fangschiffe ein, deren Beute am Hvalfjörður abgespeckt und verarbeitet wurde. Bis Anfang der achtziger Jahre wurden pro Jahr etwa 400 Tiere – vor allem Finn- und Seiwale – harpuniert. 1983 waren nur noch 267 Abschüsse erlaubt – nach der Saison 1985 war Schluß mit dem blutigen Gewerbe. Bis 1989 wurden allerdings weiter Wale gejagt – offiziell für wissenschaftliche Zwecke. Was die Wissenschaft nicht brauchte, wurde weiterhin nach Japan verkauft. Die in- und ausländischen Proteste einschließlich militanter Aktionen von Umweltorganisationen hörten nicht auf. Das Gipfeltreffen Reagan – Gorbatschow diente den Walfanggegnern als willkommener Hintergrund für Proteste vor der Weltöffentlichkeit. Letztlich brachte ein massiver Boykott für isländische Fischwaren in den USA Reykjavík zum Einlenken: 1990 sollten zum ersten Mal überhaupt keine der Meeressäuger mehr geschossen werden.

Daß die Isländer auf ihre geliebten Walsteaks verzichten müssen, trifft sie hart – noch härter aber fällt der Verzicht auf ihr *Hvalur*, den gesäuerten Walspeck, der Bestandteil des *Þorramatur* ist, der traditionellen Wikingertafelei im Februar. Ein Vorstoß der Isländer auf der Internationalen Walfangkonferenz 1990, den kommerziellen Abschuß wenigstens teilweise wieder freizugeben, wurde von der Mehrheit der Teilnehmerstaaten abgelehnt. Von einer geringen Fangaktivität zugunsten »wissenschaftlicher« Zwecke abgesehen, hält Island den Fangstopp bis heute ein.

Der fischende Bischof

Bei der Weiterfahrt kommen wir an der Kirche von *Saurbœr* vorbei, auf deren Friedhof der größte geistliche Dichter der Insel, Hallgrímur Pétursson (s. S. 21), begraben ist. Danach treten die Berge vom Fjordufer zurück, und unvermittelt breiten sich Wiesen und Ackerflächen aus, in die hineingetupft farbenfrohe Bauernhöfe liegen. Dann zweigt links die Straße Nr. 51 ab, die einen kurzen Abstecher nach *Akranes* erlaubt, das hinter dem seltsam geformten *Akrafjall* (643 m) verborgen liegt. Ihre Entstehung verdankt die 5000-Einwohner-Stadt dem Bischof Brynjólfur Sveinsson, der es hier im 17. Jahrhundert mit der Petrus-Nachfolge wörtlich genommen hatte: Neben seinem geistlichen Amt sorgte er ganz profan für sein weltliches Auskommen – mit einer eigenen Fischereiflotte. Heute hat Akranes vor allem wegen seiner Zementfabrik Bedeutung, die die ganze Insel mit diesem unentbehrlichen Baustoff versorgt. Vor dem besuchenswerten Heimatmuseum »Garðar« erinnert ein Gedenkstein daran, daß sich am Walfjord schon zu Beginn der Besiedlung irisch-keltische Einwanderer niedergelassen hatten, die bereits Christen waren.

Daß sich der Wechsel im Landschaftsbild in Island oft überraschend vollzieht, erleben wir auf der Weiterfahrt nach Norden, an der lagunenartige Bucht *Leirarvogar* entlang. Abrupt gehen die saftig-grünen Wiesen in eine Ebene aus nacktem Sand über. Am Fuße des steilaufsteigenden *Hafnarfjall* (844 m) stößt die Straße auf den nächsten Meeresarm, den *Borgarfjörður*. Auf dem jenseitigen Ufer öffnet sich die Landschaft in einer weiten, grünen Ebene. Die sanft ansteigende Häuserkulisse der Stadt *Borgarnes* kommt in Sicht. Seit 1981 ist der Ort über eine zwei Kilometer lange Brücke über den Fjord zu erreichen – ohne den früher notwendigen langen Umweg um die Bucht herum. Damit liegt Borgarnes an der Ringstraße, was ihm neue wirtschaftliche Impulse als Servicezentrum gegeben hat. Im Stadtpark wird Skallagrímurs angebliches Grab gezeigt. Von Borgarnes aus kann man Busausflüge zu den riesigen Lavahöhlen Hallmundarhaun unternehmen.

Basaltsäulen auf der Snœfellshalbinsel

Zu den Basaltsäulen von Gerðuberg

Die nächste Etappe führt auf der Straße Nr. 54 rund 40 Kilometer nordwärts durch das *Mýrar-Tiefland*, das am Ende der Eiszeit noch vom Meer bedeckt war. Als die drückende Last der Gletscher verschwand, hob sich das Land – die fruchtbare, weite *Borgarnes-Ebene* entstand. Sie gehört heute zu den wichtigsten landwirtschaftlich genutzten Gebieten der Insel, die alles in allem nur ein einziges Prozent der Gesamtfläche Islands ausmachen. Und davon wiederum ist das meiste Grasland für die Heuproduktion. Die Bauern leben vor allem von der Viehzucht, von Fleisch-, Woll und Milchproduktion. Die vielen Rinder sorgen dafür, daß der Durchschnitts-Isländer im Jahr 260 Liter Milch trinken und weitere 230 Liter in Form von Butter und Käse, Speiseeis oder als den Wikinger-Joghurt *Skýr* verzehren kann. Damit vertilgt er fast eine halbe Tonne Milch im Jahr, beinahe ein Weltrekord.

Die Gipfel des *Fagraskógarfjall* (644 m) und des *Kolbeinsstaðafjall* (862 m) künden das Ende der Fahrt durch Wiesen und Moore an. Und wir wären nicht in Island, wenn sich nicht bald auch wieder düstere Lava ins Bild drängte. Aus dieser Lava ragt wie eine schwarze Burg der *Eldborg-Krater* auf, den man auf einem Fußweg von einer guten halben Stunde erreichen und besteigen kann. *(Vorsicht übrigens bei Wanderungen über Lavafelder – es besteht Einbruchgefahr mit dem Risiko schwerer Verletzungen durch das scharfkantige Gestein!)* Wenige Kilometer weiter taucht rechts der Straße wie eine senkrechte Mauer die Felswand von *Gerðuberg* auf, riesige, senkrecht stehende und regelmäßig geformte Sechseck-*Basaltsäulen*, die bei der langsamen Abkühlung von Magma entstanden. Besonders eindrucksvoll treten diese Säulen da zutage, wo sie sich von der Wand gelöst haben und frei stehen. Das geologische Phänomen der Basaltsäulen findet man häufiger – so auch an der Felsenküste von Snæfellsnes.

Zum Mittelpunkt der Erde

Wir haben nun das Nordufer der Faxabucht erreicht – die Halbinsel *Snæfellsnes*, die sich fast 80 Kilometer weit ins Meer hinausschiebt.

Von ihr wird gesagt, daß sie Islands einzigartige, wilde Natur wie in einer Nußschale vereine: Vulkane und Gletscher, rauhe Gebirge und grüne Wiesen, Wasserfälle, heiße Quellen, Felshöhlen, Lavafelder, schroffe Küsten und schwarze Strände. Über allem hebt – am äußersten westlichen Zipfel der Landzunge – der gewaltige *Snæfellsjökull* seinen eisbedeckten Gipfel in den Himmel. Jules Verne, der seinen Fuß nie auf Island gesetzt hatte, verhalf diesem Vulkan mit seinem Roman *Die Reise zum Mittelpunkt der Erde* zu Weltruhm. Diese phantastische Reise beginnt mit dem Einstieg der drei Helden in den Krater des Snæfellsjökulls, der ziemlich ortsgetreu beschrieben wird – Verne muß da fleißig die Reiseberichte seiner Zeitgenossen über Island studiert haben. Auch andere Schriftsteller haben sich der eigenwilligen Dramatik der Landschaft von Snæfellsnes nicht entziehen können – angefangen von den Saga-Autoren bis hin zu Halldór Laxness mit seinem Roman *Seelsorge am Gletscher*.

Bei Vegamót zweigt eine Straße quer über den Gebirgsrücken zur Nordküste der Halbinsel ab. Wir bleiben auf der Südstraße, die beim Leuchtturm *Garðar* direkt ans Meer führt, und kommen nach *Lysushóll*, wo warme Mineralquellen und ein heißes Schwimmbecken eine Rast erfordern. Danach geht es weiter über das *Búðarhaun* nach *Búðir* (Hotel für eventuelle Übernachtung). Das heute unbedeutende Dorf war im 16. Jahrhundert ein lebhafter Handelsort, der enge Geschäftsbeziehungen zu Bremen unterhielt. Hier ergoß sich die Lava in einem breiten Strom ins Meer, wobei sie in vielgestaltiger Form erstarrte.

Hinter dem Búðarhaun beginnt die Umrundung des Snæfellsjökulls, der als flach ansteigender Kegel fast symmetrisch emporwächst und der in den drei Felsspitzen *Þúfur* die stolze Höhe von 1446 Metern erreicht. Den Aufstieg zu der blendend weißen Eiskappe, die den Hauptkrater des Vulkans bedeckt, schafft man – gutes Training vorausgesetzt, ebenso wie ein erfahrener Führer – in etwa 5 Stunden.

Felsskulpturen am Strand

Zwar hat sich das unterirdische Feuer unter der Eiskappe seit den Jahren der Besiedlung nicht mehr gezeigt, dennoch gehört der Snæfellsjö-

Der Snæfellsjökull, Einstieg zum Erdmittelpunkt

kull zu den Jungvulkanen, die noch nach der Eiszeit ausgesprochen aktiv waren. So haben sich über den aus Palagonituff bestehenden Kern des Berges immer wieder Lavaströme gelegt. An vielen Stellen erreicht die Lava das nahe Meer, wo sie die starke Brandung im Laufe der Jahrtausende ausgewaschen und bizarr geformt hat. Gerade diese Klippenküste südlich des Snæfellsjökull mit ihren im Meer stehenden Felsskulpturen ist berühmt für ihre Formenvielfalt. Reizvolle Beispiele dieser Bildhauerkunst der Natur finden wir bei *Arnarstapi* zu Füßen des ockerfarbenen Vulkankegels des *Stapafell*, wo die Brandung riesige Tore in die Lava gespült hat (*Gatklettur*). (Fußweg von der Dorfmitte über eine Wiese zur Küste.) Ungewöhnliche Felsformationen gibt es auch am Strand von *Hellnar*, wo wir außerdem die Möglichkeit haben, akrobatische Flugkunststücke von Seevögeln zu bewundern, die auf schmalen Felsbändern in engen, von ewigem Brandungsschlag ausgewaschenen Schluchten nisten. Ein paar Kilometer weiter nach Westen stehen die beiden Felssäulen von *Lóndrangar* im Meer, die ebenfalls Scharen von Seevögeln als Nistplatz dienen. Eine dieser Säulen ragt 75 Meter über dem Wasser auf. Es handelt sich um die Reste einer ehemaligen Kraterwand. (Der 15-Minuten-Spaziergang zur Küste lohnt sich!)

Am Breiðafjörður

Wenn kurz darauf der Leuchtturm *Malarrif* auftaucht, haben wir die Südwestecke der Halbinsel und damit das Nordende der Faxabucht erreicht. Hier lag einst das Wikingerdorf *Laugabrekka*, auf dem die legendäre *Guðriður Þorjörnsdóttir* zu Hause war, die im Jahre 1002 zusammen mit ihrem Mann, dem Wikinger *Þorfinnur karlsefni*, und dessen Begleitern als erste europäische Siedler nach Vínland, dem späteren Neufundland, segelten (s. S. 90).

Durch ausgedehnte Lavafelder mit den reizvollen Kraterkuppen Hólahólar und Öndverðarneshólar geht es zur Nordküste, die wir bei *Hellissandur erreichen.* Die Nordküste zieht sich am größten Fjord Islands entlang, dem *Breiðafjörður*. Dieser fast 50 Kilometer breite Meeresarm mit seinen Dutzenden von kleinen Inseln trennt Süd- und Nordisland. Auf dem jenseitigen Ufer liegt das von Fjorden, Buchten und Sunden wild zerrissene Gebiet der Westfjorde. In der Nähe von Hellissandur überqueren wir die Flußniederung der *Holmkelsá*, die mit ihrem Schwemmsand aus den Gletscherbächen dafür gesorgt hat, daß der einst wichtige Fischereiort der Halbinsel, *Rif*, seinen natürlichen Hafen verloren hat. Heute kommt dieses Prädikat dem benachbarten *Ólafsvík* zu, das in einem engen, zur Küste offenen Bergkessel liegt. Ein Speichergebäude aus dem Jahre 1841 erinnert daran, daß der Ort im 19. Jahrhundert ein Handels- und Exporthafen war. (Hotel und Golfplatz.)

Von Grundarfjörður nach Helgafell

Umgeben von einer ungewöhnlichen Bergkulisse liegt das nächste Etappenziel: das Dorf *Grundarfjörður*. Besonders beeindruckend zeigt sich der *Kirkjufell* (463 m), der »Kirchenfelsen«, der auf einer kleinen Halbinsel wie das Dach einer gewaltigen Kathedrale buchstäblich aus dem Wasser wächst. Unser Weg führt weiter nach Osten durch die *Berserkjahraun*, die »Berserkerlava«. Nach der Saga von Styr ließ dieser die ungestümen Berserker einen Weg durch das wilde Gewirr der Lava bahnen. Doch Undank war schon damals der Welt Lohn – nach getaner Arbeit erschlug der Wikinger die unfreiwilligen Straßenarbeiter und verscharrte sie am Wegesrand.

Der Hauptort auf Snæfellsnes ist *Stykkishólmur* mit dem heiligen *Helgafell*, einem 73 Meter hohen Hügel, der u. a. durch die Laxsdalá-Saga berühmt geworden ist. Neben der Kirche an diesem Hügel soll unter einem eingezäunten Hügel jene *Guðrún Ósvifúsdóttir* begraben liegen, die trotz ihrer vier Männer nicht den einen bekam, dem allein ihr Herz gehörte. Wie anderen Bergen auf Snæfellsnes werden auch dem Helgafell Zauberkräfte zugeschrieben. Wer stumm und ohne sich umzudrehen, den Blick nach Osten gerichtet, auf den Gipfel steigt, hat drei Wünsche frei – doch dürfen es nur gute Wünsche sein!

Blick über den Borgarfjörður

Die Stadt Stykkishólmur (1200 Einwohner, Hotel!) mit ihrer neuen Kirche, die in modernster Architektur wie ein Zeigefinger Gottes auf einem Fels über der Stadt gebaut wurde, liegt auf einer zerbuchteten Halbinsel im *Breiðafjord*, wobei die Felseninsel *Súgandisey* die Hafeneinfahrt schützt. Der Ort ist Handels- und Verwaltungszentrum. Für Touristen werden Motorbootfahrten durch die Inselwelt veranstaltet. Von hier aus gibt es die einzige Fährverbindung über den Breiðafjörður nach *Brjánslœkur* im Gebiet der Westfjorde. Die MS *Baldur* legt auch auf der kleinen Insel *Flatey* an, die nicht nur für ihr reiches Vogelleben (große Eiderentenkolonie) bekannt ist. Hier wurde nämlich das berühmte *Flateyjarbók* mit seinen Königssagas entdeckt, das heute zu den besonderen Schätzen der Handschriftensammlung in Reykjavík gehört. Dieser wohl schönste Codex des isländischen Mittelalters gehörte zu den ersten Handschriften, die 1971 von den Dänen feierlich an Island zurückgegeben wurden (s. S. 26).

Wer einen Tag dranhängen möchte, kann mit der Fähre zu den Westfjorden nach Flatey fahren. Er hat 4 Stunden Zeit für die Erkundung der Insel, bis die Fähre auf der Rückfahrt wieder auf Flatey anlegt. Auf einer weiteren Insel vor Stykkishólmur, auf *Klakkeyjar*, rüstete *Erik der Rote* 962 heimlich seine Schiffe zu der legendären Seereise aus, bei der er Grönland entdeckte.

Wir kehren nach Reykjavík zurück. Die kürzeste Strecke von Stykkishólmur ist die auf der Straße Nr. 56 über das Kerlingarskarð nach Vegamót, wo wir wieder den Anreiseweg Nr. 54 erreichen. Etwas weiter und landschaftlich reizvoller ist die Strecke am Ufer des Hvammfjörður entlang (Straße Nr. 57) durch die Niederung des Skógarströnd, wo wir nach rechts auf die Straße Nr. 55 biegen und nach 27 Kilometern ebenfalls auf die Nr. 56 stoßen. Als dritte Möglichkeit bietet sich die Fortsetzung der Fahrt auf der Nr. 57 bis zum Ende des Hvammfjordes und von dort auf der Straße Nr. 60 südwärts auf die Ringstraße Nr. 1. Folgen wir dieser in Richtung Reykjavík, sind wir in wenigen Kilometern im Feriengebiet *Bifröst* am *Hreða-See,* einer grünen, buschbestandenen Oase mit Sommerhäusern, Hotel und Restaurants. Einen Spaziergang weit entfernt liegt der *Grábrók* (»Graue Hose«), ein wegen seiner einmaligen Beschaffenheit unter Naturschutz stehendes Kratergebilde. Der Grábrók ist leicht zu besteigen – vom Kraterrand aus geht der Blick weit über die Ebene des Borgarfjörður. Nach Osten hin beherrscht der 934 Meter hohe, regelmäßig geformte Kegel des *Baula* mit seinem auffälligen, rötlich-gelblichen Liparitgestein (Rhyolith) das Bild. (Sowohl Bifröst als auch Borgarnes bieten sich für die Übernachtung und als Ausgangspunkt für den letzten Teil unserer Reise um die Faxaflói ab.)

Weltrekordquelle bei Kleppjárnsreykir

Für den dritten Tag der Fahrt verlassen wir die Küste, um landeinwärts das Gebiet von *Reykholt* zu erkunden. Von Borgarnes fahren wir auf der Ringstraße nordwärts (von Bifröst südwärts) und biegen in der Nähe des Hofes Svignaskarð, wo die burgartige Felsenformation des *Kastalinn* einen weiten Ausblick auf die Ebene ermöglicht, auf die Straße Nr. 50 ab. Sie führt über reißende Mäanderflüsse nach wenigen Kilometern in ein Gebiet, in dem es dicht unter der Erdoberfläche kocht, wie kaum anderswo. Allein in diesem östlichen Teil *Borgarfjörðurs*, hinter dem die Eiskappen gewaltiger Gletscher aufsteigen, zählt man mehr als 50 Quellen mit 100 Grad heißem Wasser, darunter auch eine mitten im Fluß Hvítá. Sogar ein Weltrekord ist zu vermerken: Bei dem Dorf *Kleppjárnsreykir* mit seinen Gewächshäusern stößt der *Deildartunguhver* 250 Liter kochendes Wasser in der Sekunde aus – oder knapp 1000 Tonnen in der Stunde. Diese ergiebigste Heißwasserquelle der Welt beliefert die Städte Borgarnes und Akranes mit Wärme für die Fernheizung und für Freibäder. Erdwärme heizt auch das kleine, kreisrunde Becken *Snorralaug*, in dem kein Geringerer als Snorri Sturluson vor 750 Jahren zu baden pflegte. Dieses Bassin und ein heute freigelegter, unterirdischer Gang, der zum damaligen Wohnhaus Snorris führte, sind in *Reykholt*, wenige Kilometer von der Weltrekordquelle entfernt, zu sehen. Reykholt war der Stammsitz der Sturlungen. Snorri, der berühmteste Vertreter dieses Geschlechts, war nicht nur der größte Dichter des alten Island, sondern zugleich auch Historiker und Politiker. Die Norweger, die Snorri die schriftliche Überlieferung ihrer älteren Geschichte verdanken, haben ihn mit einem von Gustav Vigeland geschaffenen Standbild geehrt, das der damalige Kronprinz Olaf 1947 feierlich in Reykholt enthüllte hatte.

Katarakte und Eisfelder um Húsafell

Wir fahren auf der Straße Nr. 518 ein paar Kilometer nach Osten und kommen bei Stóri Ás an die Hvítá. Ein Stück flußaufwärts liegt der *Barnafoss*, der »Kinderwasserfall«, der einst von einem Felsbogen überbrückt war. Als jedoch zwei kleine Kinder eines benachbarten Bauernhofes von dieser Brücke ins Wasser stürzten und ertranken, sprengte deren Vater den Übergang. Neben dem Kinderwasserfall liegt ein weiterer ungewöhnlicher Katarakt: die *Hraunfossar*. Die Hvítá hat sich hier durch die Ausläufer des Lavafeldes *Hallmundahraun* geschnitten. Aus der nördlichen der Lavawände dringen über mehrere hundert Meter Breite die Wassermassen eines unterirdischen Flusses hervor und ergießen sich über eine Vielzahl von Terrassen und Kaskaden in die Hvítá. Dieser »Wasserfall aus dem Nichts« ist ein beeindruckendes

Naturschauspiel. Nur zehn Minuten Fahrt sind es von den Hraunfossar bis zum Hof *Húsafell*. Das »üppig« mit Birkenwald bestandene Tal, das im Juli und August eine vielbesuchte Sommerfrische für die Isländer ist, wird von einer majestätischen Gletscherkette mit weißen Eiskappen überragt: vom *Langjökull* (1355 m), dem zweitgrößten Eisfeld Islands, von dem 1675 Meter hohen *Eiriksjökull*, und schließlich im Südwesten vom *Ók* (1198 m) und dem *Þorisjökull* (1350 m). Am *Langjökull* hat man vor wenigen Jahren das erste Sommerskigebiet der Insel erschlossen, das man von Húsafell aus erreichen kann.

Drei Höhlen: Viðgelmir, Stéfan, Surtshellir

Am Hof Kalmanstunga, 6 Kilometer nordöstlich von Húsafell, führt eine Fahrspur durch das *Hallmundahraun* zu den drei großen Höhlen dieses Lavafeldes, die vor allem im 19. Jahrhundert ein beliebtes Aus-

Auf den Pfaden der Wikinger: Pony-Trekking

flugsziel für alle Island-Reisenden waren. Es sind die *Viðgelmir-*, *Stefáns-* und *Surtshellir-Höhle.* Letztere ist mit ihren 1600 Meter Länge die größte Höhle Islands. Sie hat ihren Namen von Surtur, weil man die Gewölbekeller mit ihren tropfsteinartig erstarrten Lavagebilden und das Gewirr der endlosen, dunklen Gänge für die Wohnstatt des Unholdes hielt.

Surtshellir wird schon in den Sagas erwähnt – als Zufluchtsort für die »Friedlosen«, die Ausgestoßenen und Geächteten, die eine grausame Strafverfolgung aus der menschlichen Gemeinschaft verbannt hatte und die fortan das Leben der Gesetzlosen leben mußten, wie der berüchtigte *Fjalla-Eyvindur.* Steinwälle, Feuerspuren und Knochenreste, die man in den Höhlen gefunden hat, bestätigen die Berichte der Sagas. Erst vor zwei Jahrzehnten wurde Surtshellir systematisch erforscht, vermessen und kartiert. Die Hunderte von Metern langen, teilweise vereisten Gänge und Gewölbe, die an vielen Stellen das Ausmaß von zweigleisigen Eisenbahntunnels haben, entstanden dadurch, daß unter der erkalteten und erstarrten Oberfläche von Lavaströmen das geschmolzene Gestein noch weiterfloß und riesige Stollen zurückließ.

Auf dem Wikinger-Pfad durchs Hochland

Für die Rückfahrt in die Hauptstadt erwartet uns noch das Erlebnis der Hochland-Überquerung auf dem »Pfad der Wikinger«, auf dem die Siedler Nordwestislands zur Parlamentssitzung nach Þingvellir ritten. Dieser *Kaldadalsvegur* ist der kürzeste der vier Hauptwege durch das menschenleere Inselinnere und eigentlich nur so etwas wie ein Vorgeschmack auf eine richtige Hochlandfahrt – wie z. B. auf dem *Sprengisandur-Weg* von Reykjavík nach Akureyri. Unser Weg, der eigentlich auf den ersten 40 Kilometern nur eine Spur für Allradfahrzeuge ist, kann von Ende Juli bis Ende September auch mit normalen Pkw befahren werden. Er führt auf kurvenreicher Schotterpiste, die ab und an von Planierraupen geglättet wird, durch das *Kaldidalur*, eine Gesteinswüste zwischen den Gletschern Ók und dem Langjökull, dessen Firn eine Fläche von gut 1000 Quadratkilometer bedeckt, sowie –

weiter im Süden – dem Þorisjökull. Dabei wird eine Paßhöhe von 727 Metern erreicht.

Vorsicht ist kurz hinter Húsafell geboten, wo die *Lambá* auf einer Furt durchquert werden muß – aber der Fluß ist normalerweise flach und hat einen glatten, festen Felsboden. Ein weiterer »trouble-spot« kann die steinige Strecke Skúlaskeið sein, auf der man dem Autoboden zuliebe langsam fahren sollte, oder – bei längerer Regenperiode – auf einem morastigen Stück bei Brunnar. Wenn nach 40 Kilometer Fahrt durch die Gletscher- und Vulkanlandschaft mit vielen erregenden Ausblicken die Abzweigung der *Uxahryggir*-Straße (Nr. 52) erreicht ist, hat man den schwierigsten Teil des Weges hinter sich. Auf den nächsten 27 Kilometern, die am Fuße des *Skaldabreiður* entlang südwärts führen, kann es allerdings bei stärkeren Ost- und Nordostwinden Probleme geben, weil diese als regelrechte Sandstürme die Fahrbahn mit weichem Mahlsand bedecken. Das geschieht vor allem am Nordende des Talkessels mit dem *Sandklufta-See* zwischen den steil aufsteigenden Felshängen des *Ármannsfell* (766 m) und des *Lágafell*. Ein Klappspaten im Wagen kann auf Island nie schaden! Auch ein intaktes Abschleppseil nicht! Nach dem Sandkluftavatn kommen wir bei Meyjarsæti in den landschaftlich reizvollen, busch- und birkenbestandenen Nationalpark vom *Þingvellir*. Von dort sind es auf guter Straße noch rund 70 Kilometer nach Reykjavík.

Das Basaltplateau von Vestfirðir

Die Landkarte verzeichnet ihn bei 24° 32' westlicher Länge und 65° 29' nördlicher Breite: den westlichsten Teil Europas, das *Kap Bjargtangar* an der Kliffküste des *Látrabjarg-Gebirges*. Die Basaltnase mit ihrem Leuchtturm liegt in *Vestfirðir*, der Region der Westfjorde. Dieser Nordwestzipfel Islands stößt als bizarr ausgefranste, von Fjorden wild zerrissene Halbinsel am weitesten in die Grönländische See vor. Bis zur Ostküste Grönlands sind es von hier nur gut 280 Kilometer. Die Kontinente Europa und Amerika sind sich bei Bjargtangar am nächsten.

Eiszeitgletscher haben das Gebiet von Vestfirðir geformt. Sie waren so fleißig am Werk, daß sie den ganzen Zipfel fast zu einer eigenen Insel gemacht haben. Nur zehn Kilometer breit ist die Felsbrücke zwischen dem Gils- und dem Bitrufjörður, die das Westfjordgebiet mit dem isländischen »Festland« verbindet.

Der besondere landschaftliche Charakter dieser Region lohnt einen Zwei-, besser noch einen Dreitagesausflug. Die Anreise kann mit der Fähre über den Breiða-Fjord (Route bis zum Fährhafen Stykkishólmur, (s. S. 72) oder ganz auf dem Landwege über Borgarnes (Straße Nr. 1) und Buðardalur (Str. Nr. 60 durch das Gebiet der »Lachswassertal-Saga«) nach Króksfjarðarnes erfolgen (Gesamtstrecke 430 Kilometer). Beide Möglichkeiten würden sich auch anbieten, wenn man von Vestfirðir die Reise durch den Norden Islands fortsetzen oder die ganze Insel umrunden will. Wir wählen für unsere Ausflug den Luftweg, fliegen in einer knappen Stunde nach *Ísafjörður* und steigen dort in den Mietwagen um.

Dieser Landstrich unterscheidet sich in seinem Aufbau deutlich vom übrigen Island. Die 9000 Quadratkilometer große Halbinsel ist ein riesiges, vielfach zertrümmertes Basaltplateau, aufgetürmt aus Schichten unterschiedlich harten Gesteins, die an Jahresringe eines Baumstammes erinnern. Diese Schichtungen treten entlang der Fjordwände deutlich in Erscheinung, oft sind sie gekippt. Zwar bestehen die Tafelberge aus vulkanischem Gestein, doch fällt auf, daß die Felder mit zerborstener Lava fehlen. Denn hier liegen die letzten Ausbrüche von Vulkanen bis vor die Eiszeit zurück. Ihre Gletscher haben die Felder weitgehend glattgehobelt.

Vatnsfjörður, Islands Namengeber

Die Berge mit ihren weiten Hochebenen steigen fast alle steil aus dem Meer, so daß vor allem im Westen und im Süden nur ein schmaler Küstensaum übrigbleibt. Das Hochplateau erhebt sich 300–400 Meter, in seinen Gipfeln reicht es knapp an die 1000-Meter-Grenze heran (*Kaldbakur* 998 m). Typisch für das Westfjord-Land sind die zahllosen schmalen Fjorde, die sich überall tief in die Küstenlinie einkerben und sich in trogähnlichen Tälern fortsetzen, was den Basaltblock in eine Vielzahl von Bergrücken und Kämmen zerteilt. Einer dieser Fjorde, der

Húsavík, mit Hafen und Kirche

Vatnsfjörður, hatte dafür gesorgt, daß Island zu seinem »kalten« Namen kam. Auf Vestfirðir hatte nämlich Flóki Vilgerðarson um 860 sein Glück als erster Siedler der Insel versucht. Als sein Vorhaben für ihn aber mit einer Katastrophe endete, weil sein Vieh verhungerte und der Vatnsfjord vor ihm auch noch mit Packeis zutrieb, sprach er nach seiner Rückkehr in Norwegen nur noch geringschätzig vom *»Eisland«* – was sich bei seinen Landsleuten als Name festsetzte.

Ísafjörður, die Hauptstadt der Westfjord-Region

Für die Zerklüftung des Plateaus hat die mit der Platten-Drift verbundene, typische Spaltung gesorgt. In den entstandenen Brüchen bahnten sich später die Flüsse ihren Weg und spülten sie zu tiefen Tälern aus. Die Gletscher, die in der Eiszeit in diese Täler drängten, haben sie weiter ausgehobelt, verbreitert und vertieft. An diesen Fjorden liegen die Dörfer und Städte dieser dünnbesiedelten Halbinsel. Unser erstes Ziel, die Hauptstadt der Westfjord-Region, *Ísafjörður*, ist ein gutes Beispiel dafür.

Die Stadt liegt am nördlichsten der vielen Nebenfjorde, die vom *Ísafjarðardjúp* abzweigen, am *Skutulsfjörður*, genauer gesagt, im Skutulsfjord. Steile Bergwände schließen den Fjord nach drei Seiten ab, und da diese Felsen fast unmittelbar aus dem Wasser wachsen, bleibt an dem schmalen Ufersaum kaum bebaubares Vorland. So hat man den größten Teil der Stadt auf einer großen Sandbank errichtet, die sich sichelförmig in den Fjord hineinschiebt. Sie reicht so dicht an das jenseitige Ufer heran, daß nur eine schmale Rinne übrigbleibt. Das schafft einen geschützten Hafen für die Fischereiflotte.

Auf der Sandbank hatte sich schon bei der Besiedlung Islands ein Wikinger namens Eyri niedergelassen. Die Zeit des dänischen Handelsmonopols machte den Ort im 18. Jahrhundert zum bedeutendsten Handelsplatz der Westfjorde. Von den Bauten dieser Zeit ist noch eine kleine Gruppe von farbigen Holzhäusern übriggeblieben, die jetzt restauriert werden. Eine ehemalige Fischsalzerei soll nach Abschluß der Arbeiten ein Fischerei-Museum beherbergen. Heute ist Ísafjörður eine betriebsame Dienstleistungs- und Industriestadt, wobei die Fischverarbeitung auch hier im Vordergrund steht.

Aufstieg und Fall der Fischereiwirtschaft

Islands größtes, natürliches Kapital sind seine Energiequellen über und unter der Erde und die Fische im Meer. Die Fische halten sich mit Vorliebe vor seinen Küsten auf, weil hier die polaren Wassermassen des Eismeeres auf die wärmeren des Golfstromes treffen. In der Vermischungszone gibt es Plankton in Hülle und Fülle, genügend Nahrung also für die Millionenschwärme. Dabei zeichnen sich die Küstengewässer vor den Westfjorden noch durch besonderen Fischreichtum aus. Um die Jahrhundertwende wurden hier die ersten seetüchtigen Dampf- und Motorfangschiffe eingesetzt, und bald galten die Männer von den Westfjorden als die geborenen Fischer.

Immer mehr Bauern kehrten der Landwirtschaft, die es bei der rauhen Natur hier besonders schwer hat, den Rücken. Sie verließen ihre einsam gelegenen Höfe und gingen in die Zentren der Fischerei und der Fischverarbeitung. Leerstehende und verfallene Höfe zeugen noch heute von dem Strukturwandel, der sich nach dem 2. Weltkrieg verstärkt ausgewirkt hatte. Viele einst bewohnte Täler und Fjordküsten sind mittlerweile menschenleer und verödet. So ist die gesamte riesige Nordhalbinsel von Vestfirðir (*Hornstrandir*) heute völlig entvölkert.

Doch auf den Segen des Meeres, von dem man jahrzehntelang gut gelebt hatte (so gut, daß man mit seinem Export neun Zehntel aller Einfuhren bezahlen konnte), kann man sich längst nicht mehr verlassen. Auch die isländische Fischerei ist in der jüngsten Vergangenheit nicht von Krisen verschont geblieben. Auch sie hat darunter leiden müssen, daß man den Nordatlantik überfischt hat. Der Hering, der früher ein Viertel aller Fänge der isländischen Fischer ausmachte, war zeitweise so gut wie gänzlich verschwunden. Auch bei anderen Fischarten gab es kräftige Einbußen. Das bedeutet den Verlust von zahlreichen Arbeitsplätzen auf See und an Land, was sich auch hier in Ísafjörður bemerkbar gemacht hat. So setzt man verstärkt auf andere Betriebszweige – gute Ergebnisse brachte dabei die Wollverarbeitung.

Mit dem Schiff in die Einsamkeit von Hornstrandir

Von Ísafjörður aus bieten sich gute Möglichkeiten, die grandiose Fjordlandschaft vom Wasser aus zu betrachten und die abgelegenen Ansiedlungen auf den kleinen Inseln und an der Küste der Ísafjord-Tiefe zu besuchen – mit dem Fährschiff *Fagranes*, das im festen Turnus auf Tagesfahrten bis zu 14 Stunden Dauer die kleinen Orte anläuft. Die Liegezeit reicht stets für einen kleinen Spaziergang durch die Siedlungen aus. Ein besonderes Erlebnis versprechen die Fahrten in die unbewohnten Gletscherfjorde im *Jökulfirðir* oder in die *Kaldalón*-Bucht, wo man dicht an eine Gletscherzunge des *Drangajökull* (925 m) mit seiner 165 Quadratmeter großen Eiskappe herankommt.

Nördlich des Gletschers, an der schmalen Landbrücke zwischen dem Hrafnsfjörður und dem Furufjörður, beginnt das Gebiet von

Hornstrandir, eine 580 Quadratkilometer große Halbinsel, die man 1975 wegen ihrer einzigartigen Landschaft und ihrer besonderen Natur zum Nationalpark erklärt hat. Noch vor einem halben Jahrhundert gab es hier an die 50 Bauernhöfe, sie wurden jedoch nach und nach aufgegeben – der letzte 1952. Hornstrandir ist damit das größte geschlossene Gebiet Islands, das einst besiedelt war und heute völlig unbewohnt ist. Da es auch keine nimmersatten Schafherden mehr gibt, kann sich die Pflanzenwelt ohne Zerstörung entwickeln. Die einstigen Wiesen gleichen heute im Sommer riesigen Blumenfeldern mit kniehohem Bewuchs. Mit der *Fagranes*, die ein Restaurant und auch einige Kojen an Bord hat, kann man gelegentlich um Hornstrandir herum zum isländischen Nordkap und zum letzten bewohnten Vorposten, zum Leuchtturm von *Látravík*, fahren. Wer den Nationalpark näher kennenlernen will, kann an zwei- bis zehntägigen Wanderungen teilnehmen, die vom Fremdenverkehrsamt in Ísafjörður organisiert werden. (Auskünfte: Ferðaskrifstofa Vestfjarða, Aðalstræti 11, Ísafjörður, Tel. 94-35 57/34 57.)

Rundreise Richtung Süden

Von Ísafjörður starten wir zur Rundreise um den bewohnten Teil der Westfjord-Region auf der Straße Nr. 60 nach Süden. Wir überqueren die Hochplateaus der *Breiðdalsheiði* mit dem höchsten Paß der Halbinsel (620 m) und der *Gemlufjallsheiði* und stoßen dann auf den tief in die Tafelberge eingeschnittenen *Dýrafjörður*. Auf dem jenseitigen Ufer liegt – knapp 3 Kilometer entfernt – die Ortschaft *Þingeyri*, doch zwingt uns der Meeresarm zu einem Umweg von 30 Kilometern. Dafür werden wir durch eine besonders malerische Landschaftsszenerie entschädigt.

Ein weiterer Bergrücken mit herrlichen Ausblicken über die ungewöhnliche Landschaft ist zu überqueren, dann liegt bei *Hrafnseyri* der in fünf Finger verästelte *Arnarfjörður* vor uns. An seinem Ende mündet der *Dynjandi-Fluß*, der sich seinen Weg zum Meer über ein halbes Dutzend nahe beieinanderliegender Wasserfälle sucht. Mit 100 Meter Fallhöhe ist der *Fjallfoss* der mächtigste, der *Göngufoss* aber der interessanteste, weil man bei ihm hinter die stürzenden Wassermassen gehen kann. Später biegen wir auf den Weg Nr. 63 ab, der uns zunächst nach *Bildudalur* und später an den *Patreksfjörður* bringt, der nach dem irischen Nationalheiligen benannt wurde. Dessen Schwiegersohn hatte zusammen mit anderen keltischen Einwanderern zu den ersten Siedlern an diesem Fjord gehört. Die kleine Stadt *Patreksfjörður* (Vatneyri) liegt malerisch auf zwei schmalen, in den Fjord hinauswachsenden Landzungen.

Westkap – der westlichste Punkt Europas

Wir umrunden den Fjord auf den Schotterwegen Nr. 62 und 612 und erreichen über die Látra-Hochebene (458 m) *Bjargtangar*, den westlichsten Punkt Islands und damit auch das westlichste Ende Europas. Es zeigt sich noch eindrucksvoller als das vielbesuchte und gutvermark-

Am Breiðafjörður

tete Nordkap Europas in Norwegen. Denn es ist Teil einer 12 Kilometer langen, senkrecht aus dem Meer aufsteigenden Bergwand, die mit ihren bis zu 500 Meter hohen Klippen wie ein gigantisches Bollwerk im Meer liegt. Bjargtangar selbst hat eine Höhe von 440 Metern. Diese basaltene Uferwand gehört zu den mächtigsten Steilküsten der Welt. Hunderttausende von Seevögeln halten in der Brutzeit jeden Felsvorsprung und jede schmale Terrasse des Kliffs besetzt – Dickschnabellummen, Trottellummen, Eissturmvögel, Papageitaucher, Tordalken und Dreizehenmöwen.

Wir fahren auf dem Anfahrtsweg zurück auf die Straße Nr. 62, folgen dieser über die *Kleifarheiði* und dann an der Küste des *Breiðafjörðurs* ostwärts bis an den *Vatnsfjörður*, wo beim Hof *Brjánslækur* das Fährschiff anlegt, das Vestfirðir mit Stykkishólmur auf Snæfellsnes verbindet. In der Nähe des Ortes kommen Fossiliensammler zu ihrem Recht, denn hier gibt es die nach dem grimmen Feuerriesen Surtur benannten *Surtarbrandur*, schmale Baunkohlenflöze mit Versteinerungen von Blättern, Früchten und Samen, die Zeugnis davon ablegen, daß diese heute fast vegetationslose Gegend Islands einst mit Wald bestanden war (Schlucht *Sutursbrandsgil*). Am Ende des Fjords gibt es in *Flókalundur* ein Sommerhotel mit einfachen Übernachtungsmöglichkeiten (zurückgelegte Strecke von Ísafjörður: 320 Kilometer).

Heiße Quellen im Meer

Wir folgen der Küste mit ihren vielen kleinen Buchten und schmalen Fjorden 120 Kilometer weit nach Osten durch eine weitgehend menschenleere Felswildnis – mit vielen verlassenen Bauernhöfen entlang der Straße. Bei *Kollabúðir* zweigt die Straße Nr. 61 nach Ísafjörður in nördlicher Richtung ab. Wir fahren aber zunächst südwärts zu einem Abstecher nach *Reykhólar* (25 Kilometer) auf einer kleinen Halbinsel mit etwa 50 heißen Quellen, von denen mehrere sogar im Meer bzw. aus kleinen, von der Flut überspülten Schären sprudeln, und zwar 80 bis 100 Grad heißes Süßwasser ohne Salzbeimengung, obgleich sie bis zu 15 Kilometer von der Küste entfernt im Meer liegen. Das in reizvoller Umgebung liegende Reykhólar mit dem Heißwasserbecken *Grettir* in der Nähe war einer der größten und reichsten Gutshöfe Islands, wozu auch die Eiderenten, die auf den Dutzenden von kleinen Inseln ihre Nester haben, mit ihren Daunen beitrugen. (Übernachtungsmöglichkeiten im benachbarten *Bjarkalundur* – dort auch Fundstätte für pflanzliche Fossilien.)

Liebestod in der Vébjörn-Bucht

Nach unserem Besuch in Reykhólar fahren wir auf der Straße Nr. 60 wieder nordwärts und biegen bei *Kollabúðir* auf die Bergroute Nr. 61 ab. Sie führt nach 45 Kilometern über die Hochebene an den südlichsten Finger des Ísafjarðardjúp, den Ísafjörður. Bis zur Stadt gleichen Namens, dem Ausgangs- und Endpunkt unserer Rundreise, sind es allerdings noch 175 nicht ganz einfache Kilometer, da immer wieder weit ins Land reichende Fjorde umfahren werden müssen. Der einzige größere Ort an dieser Strecke ist das 200-Seelen-Dorf *Súðavík* am Álftafjord, wo in den ersten Jahrhunderten nach der Besiedlung Islands ein Thingplatz war. Am Anfang des Álftafjordes liegt die Klippe *Bruðarhammar* und die *Vébjörn-Bucht*. Dort ereilte ein grausames Schicksal den unglücklichen Freier Vébjörn, der nach der Sage aus Liebe zu einer Bauerntochter die breite Ísafjörður-Tiefe durchschwamm – am Ende seiner Rekordstrecke aber erschlugen ihn die Knechte seines Schwiegervaters in spe. – Durch einen Straßentunnel – den ersten, den man auf Island durch den Fels gesprengt hatte – erreichen wir nach 22 Kilometern Ísafjörður.

Am Rande der Arktis – der Norden

Akureyri, Islands zweite Metropole

Akureyri mit seinen gut 14 500 Einwohnern, das für sich das Prädikat »Metropole des Nordens« in Anspruch nimmt, muß sich häufiger mit Reykjavík vergleichen lassen – was beileibe nicht immer zugunsten von Reykjavík ausfällt. Die Reykjavíker halten den Leuten aus dem Norden Provinzialismus vor, während umgekehrt die Akureyrianer die Hauptstadt als den Wilden Westen betrachten.

Man befreundet sich sehr schnell mit Akureyri, mit der still-heiteren Atmosphäre dieser überschaubaren, von Klima und Natur begünstigten Stadt am *Eyjafjörður*, die sich mit ihren Parks und blühenden Gärten von grünen Hügeln und Bergen sanft umarmen läßt. Die Stadt bietet sich als Ausgangspunkt für die Erkundung des Inselnordens an – nicht nur wegen der Nähe der Mývatn-Region, die eines der von Touristen am meisten besuchten Gebiete Islands ist (s. S. 99 f.). Aber auch die Nordfjorde mit ihren Häfen, die gewaltigen Wasserfälle Goðafoss und Dettifoss und der einzige arktische Zipfel Islands, die Insel Grímsey, die auf dem Polarkreis liegt, sind von hier gut zu erreichen.

Akureyri liegt eine knappe Flugstunde von Reykjavík entfernt – oder 436 Kilometer auf der Ringstraße Nr. 1. Im Sommer gibt es außerdem die Möglichkeit, über die Sand- und Geröllwüsten des menschenleeren Hochlandes den Norden zu erreichen (s. S. 76). Wir wählen für die Anfahrt die Ringstraße, die wir bis Bifröst am Hreðavatn bereits kennen. Von hier führt der Weg am Fuße des Baulakegels vorbei durch das sich zu einer Schlucht verengende Flußtal der Norðurá. Danach steigt die Straße zur *Holtavörðuheiði* an und stößt wenige Kilometer hinter Brú, wo die von den Westfjorden kommende Straße Nr. 68 einmündet, auf den *Hrútafjörður*. Wir folgen seinem Ostufer und legen bei Reykir mit seinen heißen Quellen eine Pause ein (kleines Heimatmuseum). Vorbei an *Laugarbakki* – ebenfalls ein Heißwasser-Gebiet mit Gewächshäusern und geheiztem Freibad – erreichen wir das *Viðidalur*. Hier wurde um 1390 auf dem Großbauernhof Viðidalstunga das berühmte Flateyjarbók (s. S. 26 und S. 72) zu Pergament gebracht.

S. 86/87: Kraterrand des Hverfjall

Borgarvirki, die Wikingerburg

Vor der Brücke über die Viðidalsá zweigt nach links die Straße Nr. 716 ab zum *Vesturhóp-See*. An seinem Ufer ragt unübersehbar ein Bergrücken auf, der auf seiner 177 Meter hohen Kuppe die einzige Burg Islands, *Borgarvirki*, trägt. Man hat sie in die von Norden und Westen unzugänglichen Basaltfelsen hineingebrochen, die hier aus 10 bis 15 Meter hohen, sechseckigen Säulen bestehen. Der ovale Innenraum der Festung hat einen Durchmesser von etwa 40 Metern. Von zwei an die Innenwand gebauten Langhäusern sind noch Mauerreste vorhanden. Nach der *Heiðarvíga-Saga* hat ein Wikingerhäuptling namens Barði die Burg anlegen lassen, um sich und seine Leute vor den streitsüchtigen Bewohnern der Borgarfjörður-Ebene zu schützen. Von der Burg aus hat man einen herrlichen Ausblick über den lagunenartigen Hóp-See, den eine Nehrung von Húnafjörður trennt. Wenn wir am westlichen Ufer des Fjords bis zur Spitze der Vatnsnes-Halbinsel weiterfahren (ca. 25 Kilometer), kommen wir zur *Hvítserkur*, einer von Toren durchbrochenen Lavaklippe am Meer, die wie ein riesiges Ungeheuer im Wasser steht. An der Küste kann man häufig Robben beobachten.

Gotteshaus aus Torfsoden in Víðimýri

Hinter *Blönduós* führt die Ringstraße weiter durch das fruchtbare Schwemmland im Mündungstrichter der Blandá und durch ein nach Osten abzweigendes Hochtal mit dem *Vatnsskarð-Paß*. Vor der kleinen Siedlung *Varmahlið* liegt an einer kurzen Seitenstraße die kleine Kirche von *Víðimýri*, die vor 150 Jahren gebaut wurde. Man hat sie vor wenigen Jahren als baugeschichtliches Denkmal unter Schutz gestellt – als eines der wenigen noch existierenden, für Island typischen Gotteshäuser, die man überwiegend aus Torfsoden errichtet hatte.

Wie kunstvoll man dabei mit dem ungewöhnlichen Baumaterial umzugehen wußte, kann man wenige Kilometer nördlich von Varmahlið in *Glaumbœr* mit seinem Guts- und Pfarrhof aus Torf- und Rasensoden bewundern. Das stattliche Gehöft mit seinen sechs hölzernen Giebeln – heute ein Museum – stammt in seiner jetzigen Form aus dem

Gottesdienst unterm Grasdach: Glaumbœrkirche

19. Jahrhundert. Zwischen den Wohnräumen, Vorratskammern und Ställen bilden bis zu zwei Meter dicke Torfsodenwände – säuberlich in Fischgrätmuster aufgeschichtet – eine dicke Isolierschicht. Ein langer Korridor führt durch den ganzen Hof in die für altisländische Häuser typische *Baðstofa*, den Gemeinschaftsraum, in dem man sich u. a. zum Vorlesen aus den alten Handschriften versammelte. Das Museum beherbergt eine interessante Sammlung zum Thema bäuerliche Kultur.

Der erste weiße Amerikaner

Glaumbær hat eine lange, bis hin zum Jahre 1000 zurückreichende Geschichte. Hier war jener wagemutiger *Þorfinnur karlsefni* zu Hause, der bei *Erik dem Roten* auf Grönland die just verwitwete *Guðriður ðorbjörnsdóttir* von Laugabrekka (s. S. 71) geheiratet hatte und mit ihr und einer Handvoll weiterer Gefährten nach Westen aufgebrochen war, um als erster das von Leif dem Glücklichen entdeckte *Vinland*

(Neufundland) zu besiedeln. Guðriður schenkte ihm 1004 jenseits des Atlantiks einen Sohn. Dieser Snorri war der erste weiße Mann überhaupt, der auf dem amerikanischen Kontinent geboren wurde. Þorfinnur mußte den Siedlungsversuch abbrechen, nachdem die *Skrælinger* (Indianer) einige seiner Männer erschlagen hatten. Er kehrte mit Guðriður an den Skagafjörður zurück. Nach seinem Tode hielt es seine reiselustige Witwe nicht lange in Glaumbær. Sie pilgerte nach Rom – als erste Isländerin.

Wir bleiben noch auf der Straße Nr. 75 und fahren bis nach *Sauðarkrókur*, eine Hafenstadt am Ende des *Skagafjörður*. Von hier aus kann man zu der Felseninsel *Drangey* im Fjord hinausfahren, die mit ihren steilen Kliffwänden in jedem Sommer eine Invasion von Seevögeln erlebt. Die Insel gilt als Verbannungsort des geächteten Grettir. Der Aufstieg auf die Insel ist nur Schwindelfreien zu empfehlen.

Märtyrerdenkmal in Hólar

Auf der Nr. 75 überqueren wir das fast 15 Kilometer breite Mündungsdelta der *Héraðsvötn* mit ihren zwei mächtigen, überbrückten Flußarmen und erreichen nach weiteren 15 Kilometern auf der Nr. 75 nordwärts und der rechts in ein Seitental führenden Nr. 767 die Kirche *Hólar* im Hjaltadalur. Hólar war von 1106 an für fast 700 Jahre Sitz des Bischofs von Nordisland. Der letzte katholische Oberhirte war hier jener *Jón Arason*, der als Kämpfer gegen die neue Lehre des Protestantismus 1550 in Skálholt geköpft worden war. Bischof Arason hatte sich »gegen die endgültige Knechtung des freien Althing durch die Königsmacht« erhoben. So wird er heute als ein nationaler Märtyrer verehrt. Den hochaufragenden Turm der ehemaligen Bischofskirche von Hólar, die selber aus dem 18. Jahrhundert stammt, hat man 1959 ihm zu Ehren errichtet.

Arason hatte 1530 die erste Druckpresse Islands in Hólar aufstellen lassen. Sein protestantischer Nachfolger Guðbrandur Þorláksson druckte 1584 auf ihr u. a. die *Guðbrandsbiblia*, die erste Bibelübersetzung in isländischer Sprache – immerhin nur 50 Jahre nach der deutschen Bibelübersetzung durch Martin Luther. Auch die erste Landkarte

Islands stammt von Bischof Þorláksson. Die Kirche selber zählt zu den ältesten Bauwerken Islands. Ihr neugotischer Altar ist vermutlich niederländischer Herkunft. Das Taufbecken von 1674 ist aus Speckstein geschnitten, den man offenbar aus Grönland geholt hat. Auf dem Kirchengelände befindet sich ein Torfhof, der um 1860 errichtet wurde.

Blutige Spur zur Miklavatn-Lagune

Wir haben die Wahl, ob wir auf der Ringstraße quer über die Berge nach Akureyri weiter fahren wollen, was der kürzeste Weg (ca. 100 Kilometer) ist, oder auf der längeren, landschaftlich aber reizvolleren Küstenstraße rund um die Halbinsel zwischen dem Skaga- und dem Eyjafjörður. Zur Ringstraße fahren wir die Nr. 76 südwärts – in das *Héraðsvötn-Delta* zurück. Dieses Gebiet war bei den innenpolitischen Fehden der Sturlunger-Zeit der Schauplatz blutiger Zusammenstöße. Hier wurden 1246 in einer Schlacht zwischen den »Heeren« der Häuptlinge Þódur Kakali und Brandur Kolbeinsson 110 Krieger getötet – was in der gesamten Geschichte Islands den Rekord an Kriegstoten darstellt. In *Flugumýri*, dessen Kirche wir links neben der Straße sehen, wurde 7 Jahre später Häuptling Gissur Þorvaldsson während der Hochzeitsfeier überfallen und zusammen mit vielen seiner Gäste erschlagen. Wenige Kilometer hinter dem Ort stoßen wir wieder auf die Ringstraße, die dann bei *Silfrastaðir* aus dem Tal der *Norðurá* zur *Öxnadalsheiði* anzusteigen beginnt. Vorbei an einer Reihe hoher Berggipfel, die knapp unter der 1500-Meter-Grenze bleiben, kommen wir auf einer abwechslungsreichen Strecke in das *Öxna-Tal*, das durch eine schmale, schartige Gipfelwand mit Zinnen und Türmen vom *Hörgádalur* getrennt ist. Die Straße bleibt auf dem rechten Ufer des mächtigen Hörgá-Flusses bis dicht vor seiner Mündung in den Eyjafjörður – von dort sind es noch 10 Kilometer bis Akureyri.

Die Küstenroute benutzt die Straße Nr. 76 am Ufer des *Skagafjordes* nordwärts. Bei *Gröf* gibt es eine sehenswerte, geschnitzte Kirche. Vorbei an einer Küstenstrecke aus Basaltsäulen kommen wir zum Dorf *Hofsós* mit seinem idyllischen Fischerhafen. Ein Blockhausspeicher, der zu den ältesten Gebäuden Islands gehört, erinnert daran, daß der

Ort einst ein wichtiger Handelsplatz war. Auf ihn hatten es englische Seeräuber abgesehen, die 1431 in den Skagafjord einfielen. 80 von ihnen wurden niedergemacht und in zwei Hügeln begraben. Hinter diesen beiden Hügeln zeigt sich das Haff *Höfðavatn*, das durch eine schmale Landzunge mit dem 200 Meter hohen Vulkan *Þórðarhöfði* vom Fjord getrennt ist. Sehr gut ist etwas weiter nördlich auch die Felseninsel Málmey zu sehen. Die Straße über die Küstenebene umrundet die *Miklavatn-Lagune* und steigt dann kräftig an, bis sie an einem Steilhang mehrere hundert Meter hoch über dem Meer verläuft. Ein Leuchtturm zeigt das Nordkap der Halbinsel an. Danach wendet sich der Weg südwärts und verschwindet in einem Tunnel unter dem *Strákar-Berg*. Die 800 Meter lange Röhre endet oberhalb der Stadt *Siglufjörður (Vorsicht: einspurig mit Ausweichstellen – Verkehr stadteinwärts hat Vorfahrt!)*.

Silber des Meeres

Diese Stadt verdankt ihren Aufstieg dem *»Silber des Meeres«*, dem Hering. Den Fang auf offener See hatte man um die Jahrhundertwende den Norwegern abgeschaut. Die ersten isländischen Heringslogger kamen aus Siglufjörður, das schon bald zum Zentrum der nordisländischen Jagd auf den Hering wurde. Das große Heringsabenteuer währte ein halbes Jahrhundert, denn das »Meeressilber« war Ende der vierziger Jahre nicht mehr vor den isländischen Küsten aufzuspüren – selbst mit den teuersten Ortungsgeräten nicht. Denn deren bedenkenlose Anwendung führte zur Überfischung. 1944 hatte man in Island noch 220 000 Tonnen Heringe gefangen – vier Jahre später nur noch 32 000 Tonnen. Nach einigem Auf und Ab, wobei 1966 noch einmal ein absoluter Rekord mit 770 300 Tonnen erzielt wurde, fielen die Fangmengen endgültig ab. 1988 wurden nur noch ganze 26 600 Tonnen in ganz Island angelandet. Das hatte zur Folge, daß die großen Salzereien ihre Tore für immer schließen mußten – die Stadt verlor die Hälfte ihrer Einwohner. Man mußte sich auf andere Fischarten umstellen und auf neue Industriezweige ausweichen. Die einstige Fabrik für Heringstonnen stellt heute Fertighäuser her.

Stille und Einsamkeit: Islands Berge

Grímsey: grüne Insel auf dem Polarkreis

In großem Bogen südwärts durch die *Lágheiði* mit ihrer alpinen Gipfelsilhouette kommen wir nach 65 Kilometer schmaler Schotterstraße nach *Ólafsfjörður*. Vom *Kap Múli* aus kann man (von Mitte Juni bis Anfang Juli) besonders gut die Mitternachtssonne beobachten – bei klarer Sicht kann man über den Fjord hinweg die Insel *Grímsey* sehen, die 41 Kilometer vor der Nordküste liegt. Das Eiland mit seinen 104 Einwohnern, die als besonders leidenschaftliche Schachspieler gelten, kann man von Akureyri aus mit dem Postboot *Drangur* oder auf dem Luftweg mit »Norðurflug« erreichen. Grímsey ist eine flache, grüne Insel, auch wenn die steile Felsküste im Osten eine Höhe von gut 100 Metern erreicht. In ihr nisten unzählige Klippenvögel, darunter auch einige Paare der unter strengem Naturschutz stehenden Krabbentaucher. Diese arktische Vogelart ist nirgendwo anders auf Island anzutreffen. Beim Mof Miðgarður steht die nördlichste Kirche des Landes. Hier kann man sich davon überzeugen, daß die oft gehörte Geschichte, der Polarkreis verlaufe durch das Schlafzimmer des Pfarrhauses, *nicht* zutrifft. Die Insel mit ihrem 2 Kilometern Straße und 12 registrierten Autos meldete 1988 ihren ersten Verkehrsunfall.

Auf der Weiterfahrt von Ólafsfjörður nach Akureyri durch einen 6 Kilometer langen Tunnel geht es am *Eyja-Fjord* noch einmal über eine in den felsigen Steilhang gesprengte Straße hoch über dem Meer mit Ausblicken auf die Fjordlandschaft mit der Insel *Hrísey*, einst Zentrum des Haifischfangs. Nach *Dalvík* hin, 1934 bei einem Erdbeben schwer beschädigt, führt die Straße in die Ebene. Nach 45 Kilometer Fahrt durch Wiesen und Ackerland kommen wir nach Akureyri.

Blütenpracht am Eyja-Fjord

Von *Akureyri* hieß es einst, daß man dort im Alltag isländisch rede, am Sonntag aber – dänisch. Denn stärker als an anderen Orten in Island

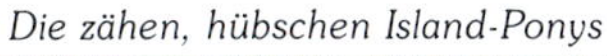

Die zähen, hübschen Island-Ponys

bestimmten in Akureyri die dänischen Kaufleute mit ihren Familien neben dem wirtschaftlichen Geschehen auch das kulturelle Leben – noch weit bis in unser Jahrhundert hinein. Dieser dänische Einfluß zeigt sich etwa in den üppigen Vorgärten. Dänische Kaufmannsfrauen hatten ihre Häuser mit heimatlicher Blumenpracht umgeben – die im milden Klima von Akureyri gut gedieh –, um damit die Tristesse dieses weltabgeschiedenen Fleckens zu mindern. Ihr Beispiel hatte bei den isländischen Nachbarinnen Schule gemacht – bald blühte es auch vor deren Häusern. Auch auf anderen Gebieten der Alltagskultur übernahm man in dieser Kleinstadt weit mehr von der dänischen »Oberschicht«, als das im großen Reykjavík der Fall war, bis hin zur »vornehmen« Sprache für den Sonntag.

Die landschaftlich reizvoll zwischen hohen, schneebedeckten Bergen gelegene Stadt am Ende des Eyja-Fjordes, die noch 1816 ganze 45 Einwohner gezählt hatte (heute knapp 15 000), gewann erst zum Ende des 19. Jahrhunderts Bedeutung. Ihre günstige Lage mit dem geschützten Hafen hatten zuerst dänische Kaufleute erkannt, die hier auch dann noch fleißig Handel trieben, als man das dänische Handelsmonopol abgeschafft hatte. Wichtige wirtschaftliche Impulse brachte 1886 die Gründung der Genossenschaft KEA, was Akureyri zur Wiege der isländischen Genossenschaftsbewegung werden ließ. Auch heute noch sind deren Produktionsstätten und Absatzorganisationen für Agrar- und Fischerzeugnisse die größten Arbeitgeber der Stadt.

Die ganze Welt kennt Nonni

Zentrum des wirtschaftlichen Geschehens ist der Hafen, der – geschützt durch die Sandbank Oddeyri – in einer Bucht im Herzen der Stadt liegt. Die Einkaufsstraßen der City führen bis fast an den Hafen heran. Sie werden im Winter durch ein unterirdisches Heizsystem schnee- und eisfrei gehalten. Im Sommer zeigen sie sich in fast südländischer Heiterkeit. Von der Hafnarstræti führen 112 Stufen zu der doppeltürmigen Stadtkirche mit ihrer eigenwilligen Beton-Architektur, die unverkennbar die Handschrift von Guðjón Samúelsson trägt, von dem auch die Entwürfe für die Hallgrímskirche, das Nationaltheater und die

Universität von Reykjavík stammen. An der Hafnarstræti steht in unmittelbarer Nähe des Hafens auch das älteste Haus der Stadt, das *Laxdalshús*, das 1795 als Sitz des dänischen »Factors« errichtet wurde. Weitere alte Häuser stehen an der Aðalstræti, der südlichen Verlängerung der Hafenstraße, darunter auch das *Nonnahús*, das Nonni-Haus neben dem Stadtmuseum.

Mit dem Namen Nonni verbindet sich spätestens seit der Fernsehserie Weihnachten 1988 für Millionen von Menschen in der ganzen Welt die Insel Island. Denn die Nonni-Bücher des aus Akureyri stammenden Jesuitenpaters Jón *Sveinsson* (1857–1944), die in autobiographischen Erzählungen das isländische Leben um die Jahrhundertwende schildern, sind in 30 Sprachen übersetzt worden und damit Weltbestseller geworden. Das Nonni-Haus, in dem »Nonni« Sveinsson als Kind gelebt hat, ist heute eine »Pilgerstätte« vor allem für deutsche Touristen. Daß die Einwohner von Akureyri besonders stolz auf ihre Literaten sind, zeigt sich darin, daß man auch die Häuser der Dichter Matthías Jochumsson und Davið Stefánsson zu Gedenkstätten umgewandelt hat.

Der Botanische Garten von Akureyri

Sehenswert ist der mit seiner Artenvielfalt überraschende Botanische Garten, den die Stadt – wie viele ihrer Grünanlagen und Gärten – der beispielgebenden Initiative dänischer Kaufmannsfrauen verdankt. Der Garten war 1912 von Anna Catherine Schiöth entworfen und mit Bäumen und Blumen bepflanzt worden.

Heute zeigt er nicht nur einen interessanten Querschnitt durch die gesamte isländische Flora, sondern auch zahlreiche Beispiele arktischer und alpiner Pflanzen. Dabei steht er im Austausch mit 150 Botanischen Gärten in aller Welt. Das Verzeichnis der dort wachsenden Pflanzen zählt bereits über 2500 Arten und Unterarten auf, darunter viele, die man so hoch im Norden – nur 70 Kilometer südlich des Polarkreises – nicht vermuten würde. Auf einem Gedenkstein zwischen all den Bäumen und Büschen kann der Besucher die Inschrift lesen: »Frauen schufen diesen Garten«.

Mývatn, das gelobte Land der Vulkane

Das Mývatn-Gebiet ist die eindrucksvollste Vulkanlandschaft Europas. Eine solche Konzentration von unterschiedlichen Zeugnissen vulkanischer Tätigkeit auf so engem Raum gibt es sonst nirgendwo auf Island. Das »wahre, gelobte Land der Vulkane« hat ein norwegischer Forscher das Mývatn-Gebiet vor rund hundert Jahren genannt. Und selbst ein sonst so sachlich formulierender Wissenschaftler wie Martin Schwarzbach hat ihm in seinem empfehlenswerten Büchlein *Geologenfahrten in Island* das Prädikat »besonderes, landschaftliches Juwel« gegeben. Da zu der einzigartigen geologischen Beschaffenheit auch noch ein besonders vielfältiges, spezielles Tier- und Pflanzenleben hinzukommt und das Gebiet leicht zu erreichen und mühelos zugänglich ist, steht es als Ausflugsziel in Island mit an erster Stelle.

Götzen im Goðafoss

Auf der Ringstraße überqueren wir von Akureyri aus die steil am östlichen Fjordufer emporsteigende *Vaðlaheiði* und passieren den *Vaglaskógur*, einen der »größeren« zusammenhängenden Birkenwälder. Wie dieser Wald muß zur Zeit der Besiedlung noch ein Viertel der Insel ausgesehen haben. Über einen Paß kommen wir zum *Ljósa-See*, wo der einflußreiche Gode *Þorgeir* gewohnt hat, der als Gesetzessprecher bei der Thingsitzung des Jahres 1000 für die Annahme des Christentums gesorgt hatte. Þorgeir hatte dabei vor allem aus politischem Kalkül gehandelt. Er sah die noch junge, nationale Einheit durch weitere Glaubenskämpfe in Gefahr, und außerdem befürchtete er das vom Norweger-König Olaf angedrohte Holzembargo für den Fall, daß die Isländer Heiden bleiben würden. Das aber hätte das Ende des lebenswichtigen Schiffbaues auf der Insel bedeutet.

Erleichtert hatte Þorgeir nach Rückkehr von der erfolgreichen Parlamentssitzung seine Götzenbilder in den nächstbesten Wasserfall versenkt – der seither *Goðafoss* (Götterfall) heißt. Obgleich nur bescheidene 10 Meter hoch, beeindruckt diese donnernde Kaskade durch die Wassermassen, die sich in großer Breite, durch zwei Felswände im

Auf Entdeckungstour in Vulkanlandschaften

Fluß dreigeteilt, in eine Felsschlucht stürzen. Knapp 35 Kilometer hinter dem Wasserfall erreichen wir die Westecke des Mývatn.

»Mývatn« heißt »Mückensee«

Mit 38 Quadratkilometern ist der Mývatn das fünftgrößte Binnengewässer Islands und mit nur durchschnittlichen drei Metern Tiefe das flachste. Das ist einer der Hauptgründe dafür, daß hier die Mücken ein geradezu ideales Lebensrevier haben. Millionen und Abermillionen der Plagegeister schwirren sommers hier herum. Es stechen aber – und das mag wieder etwas beruhigen – nur die erwachsenen Weibchen der »Schwarzfliegen«. Die Mücken, die dem See seinen Namen gaben (*Mývatn* = Mückensee), liefern auf der anderen Seite Nahrung im Überfluß für Fische und Vögel. Der Mývatn ist eines der besten Fischgewässer für Forellen und Saiblinge.

Er ist zugleich aber auch ein Dorado für Ornithologen. Auf seinen mehr als 50 Inseln und an seinen buchtenreichen Halbinseln leben – neben vielen anderen Seevögeln – allein zwischen 100 000 und 150 000 Enten von 15 verschiedenen Arten. Darunter sind auch Arten, die nur auf Island brüten – wie die Kragen- und die Spatelente. Auch die Flora ist dank besonderer Wachstumsvoraussetzungen mit manchen Raritäten vertreten. Besonders fällt die »Königin des Mývatn« auf, der mannshohe Engelwurz mit seinen riesigen Blütenschirmen.

Die Fahrt am östlichen Seeufer entlang führt uns durch eine überraschende Vielfalt vulkanischer Hinterlassenschaften. Das beginnt bei *Skútustaðir* mit einer Gruppe besonders schöner »Pseudo-Krater«, wie sie es auch auf vielen Inseln im See gibt – allein auf *Mikley* 107! Diese Scheinkrater, die selber nie eine Verbindung zum flüssigen Magma gehabt haben, entstehen, wenn Lava ins Wasser oder über morastigen Grund fließt und der dabei entstehende Dampf sich mit Überdruck explosionsartig den Weg ins Freie sucht. Dabei bleiben die kegelförmigen Auswürfe zurück.

Die »Dunklen Burgen« von Þrengslaborgir

Südöstlich des Mývatn liegen die *Þrengslaborgir*, eine lange Reihe von flachen Schlackekegeln mit tiefen Kratern. Diese zusammen mit dem *Lúdentsborgir* 8 Kilometer lange Vulkanreihe ist eines der besten Beispiele für die auf Island typischen Spalteneruptionen. Am Ostufer kommen wir in das Gebiet von *Kálfaströnd* und *Höfði*, das mit seinen im Wasser stehenden, bizarren Lavasäulen und Wandresten und seiner reichen Vegetation zu den schönsten Ecken des Mývatn gehört.

Die eindrucksvollsten und skurrilsten Lavaskulpturen mit Höhen bis zu 25 Metern finden wir etwas weiter nördlich in den Dimmuborgir, den »Dunklen Burgen«. Dieses Labyrinth mit seinen Höhlen, Tunneln und Gängen, seinen Toren und Brücken und seinen Phantasiegebilden sollte man der besonderen Lichtstimmung wegen möglichst bei Sonnenuntergang besuchen. Besonders sehenswert ist die »Kirkja« mit ihren »gotischen« Spitzbögen und Gewölben. Vom Dach dieser »Kirche« hat man einen guten Ausblick auf die Þrengslaborgir, den Explosionskrater

Lúdent und den in harmonischer Gleichmäßigkeit aufwachsenden Kegelstumpf des *Hverfjall*, der als Musterbeispiel für das Erscheinungsbild der Tuffring-Vulkane gilt. Der flach ansteigende Ringwall mit seinen 150 Meter Höhe ist beim Ausbruch des Hverfjall vor gut 2500 Jahren innerhalb von ein, zwei Tagen aus lockeren Basaltlava-Stücken aufgeworfen worden. Er umfaßt eine 150 Meter tiefe Kraterschüssel mit dem imponierenden Durchmesser von einem Kilometer. Durch das Kraterbecken zieht sich eine deutlich sichtbare Dehnungsspalte, die sich erst vor wenigen Jahren auftat.

Die Badegrotten von Reykjahlíð

In der Nähe der Ortschaft *Reykjahlíð* kommen wir an der einstigen Badegrotte *Grótagjá* vorbei, wo man noch vor wenigen Jahren in einer romantischen Felsenhöhle in angenehm warmem Wasser schwimmen konnte. Seit sich am Mückensee aber wieder vulkanische Aktivität regt, ist die Wassertemperatur in einem knappen Jahrzehnt von 42° auf gut 65°C angestiegen. Die Erdbeben in unseren Tagen haben offenbar dem heißen Dampf des Untergrundes neue Zuwege zur Grotte geöffnet. Gleichzeitig haben sie die Felsdecke der Grotte reißen lassen, so daß Einsturzgefahr besteht. Daher herrscht striktes Badeverbot. Die zweite Warmwasserspalte, die Stóragja in der Nähe des Hotels in Reykjahlíð, deren Wassertemperatur seit 1977 von 26° auf 38°C heraufkletterte, wird noch als »Naturbadewanne« benutzt.

Von *Reykjahlíð* geht der Blick über den Nordteil des Sees mit seinen vielen Inseln und Halbinseln. Eine davon, *Neslandatangi*, die sich von Norden her weit in den See schiebt, ist ein besonders geschütztes Brutgebiet für Zehntausende von Enten, Schwänen und Gänsen. Zwischen dem 15. Mai und dem 20. Juli darf es nicht betreten werden. Jenseits der Halbinsel ist der 240 Meter über die Ebene ragende Palagonituff-Kegel des *Vindbelgjarfall* zu sehen, der von der Westseite her leicht zu besteigen ist, was sich wegen der großartigen Aussicht über das gesamte Mývatn-Gebiet lohnt.

Dimmuborgir – Tor einer »dunklen Burg«

Solfatarenfeld Námafjall

In der Nähe des geothermischen Kraftwerks Krafla liegen Lavafelder, die in den Jahren von 1975 bis 1984 von Spaltenvulkanismen hervorgebracht wurden. Auf dem Weg dorthin fährt man über die ockerbraunen Hänge des *Námaskarð* (482 m) zu Islands bekanntestem *Solfatarenfeld Námafjall*, 4 Kilometer östlich von Reykjahlið. Dabei kommen wir an einem von Dampfsäulen umgebenen Industriebetrieb vorbei, der Filterfüllungen aus Kieselgur produziert. Der Rohstoff dafür kommt vom Grund des Mückensees – es sind die winzigen Panzer von Kieselalgen oder Diatomeen, die dort in einer fast 10 Meter dicken Schicht lagern. Die Trocknung des Materials erfolgt mit Hilfe von Erdwärme, die aus dem vielfach angebohrten Feld *Bjarnarflag* mit seinen fauchenden Dampfsäulen unmittelbar neben der Fabrik kommt.

Andere Bodenschätze hatte man am benachbarten Námaskarð schon im 16. Jahrhundert abgebaut: den von den Solfataren reichlich ans Tageslicht geförderten Schwefel, der ein begehrter Exportartikel war – als Rohstoff für die Herstellung von Schießpulver. Fast hätte seinetwegen Schwedenkönig Erik XIV. 1567 einen Eroberungszug nach Island unternommen. Denn Island lieferte den Nachschub für die Pulverkammern der Dänen, mit denen Schweden im Krieg lag.

Das Solfataren-Gebiet *Námafjall* bietet ein besonders farbenprächtiges Bild, da die brodelnden blaugrauen Schlammkessel und die Dampfquellen von Berghängen umgeben sind, die alle Farbschattierungen vom schwefligen Gelb bis zum feurigen Rot zeigen. Beim Herumwandern in dieser Zone mit ihrem brüchigen Boden ist *Vorsicht* geboten: Allein im Sommer 1984 mußten im Krankenhaus von Húsavík über 20 Personen, die leichtsinnig zu nahe an die Schlamm- und Dampfquellen herangetreten waren, mit mehr oder minder schweren Verbrühungen an den Füßen behandelt werden. *Deswegen strikt die Warntafeln und Absperrungen beachten!*

Krafla, das Vulkankraftwerk, und das Maare Víti

Wir setzen die Fahrt zum Kraftwerk Krafla fort, das man in den siebziger Jahren in die Caldera des als erloschen geltenden Vulkans *Krafla* gebaut hat – als erste Großanlage, deren Turbinen direkt durch Heißdampf aus Tiefbohrungen angetrieben werden. Man hatte dabei auf die unbegrenzte Energie einer riesigen Magmakammer vertraut, die man in einer Tiefe von 300 bis 700 Metern unter der Caldera vermutet. Doch die hochgesteckten Erwartungen haben sich bei weitem nicht erfüllt. Statt der geplanten 50 Megawatt mußte man sich mit einem Bruchteil zufriedengeben. Denn man hatte bei der Wahl des Standortes die Launen des Vulkanismus unterschätzt. Die seit 1975 immer wieder auftretenden Ausbrüche des »Krafla-Feuers« und die damit verbundenen seismischen Bodenbewegungen haben die unterirdischen Zufuhrwege für den Heißdampf so verändert, daß aus den Bohrungen nicht mehr genügend Energie für das Kraftwerk kommt. Außerdem sind die Gebäude durch Erdstöße und Lavaströme gefährdet.

Die Eruptionen des Krafla-Feuers, die es bis Ende 1984 gab, haben zwar jeweils nur wenige Tage, manchmal auch nur Stunden gedauert, doch sind beachtliche Mengen an Lava ausgetreten. Deren für Island typische Spalteneruptionen erstrecken sich über eine 12 Kilometer lange Bruchzone nördlich des Leirhnjúkur. Angekündigt werden die Eruptionen durch ein sichtbares »Atmen« der Erde, d. h. durch fast regelmäßige Hebungen und Senkungen des Bodens um mehrere Dezimeter. Dabei reißt manchmal die Erdkruste, Feuerwände schießen gen Himmel und Lava dringt aus diesen klaffenden Wunden. Oder das Magma tritt in einer entfernter liegenden Spalte aus. Die Straße durch das Kraftwerksgelände endet an einem Parkplatz oberhalb der Anlagen. Von dort kann man den Kraterrand über einem der schönsten Maare, dem mit smaragdgrünem Wasser gefüllten, 320 Meter weiten und 33 Meter tiefen Sprengkratersee *Víti*, besteigen.

Dettifoss, mächtigster europäischer Wasserfall

Reykjahlíð bietet sich auch als Ausgangspunkt für Tagesausflüge in die weitere Umgebung an. So kommt man nach 42 Kilometern ostwärts auf der Ringstraße Nr. 1 auf der Straße 864 in den Nationalpark der *Jökulsá á Fjöllum* mit seinen dramatischen Felsschluchten. In dem tiefeingeschnittenen Canyon des wilden Gletscherflusses liegen mehrere Wasserfälle, darunter der majestätische *Dettifoss*, über den fast 200 Kubikmeter Wasser in der Sekunde 44 Meter tief zu Tal stürzen. Der Dettifoss ist damit der wasserreichste Fall Europas. Bei Ásbyrgi, einer malerischen, 4 Kilometer langen und von 100 Meter hohen Felsen umgebenen Senke in der Form eines Pferdehufs, die nach der Saga von einem Tritt Sleipnirs, des achtbeinigen Pferdes von Oðin, stammt, führt die Straße quer durch den Nationalpark an die Küste. Dort umrundet sie die Halbinsel *Tjörnes*, wo beim Hof Hallbjarnarstaðir berühmte Fundstellen für fossiles Seegetier sind, und führt nach *Húsavík*, einer lebhaften 2400-Einwohner-Stadt mit einer sehenswerten Kirche. Húsavík war der Ausfuhrhafen für den Schwefel von Mývatn. Von hier können wir entweder nach Reykjahlíð (Straßen Nr. 85/87) oder nach Akureyri (Straßen Nr. 85/86) zurückfahren.

In Ódaðahraun, der Wüste der Missetäter

Eine weitere, etwas abenteuerlichere Tagestour, die man allerdings nur mit allradgetriebenen Fahrzeugen antreten sollte, führt von Reykjahlið über das unbewohnte Hochland zum *Askja-Vulkan*. Nach 32 Kilometern auf der Ringstraße ostwärts biegt man auf die nach Süden verlaufende Piste ab. Sie durchquert Geröll- und Steinwüsten am Fuße des »Königs der isländischen Berge«, des *Herðubreið* (1682 m) mit seiner weißen Schneekappe und bringt uns dann in die berüchtigte *Ódaðahraun*, das mit 4500 Quadratkilometer Ausdehnung größte zusammenhängende Lavafeld der Insel. Die Ódaðahraun ist als die »Wüste der Missetäter« verrufen – in ihr lebten und starben viele der Geächteten und Friedlosen, die man aus der menschlichen Gemeinschaft verbannt hatte. Dann erreicht man das 1510 Meter hohe *Askja-Massiv*, das den fast kreisrunden Kessel der Askja-Caldera mit 8 Kilometer Durchmesser umschließt. Einen großen Teil dieser Schüssel deckt das Wasser des *Öskjuvatn-Sees*, in dem 1907 bei einem Forschungsaufenthalt der deutsche Geologe von Knebel und der Maler Rudloff ertranken. Der letzte Ausbruch des Askja erfolgte 1961. (Die Weiterfahrt über die Piste am Fuße des benachbarten *Vatnajökull* in den Süden der Insel sollte man wegen der schlechten Wegverhältnisse auf jeden Fall nur im Konvoi vornehmen.)

Gletscherwüsten und Lavabrände – der Osten und das Zentralland

Dem östlichen Teil Islands, der geologisch um einiges älter ist als die meisten anderen Gebiete, fehlt nahezu völlig die Exotik und die Dramatik vulkanischer Tätigkeit. Austfirðir, das Fjordgebiet östlich des unruhigen Gürtels des jungen Vulkanismus, zeigt sich in gesetzterem Alter – die Eiszeitgletscher haben längst glattgeschliffen, was in grauer Vorzeit an düsterem Vulkangestein ans Tageslicht gekommen war. Auf diesen weniger abwechslungsreichen, mit seiner grandiosen Fjordlandschaft dennoch reizvollen Teil der Insel verzichtet man am ehesten, wenn man Island zum ersten Mal besucht oder nur begrenzte Zeit zur Verfügung hat. Anders sieht es aus, wenn man mit dem Fährschiff vom europäischen Kontinent nach Island kommt, im Ostküstenhafen *Seyðisfjörður* festmacht, oder wenn man die Insel auf der Ringstraße ganz umrundet.

Von einem Erdzeitalter ins andere

Der Wechsel von einem Erdzeitalter in das nächste wird schon deutlich, wenn wir – vom Mývatn auf der Ringstraße ostwärts fahrend – beim Grímsstaðir auf einer langen Brücke das Strombett der *Jökulsá á Fjöllum* überqueren. Westlich des Flusses waren wir noch an dem geologisch jungen Lavafeld des Búrfell (935 m) entlanggefahren, auf der Ostseite dagegen zieht sich die Straße durch bergige Steinwüsten mit niedrigen Kuppen dahin, bis sie 75 Kilometer hinter Grímsstaðir das Tal der Jökulsá á Brú erreicht, eines Gletscherflusses, der in seinen Schlammfluten pro Stunde 120 Tonnen Sand und Geröll in die Héraðs-Bucht transportiert, die immer weiter zuwächst. Bei *Fossvellir* wendet sich die Ringstraße südwärts und erreicht nach gut 20 Kilometern *Egilsstaðir*. Der Ort ist das Zentrum von Austfirðir und Knotenpunkt mehrerer Straßen, die zu den zahlreichen Fjorden der zerklüfteten Ostküste und zu der am weitesten nach Norden reichenden Halbinsel *Melrakkaslétta* führen. Von Egilsstaðir sind es 25 Kilometer bis zum Fährhafen Seyðisfjörður, wobei die Straße über die *Fjaðarheiði* (Nr. 93) mit einer Paßhöhe von 660 Metern eine der höchstgelegenen der

S. 106/107: Auf den Spuren der Gletscher

Gletscherfluß-Stausee bei Egilsstaðir

ganzen Insel ist. Während der Tage der Fährenankunft und -abfahrt herrscht auf dieser Straße Hochbetrieb.

Waldspaziergang am Lögurinn

Egilsstaðir liegt am Nordzipfel des *Lögurinn* (oder Lagarfljót), eines 35 Kilometer langen und nur 2,5 Kilometer breiten Sees mit einer Tiefe von über 100 Metern. Dieses drittgrößte Binnengewässer der Insel ist eigentlich der Zusammenfluß zweier Flüsse, von denen einer ein typischer Gletscherfluß ist. So hat dieser See auch kein kristallklares Wasser wie der Mývatn, sondern ist milchig-undurchsichtig. Am Ostufer des Lögurinn haben wir Gelegenheit zu einem ausgedehnten Waldspaziergang unter stattlichen Bäumen. Dieser Wald von *Hallormsstaður* deckt über 650 Hektar in der düsteren Basaltlandschaft und zählt an die 50 verschiedene Baumarten, darunter dickstämmige Fichten und Lärchen. Die Anfänge dieser grünen Oase gehen auf eine hier um die

Jahrhundertwende entstandene Baumschule zurück, die auch heute noch die Insel mit 300 000 Jungbäumen pro Jahr versorgt.

Daß es hier schon zu Urzeiten Wälder gegeben hat, zeigen die auf dem jenseitigen Ufer des Sees vorhandenen Sandsteinlagen zwischen den Basaltschichten, in denen man Fossilien mit Überresten von Bäumen aus dem Tertiär findet. Auf dem Westufer liegt auch – am besten vom Gehöft Vallholt aus zu beobachten – Islands dritthöchster Wasserfall, der *Hengifoss* (118 m). Er stürzt in eine enge Schlucht, in der es besonders eindrucksvolle Beispiele von Basaltsäulen-Wänden gibt, die Höhen von 50 Metern und mehr erreichen.

Mineralogische Exkursionen

Für die Fahrt nach Süden können wir wählen zwischen der Küstenstraße (Nr. 92/96), die um die Fjorde herumführt (133 Kilometer) oder der Ringstraße Nr. 1 über die steil ansteigende *Breiðdalsheiði* und durch das anschließende *Breiðdal* mit seinen eigentümlichen, freistehenden Felsnadeln und -mauern (76 Kilometer). Beide Straßen vereinen sich wieder bei *Heydalir*. Von hier aus folgt auch die Ringstraße der Küste, wobei jeder Fjord und jede Bucht umrundet wird. Am *Berufjörður* können wir interessante Bergformationen beobachten, darunter die Pyramide des *Búlandstindur* (1063 m). Der Mineraliensammler kann hier mit etwas Glück Zeolith, Quarzdrusen und Calcit, ja sogar Achat und Opale finden. Beim Gehöft *Teigarhorn*, wenige Kilometer vor *Djupívogur*, gibt es im Küstenfelsen sehr schöne Zeolithstufen. Sie stehen allerdings unter Naturschutz, doch verkauft der Grundeigentümer, der auch gern sein kleines mineralogisches Museum zeigt, herausgefallene Stücke Zeolith oder auch andere Mineralien für ein paar Mark.

Papey, die Insel der irischen Mönche

Auf dem Felskap zwischen dem Hamars- und dem Berufjörður liegt das Fischerdorf *Djúpivogur*, einer der ältesten Handelsplätze an der

Ostküste. Vor der Küste ist bei gutem Wetter die Insel *Papey* zu sehen, die ihren Namen von den »Papas« hat. So nannten die norwegischen Wikinger die irdischen Mönche und Einsiedler, die schon lange vor der Besiedlung Islands hier die gottgefällige Einsamkeit gesucht hatten. Auch auf Papey, das heute ein Seevogelparadies ist, hatten die frommen Männer gelebt, ebenso wie am Papafjörður, knapp 100 Kilometer weiter südwärts.

Die auf der Weiterfahrt folgenden Buchten und Fjorde sind meist durch schmale Sandnehrungen in Haffe verwandelt worden. Diese Nehrungen sind beliebte Aufenthaltsorte für ganze Herden von Seehunden. Wir überqueren den Sander Lón und kommen schließlich nach Höfn, den Zentralort der Region.

Sandwüsten am Vatnajökull

Wer noch vor 15 Jahren mit dem Auto von *Höfn* zum nächsten größeren Ort der Südküste, nach *Vik* fahren wollte, mußte 1165 Kilometer zurücklegen. Heute trennen die beiden Städte nur 283 Straßenkilometer. Daß damit die Reisezeit von gut vier Tagen auf einen halben Tag geschrumpft ist, verdankt man einer der ungewöhnlichsten Straßen, die je in Island gebaut wurden: der Straße durch die gewaltigen Sandwüsten am Fuße des *Vatnajökull* (Wassergletscher). 1974, zur Elfhundertjahrfeier der Besiedlung, waren die sieben langen Brücken über die 35 Kilometer breiten, gefürchteten *Skeiðarár-Sander* fertig, die die letzte Lücke in der Ringstraße um die Insel waren. Dieses Gletscherflußgebiet ist von unzähligen Flüssen, Bächen und Rinnsalen durchzogen, deren Lauf sich ständig verlagert und die die ganze Ebene während der sintflutartigen »Gletscherläufe« vorübergehend in ein tosendes Meer verwandeln können.

Der größte Gletscher der Welt

Der Vatnajökull, dessen endlose Eisfelder nur wenige Kilometer hinter dem Flugplatz von Höfn beginnen, prägt das Landschaftsbild Südost-Islands. Mit einer Ausdehnung von 8538 Quadratkilometern, was fast die dreieinhalbfache Größe des Saarlandes ist, bedeckt er ein Zwölftel der Inselfläche mit einem 500–1000 Meter dicken Eispanzer. Er ist damit der größte Gletscher der Welt – alle Eisfelder der Alpen zusammen sind nur halb so groß wie er. Sein südlichster Ausläufer, der *Öræfajökull*, erreicht im *Hvannadalshnukur* 2169 Meter. Er ist damit der höchste Berg Islands.

Die Südostflanke dieser einmaligen Eisbastion, zwischen der und dem Meer die Ringstraße verläuft, ist stark gegliedert. Hier schickt der Vatnajökull zwischen schmalen Bergrücken zahlreiche Gletscherzungen, sogenannte »Schreitgletscher«, in die Niederungen hinab, wo sie in steilen Abbrüchen enden – zwei davon unmittelbar an der Straße. Die Fahrt von Höfn in Richtung Reykjavík wird dadurch zu einer der bequemsten Gletscherfahrten, die man machen kann – und sie ist zugleich eine der landschaftlich reizvollsten in ganz Island. Man kann den Gletscher auch auf organisierten Touren mit Raupenfahrzeugen befahren, wie sie für Südpolexpeditionen verwendet werden. Schon die

Gletscherwoge am Eyjafjallajökull

Auffahrt zur Gletscherkappe mit einem Geländebus über gewaltige Geröllberge und durch Gletscherbäche ist ein besonderes Erlebnis. Auskunft: Jöklaferðir, Telefon 97/8 15 03, und Hotel Höfn, Telefon 97/8 12 40.

Eisbarrieren

Schon auf den ersten 40 Kilometern unserer Fahrt von Höfn passieren wir 4 mächtige Schreitgletscher, die bis wenige Kilometer an die Straße heranreichen. Und schon auf dieser Strecke überqueren wir über mehrere Brücken die ersten Sander mit einer Vielzahl von Gletscherflüssen. Wir kommen nach *Kálfafellstaður*, das gerne als Ausgangsort für Besteigungen des Vatnajökull gewählt wird.

Den ersten Gletschern zum »Anfassen« begegnen wir am *Breiðamerkurjökull*, 83 Kilometer hinter Höfn. Seine Eisbarriere reichte noch vor hundert Jahren bis direkt ans Meer. Doch seither sind die isländischen Gletscher deutlich geschrumpft, auch der Breiðamerkur ist auf dem Rückzug – er endet heute bereits 1,5 Kilometer von der Strandlinie entfernt. Dabei hat er zwischen der Straße und seiner Abbruchkante eine See zurückgelassen, dessen tiefster Punkt über 100 Meter unter dem Meeresspiegel liegt. In diesem See kalbt der Gletscher – riesige Eisberge treiben in seinem blaugrünen Wasser.

Der reißende Fluß zwischen dem See und dem Meer, der eine teure Brücke erfordert, ist der kürzeste Islands – er ist ganze 1500 Meter lang. (Motorbootfahrten zwischen den Eisbergen des *Jökúlsárlón* sind möglich.)

Bei der Fahrt durch die Geröllfelder des Breiðamerkursandur wird man sich kaum vorstellen können, daß hier noch in den ersten Jahrhunderten nach der Besiedlung saftige Wiesen, fruchtbare Felder und weite Wälder zu finden waren. Es gab hier Bauernhöfe und Kirchen. Kári Sölmundarson, ein aus der Njál-Saga bekannter Gode, lebte hier um das Jahr 1020. Im 17./18. Jahrhunderts mußten die Höfe aufgegeben werden, weil die damals wachsenden Gletscher sie unter sich begruben. Ihren Höhepunkt erreichte die neue Vergletscherung Islands mit dem Ende des 19. Jahrhunderts – seither weichen die Eiszungen – wie wir am Breiðamerkur gesehen haben – wieder zurück. So geriet das aus der Zeit der ersten Besiedlung stammende Gehöft Fjall 1695 unter Eis; 1909 wurde es vom Gletscher wieder freigegeben.

Schreitgletscher beim Öræfajökull

Bei der Siedlung *Kvisker* kommt der nächste Schreitgletscher bis dicht an die Straße heran. Er stammt vom *Öræfajökull*, dem höchsten Berg der Insel, unter dessen Eiskappe sich der Riesenkrater eines Vulkans verbirgt. Zweimal hat er seit der Besiedlung sein wahres Gesicht gezeigt, das letzte Mal 1727, als sein Ascheregen das gesamte Vieh auf den Weiden zugrunde gehen ließ. Geradezu verheerende Schäden aber hatte der Ausbruch des Jahres 1326 zur Folge gehabt, der eine der größten Explosiv-Eruptionen der Welt gewesen sein muß. Sie hatte das gesamte Gebiet von *Öræfasveit* mit seinen 6 Kirchen und 2 Dutzend Bauernhöfen in eine Wüste verwandelt. Eine dicke Asche- und Staubdecke hatte die Vegetation für Jahrzehnte vernichtet, so daß die Gegend lange unbewohnt blieb. In der Nähe der heutigen Siedlung *Hof* (mit sehenswertem Kirchlein) hat man die Ruinen des 1362 verschütteten Bauernhofes Gröf inzwischen wieder freigelegt.

In der Geschichte der Besiedlung Islands nimmt das Gebiet zu Füßen des Öræfajökull einen besonderen Platz ein. Denn hier, auf einer Nehrung mit dem Felskap *Ingólfshöfði*, landete 874 Ingólfur Arnarson mit seinen Auswandererschiffen, nachdem ihm in seiner Heimat Norwegen nach einem Streit mit den Söhnen des Jarls von Gaular der Boden unter den Füßen zu heiß geworden war.

Hier, in *Ingólfshöfði*, wo er nach der Überfahrt von Norwegen überwinterte, hatte er seine später weltberühmten Hochsitzpfosten ins Meer geworfen, die dann als eine Art Wikinger-Orakel an die Gestade von Reykjavík getrieben waren.

Skaftafell, die Oase

Wenige Kilometer hinter dem Hof von Svinafell biegt ein Weg zum Nationalpark *Skaftafell* von der Ringstraße ab. Dieses – mit Unterstützung des World-Wild-Life-Fonds – unter Schutz gestellte Gebiet gehört zu den landschaftlichen Kleinoden der Insel. Die saftig-grünen Wiesen mit ihren Wildblumen, Büschen und Waldstücken, wo stattliche Birken und Weiden wachsen, wirken wie eine Oase in der wilden Umgebung. Sie stehen in starkem Kontrast zu dem leuchtenden Weiß der umgebenden Gletscher und dem Schwarz der Sander, die unterhalb des Parks beginnen. Man kann bis dicht an die Gletscher wandern oder das grandiose Schauspiel der unter dem *Skeiðarárjökull* hervorstürzenden *Skeiðarár* miterleben, die mit ihren ungezählten Nebenarmen den größten Sander der Insel aufgespült hat. Besonders beeindruckend ist der *Svartifoss*, der seine Wasser über eine Orgelwand aus hängenden Basaltsäulen ins Tal stürzen läßt (45 Minuten Fußweg). Sommers tägliche Busfahrten durch die Bergwelt, im Binnenland vorbei an der *Eldgja* und *Landmannalaugar* nach Reykjavík.

Nach dem Besuch der grünen Oase von Skaftafell kann der landschaftliche Gegensatz, der uns auf den nun folgenden 35 Kilometern erwartet, kaum größer sein. Denn die Straße zieht sich schnurgerade durch die schwarze Kies- und Geröllwüste der *Skeiðarár-Sander*, die sich nach Süden flach wie ein Brett und ohne jeden Pflanzenwuchs – scheinbar endlos bis an den Horizont ausdehnen: das Meer beginnt erst 20 Kilometer weiter im Süden. Nördlich der Straße sind es nur wenige Kilometer bis zu der Eiswand des Skeiðarár-Gletschers. Diese Ausläufer des Vatnajökull macht dessen Namen alle Ehre: er schickte, in Hunderten von Wasserläufen, gigantische Mengen von Schmelzwasser durch die Flußsysteme der Skeiðarár und der *Núpsvötn* zum Meer.

Sintfluten aus dem Eis

1974 konnte man nach schwierigen Bauarbeiten die Straße über die Skeiðarár-Sander einweihen. Viel Kopfzerbrechen bereitet die ständige Gefährdung der bis zu 900 Meter langen Brücken und der Dämme durch die unberechenbaren Fluten des Vatnajökull. Besonders gefürchtet sind die zerstörerischen »Gletscherläufe«, eine Naturerscheinung, die es nur auf Island gibt.

Es handelt sich dabei um Wasserstürze von unvorstellbarem Ausmaß. Beim *»Hlaup«* – so die isländische Bezeichnung – im August 1984 wälzten sich innerhalb von zwei Tagen 250 Billionen Liter Wasser über die *Meðallands-Sander*, oder 1000 Kubikmeter in jeder Sekunde – damit verglichen wäre der Amazonas ein müdes Rinnsal. Diese Wassermenge, die den Verbrauch der Bundesrepublik für 40 Jahre decken würde, war mit weitem Abstand die größte, die jemals bei einem Gletscherlauf durch das Skaftátal stürzte. Dabei sind diese Sintfluten, die zugleich ganze Gebirge von Geröll und Sand mit sich reißen, an der Südküste keine seltene Erscheinung. Allein in der Skaftá gab es in den letzten drei Jahrzehnten 19 dieser »Läufe«.

Die meisten von ihnen resultieren aus dem anhaltenden Ringen von Feuer und Eis, den beiden Naturgewalten, die nirgendwo auf der Welt enger beieinander liegen als auf Island. Der Vatnajökull deckt gleich ein ganzes Dutzend von vulkanischen Herden, die noch längst nicht erloschen sind. Der aktivste davon liegt fast genau im Zentrum der Gletscherkappe – in seiner Caldera befinden sich die Wassermassen der Grímsvötn unter der ewigen Eisdecke. Diese Decke läßt das Erdfeuer von der Unterseite her abschmelzen. Dabei sammeln sich solche Mengen von Wasser in dem subglazialen Bassin, daß die Eisbarriere, die den Abfluß verschließt, schließlich hochgehoben wird. So kann das aufgestaute Schmelzwasser in breiter Front unter der Gletscherwand austreten und zu Tal stürzen. Wenn sich der See entleert hat, sinkt die Barriere und die über dem Bassin liegende Eisdecke wieder ab, und das Spiel beginnt von neuem. Diese Läufe wiederholen sich mit ziemlicher Regelmäßigkeit – beim Grímsvötn etwa alle 5 Jahre. Häufig sind diese Fluten auch von Eruptionen subglazialer Vulkane begleitet.

Am Skeiðarár-Gletscher gibt es zusätzlich noch Läufe, die nicht von vulkanischer Aktivität verursacht werden. Es handelt sich um Stauwasser aus dem offenen Becken des *Grænalón-Sees*, vor dessen einzigem Ablauf ein Eisriegel liegt, der bei einem bestimmten Wasserstand aufzuschwimmen beginnt. Der Inhalt des Sees ergießt sich dann durch die Flußläufe der *Súla* und der Núpsvötn über den westlichen Teil der Sander. Beim »Hlaup« des Jahres 1984 war der Súla-Fluß für wenige Stunden auf das Zehnfache seines üblichen Volumens angewachsen.

Schatzsuche im Skeiðarár-Becken

Diese Sintflut hatte auch eine der ungewöhnlichsten Schatzsuchen der Welt vorübergehend in Gefahr gebracht. Denn seit Jahren war ein Unternehmen dabei, im Sand des *Skeiðarár-Beckens* nach dem Wrack des niederländischen Ostindienseglers *Het Wappen von Amsterdam* zu graben, der 1667 im Orkan hier an der Küste strandete und allmählich im Sand verschwand. Da sich das Schiff auf der Rückfahrt von den Kolonien befand, vermutet man reiche Schätze an Bord – bis hin zu Gold und Edelsteinen. In die Suche hat man bereits Millionen investiert. Man hat auch schon ein Wrack gefunden – doch nicht die *Wappen*, sondern nur die Überreste eines deutschen Trawlers, der hier 1903 gesunken und unter den Sandmassen begraben worden war. Sonst aber ist man nicht fündig geworden.

Die kleine Grassodenkapelle bei *Núpstaður*, die aus dem 17. Jahrhundert stammt, wurde früher oft für ein erleichtertes Dankgebet genutzt, wenn man den Sander und seine Flüsse glücklich überquert hatte. Doch die nächste Spülwüste läßt nicht lange auf sich warten, der *Brunasander* mit seinen breiten Strombetten. An seinem Westrand, wo die Straße in das Lavafeld des *Eldhraun* eintritt, liegt die Siedlung *Kirkjubæjarklaustur*. Der Ort ist vor allem wegen der berühmten »Feuermesse« bekannt, die sein Pfarrer Jón Steingrímsson am 20. Juli 1783 abgehalten hatte. Der Anlaß für diese Messe war das folgenschwerste Naturereignis gewesen, das die Insel jemals getroffen hatte: der Ausbruch der *Laki-Spalte*, knapp 50 Kilometer nördlich des Ortes, nicht weit vom Fuße des Vatnajökull entfernt.

Lavakatastrophen aus der Laki-Spalte

Mit allradangetriebenem Fahrzeug kann man auf einer steinigen Piste, die 8 Kilometer westlich des Ortes von der Ringstraße abzweigt, bis an die Laki-Spalte heranfahren. Für die etwas strapaziöse Fahrt wird man reich entschädigt durch die Großartigkeit und Einmaligkeit der Landschaft, die der Ausbruch der Jahre 1783/84 hinterlassen hat. Bei diesem »Skaftafeuer« war die Erde nacheinander in zwei zusammen 25

Im Hinterland von Landmannalaugar

Kilometer lange Spalten aufgerissen. Aus diesen Spalten wuchsen über hundert Vulkankegel hervor. Diese Kraterreihe, die sich fast schnurgerade in Nordost-Südwest-Richtung durch die Bergwelt zieht, ist auf der Welt ohne Beispiel.

Aber auch für den Verlauf des Skaftafeuers und seine katastrophalen Folgen gibt es auf dem ganzen Erdball kein vergleichbares Ereignis. Denn die mehr als hundert Krater der »Lakagígar« brachten die größte Lavamenge ans Tageslicht, die je bei einem Ausbruch auf der Erde in historischer Zeit beobachtet wurde. Während des Höhepunkts des Ausbruchs, der 8 Monate dauerte, quollen 10 000 Kubikmeter in der Sekunde aus der Erde, insgesamt waren es am Ende 12 Kubikkilometer, die eine Fläche von 600 Quadratkilometern bedeckten. Die Lava floß durch zwei Flußtäler in die bewohnte Küstenebene und begrub ganze Siedlungen unter sich. Als sich die Feuerwalze im Juli 1783 *Kirkjubæjarklaustur* näherte, hatte Pastor Steingrímsson seine berühmte Feuermesse gehalten – noch während des Gottesdienstes kam der Lavastrom zum Stillstand. 9 Tage später brach die zweite Spalte auf, ihre Lava floß in unbewohnte Gebiete ab. Doch die Gesamtschäden, die das Skaftafeuer anrichtete, waren unvorstellbar. Neben der Lava waren riesige Mengen von Asche und giftige Gase ausgestoßen worden, die alles Leben ringsum töteten. Insgesamt kamen 9000 Menschen ums Leben – ein Fünftel der damaligen Inselbevölkerung – dazu 200 000 Schafe, 28 000 Pferde und 11 400 Rinder. Das Land war derart zerstört und verarmt, daß der dänische König ernsthaft erwog, die Isländer nach Jütland umzusiedeln. Die Aschewolken waren rund um den Erdball als Verfinsterung der Sonne beobachtet worden.

Von Kirkjubæjarklaustur, wo man sich den »Kirchenboden«, eine eigentümliche, pflastersteinartige Säulenbasaltformation, und die Gedächtniskirche für den »Feuerpastor« ansehen sollte, führt die Ringstraße nach Westen durch die *Eldhraun*, die Lavafelder des Skafta-Feuers. Wir überqueren das Strombett der *Skaftá*, durch das der mächtige Gletscherlauf vom August 1984 (s. S. 116) gebraust war und – 25 Kilometer weiter – durch die mit schwarzer Asche bedeckten *Mýrdalssander* nach *Vík i Mýrdal*.

Die Feuerhexe Katla

Bei *Vík* erreicht die Ringstraße ihren südlichsten Punkt. Hier ist es das Eisgebirge des *Mýrdalsjökull*, das das Bild der Landschaft bestimmt. Mit einer Ausdehnung von 700 Quadratkilometern ist er der viertgrößte Gletscher Islands, an seiner höchsten Stelle erreicht er 1480 Meter. Auch unter seinem dicken Eispanzer schlummern verborgen vulkanische Kräfte, die sich – wie beim Vatnajökull – in mehr oder weniger regelmäßigen Abständen mit verheerenden Eruptionen und gewaltigen Gletscherläufen zeigen. Dabei macht vor allem die *Katla* (»Hexe«) ihrem Namen alle Ehre, eine Vulkanspalte in rund 1000 Meter Höhe, von der 14 Ausbrüche im 50-Jahres-Rhythmus bekannt sind. Der letzte fand 1918 statt – ein neuer Ausbruch ist daher schon überfällig!

Die Eruptionen der Katla, die unter einer 250 Meter dicken Eisdecke liegt, sind jedesmal von unvorstellbaren Wasserfluten begleitet. 1918 erreichte der »Hlaup« beim Austritt am Fuße des Gletschers eine Höhe von 70 Metern, und selbst an der Küste war der Schwall noch bis zu 15

Meter hoch. Auf einer etwa 150 Quadratkilometer großen Fläche gab es keinen trockenen Fleck mehr. Von der Flut wurden außerdem Eisberge von der Größe mehrstöckiger Häuser zum Meer transportiert. 1955 hatte es noch einmal einen Gletscherlauf gegeben, bei dem im Eis über der Katla 2 neue, riesige Kessel entstanden. Einer der beiden hatte einen Durchmesser von einem Kilometer, bei einer Tiefe von 80 Metern. Der im Gefolge erwartete Ausbruch blieb jedoch aus. Mit ihrem Geröll- und Sandtransport haben die Gletscherläufe übrigens dafür gesorgt, daß heute nicht mehr das *Kap Dyrhólaey* der südlichste Punkt des isländischen »Festlandes« ist – der liegt heute am Strand von Mýrdalssandur.

Kliff Dyrhólaey

Dennoch sollten wir bei der Weiterfahrt von Vík nicht auf den Abstecher (Straße Nr. 218) verzichten, der zum *Kliff Dyrhólaey* führt. Von dieser leicht zugänglichen Steilküste mit ihrem Leuchtturm und dem riesigen Felstor hat man einen der schönsten Ausblicke über den schwarzen Strand mit seinem ewigen Brandungsgürtel, die anschließende grüne Ebene und die dahinter aufsteigenden, weißleuchtenden Kappen des *Mýrdal-* und des *Eyjafjalla-Gletschers*. Aus dem Meer sieht man die Westmänner-Inseln ragen. Eine besondere Attraktion sind die Ausflugsfahrten auf See mit dem urigen Amphibienfahrzeug *»Farsœll«*, bei denen das Felstor des Dyrhólaey-Kliffs durchfahren wird – Hochseeangeln eingeschlossen. (Start bei der Esso-Tankstelle Vík.)

Skógarfosser Wasserschleier

Die nächste Pause auf der Weiterfahrt legen wir in *Skógar* ein. Hier läßt der Skógá-Fluß seine Wassermassen in einem breiten, gleichmäßigen Schleier über eine 60 Meter hohe, senkrechte Felswand in ein tief ausgehöhltes Becken stürzen. Der *Skógarfoss* wird zu den schönsten Wasserfällen Islands gezählt. Auf keinen Fall sollte man das private Heimatmuseum unweit des Wasserfalls (neben dem Edda-Hotel) versäumen

Felsskulpturen am Kliff Dyrhólaey

– mit der wohl umfangreichsten Sammlung von Zeugnissen ländlicher Kultur. Von Skógar folgt die Ringstraße am Fuße des *Eyjafjallajökulls* der Küstenlinie, bis diese auf das Mündungsdelta des *Markafljót* stößt. Dort wendet sie sich nach Norden, bis hinter Stóridalur die Straße Nr. 249 zum vielbesuchten Tal von *Þórsmörk* führt. Sie ist allerdings nur für allradgetriebene Fahrzeuge passierbar. Þórsmörk, das landschaftlich besonders reizvoll zwischen hohen Bergen und drei Riesengletschern liegt, überrascht durch seine geradezu üppige Vegetation. (Die meisten Ausflugsunternehmen haben Touren nach Þórsmörk in ihrem Programm – auch täglicher Linienbusdienst ab Reykjavík.)

Wir setzen unsere Fahrt auf der Ringstraße fort, die hinter der Brücke über den Markafljót durch die fruchtbare süd-isländische Tiefebene mit ihren Wiesen und Äckern führt. Über die Zentralorte *Hvólsvöllur* und *Hella* kommen wir nach Selfoss und Reykjavík. Damit schließt sich der Ring um die Insel.

Durch die Wüsteneien des zentralen Hochlandes

Seit die Ringstraße da ist, lassen sich die eigentlichen Siedlungsgebiete leicht vom Auto aus erkunden. Anders sieht es mit dem zentralen Hochland aus. Denn Wege von Osten nach Westen quer über die Insel fehlen völlig, von Süden nach Norden gibt es nur mehr oder minder gut befahrbare Pisten ohne Brücken, so daß die Flüsse auf Furten durchquert werden müssen. Diese Hochland-Routen sollte man tunlichst nur mit allradgetriebenen Fahrzeugen befahren. Dennoch sind solche Inselüberquerungen nicht nur etwas für Abenteurer – ich kann sie jedem Reisenden empfehlen, der die ganze Vielgestaltigkeit der isländischen Landschaft und die Vielfalt ihrer Natur kennenlernen möchte. Die beste Möglichkeit dazu bieten die organisierten Hochlandausflüge, die bei keinem Tourenveranstalter im Programm fehlen. Seit einigen Jahren kann die Durchquerung auch mit Linienbussen erfolgen, die im Sommer an bestimmten Wochentagen zwischen Reykjavík und Akureyri verkehren, und zwar auf den beiden alten Wikingerwegen durch die Wüsteneien des Hochlands, über den *Kjalvegur* und den *Sprengisandsvegur*.

Höllenfeuer und Eiswasser

Die Fahrt über den *Sprengisandur* führt hinter Hveragerði und Selfoss (s. S. 43 f.) auf der Straße Nr. 26 an Islands berüchtigtstem Vulkan vorbei, der *Hekla* (1491 m). Diese galt noch lange als die direkte Pforte zur Hölle, und es gibt noch bis weit in das 17. Jahrhundert hinein zahlreiche Beschreibungen, deren Autoren das jämmerliche und wehklagende Geheul der Verdammten im Fegefeuer gehört haben wollen. Seit 1104 ist die Hekla insgesamt 16mal ausgebrochen. Beim Ausbruch 1949 hatte sie in wenigen Minuten eine 3 Kilometer hohe Staub- und Aschesäule ausgestoßen, die für Stunden die Sonne völlig verfinsterte. 48 Stunden später regnete es 3800 Kilometer entfernt, in Helsinki, rotbraunen Aschestaub. Bei einem weiteren Ausbruch 1970, der 2 Monate dauerte, ließ die stark fluorhaltige Asche 7500 Schafe sterben. Die beiden letzten Eruptionen erfolgten 1980/81. Die Hekla kann von *Galtalækur* aus, das wir auf unserer Fahrt passieren, in ca. 8 Stunden bestiegen werden.

Hinter Galtalækur führt die Straße in das Tal der *Þjórsá*, des längsten Flusses auf Island. Nach 7 Kilometern zweigt links eine Straße zum Wasserfall *Þjófafoss* ab. In der Nähe liegt ein weiterer Wasserfall, der *Hjálp*, dessen Wasser durch einen Felsen so geteilt werden, daß sie im rechten Winkel aufeinander zustürzen. Auch der *Gjárfoss* und der *Háifoss* mit ihren schönen Säulenbasaltformationen liegen in diesem Gebiet. Sie erfordern allerdings längere Fußmärsche. 16 Kilometer hinter Galtalækur mündet von links eine Straße ein, die zum Kraftwerk Búrfell führt, das das erste isländische Kraftwerk an einem aufgestauten Gletscherfluß war. Es wurde vor allem für die Versorgung der Aluminiumhütten in Straumsvík gebaut und 1970 eingeweiht. Das Kraftwerk, das besichtigt werden kann, hat eine Leistung von 210 Megawatt. Welche Energiereserven in den wasserreichen, isländischen Gletscherflüssen stecken, zeigt sich am Beispiel der Þjórsá, die mit ihren Wassermassen die Turbinen in Búrfell antreibt. Bei völliger Nutzung könnte allein dieser Fluß 10 Milliarden Kilowattstunden im Jahr liefern.

Sklaven auf Hof Stöng

Eine kurze Nebenstraße bringt uns aus der technisch-nüchternen Gegenwart Búrfells in die Wikingervergangenheit der Insel. Unweit des Kraftwerks hat man einen Bauernhof, den der Hekla-Ausbruch des Jahres 1104 unter einem Berg von Asche begraben hatte, ausgegraben und nach den vorhandenen Grundmauern als komplettes Gebäude rekonstruiert. Dieser *Hof Stöng* zeigt die charakteristische Grassoden-Bauweise und die Raumaufteilung altisländischer Bauernhöfe. Unter anderem ist ein eigener Raum für die Sklaven zu sehen, die sich mit dem nackten Erdboden als Schlafstätte zufriedengeben mußten.

Bevor wir uns nordwärts wenden und die Wüste des Sprengisandur durchqueren, sollten wir nicht versäumen, uns die Landmannalaugar und die *Eldgjá* anzusehen. Der einfachere und mit normalem Pkw befahrbare Weg führt von Stöng auf der Straße Nr. 32 zum Sigöldu-

Kraftwerk und von dort auf der Piste F 22 südwärts. Man kann aber auch die etwas schwierigere Route über den *Landmannaleið* wählen. Beide Wege treffen am *Frostastaðavatn* wieder aufeinander. Dieser See liegt inmitten farbenprächtiger Berge, die den besonderen Reiz des *Landmannalaugar-Gebietes* ausmachen. Bei dem in vielen Abstufungen von Gelb, Orange, Rot und Braun leuchtenden Gestein handelt es sich um Liparit (Ryolith), das in diesem thermisch sehr aktiven Gebiet vom Heißdampf zersetzt wird.

Bunte Berge und schwarzer Obsidian

In einem reizvollen Kontrast zu den bunten Berghängen stehen die pechschwarzen *Obsidian-Lavaströme*, die man nur an relativ wenigen Stellen auf der Insel findet. Das glasartige Obsidiangestein ist eine besonders rasch erkaltete, kieselsäurereiche Lava, die bei den Isländern »Rabenstein« heißt. Zwischen den farbigen Bergen und den Glaslavafeldern windet sich mit unzähligen Armen ein Fluß, den Heißwasserquellen auf die angenehme Badetemperatur von etwa 30 Grad erwärmen – ein Bad in einem »geheizten« Nebenarm gehört zu den besonderen Attraktionen des Landmannalaugar-Besuches, ebenso wie die einstündige Wanderung auf markiertem Weg durch die schwarze Lava zu den mächtigen Dampfquellen. Es lohnt sich auch, den 943 Meter hohen *Bláhnúkur* zu ersteigen. Von seinem Gipfel blickt man über eine – in ihrer Farbigkeit fast unwirkliche – Bergkulisse, über der am Horizont die Eismassen des Vatnajökull aufragen.

Eldgjá, größte Vulkanspalte überhaupt

Für die Weiterfahrt zur *Eldgjá*, der größten Vulkanspalte der Welt, ist ein geländegängiges Fahrzeug notwendig, da die Piste dorthin mehrere Kilometer direkt im Flußbett verläuft. Diese »Feuerspalte« – so die deutsche Übersetzung – zieht sich in langen, schnurgeraden Strecken 30 Kilometer durch die wilde Berglandschaft. Im Gegensatz zur Lakispalte (s. S. 117 f.) bildet sie jedoch keine Kraterreihe, sondern einen tiefen Graben, der zwar im Südwesten noch von einigen Explosionskratern durchsetzt ist, der aber nach Nordosten hin sich als eine zusammenhängende steilwandige Schlucht zeigt, die ca. 5 Kilometer völlig gradlinig verläuft – bei einer Tiefe von 270 Metern und einer Breite von 600 Metern. Bei diesem Teil der Eldgjá findet sich auch der auf vielen Ansichtskarten auftauchende *Ófærufoss*, mit seiner Felsbrücke und einer ganzen Folge von Kaskaden. (Seit 1989 gibt es im Juli und August einen Busliniendienst von Reykjavík nach Skaftafell. »Hinter-den-Bergen-Route« [Fjallabaksleiðarrútal], mit längeren Stopps in Landmannalaugar- und Eldgjá-Gebiet.)

Wir kehren auf der F 22 zur Straße Nr. 32 zurück und setzen unsere Fahrt zum Inselnorden fort. Mit der Brücke über die *Tungnaá* (letzte Tankstelle für die nächsten 200 Kilometer über die rauhe Hochlandpisten!) verlassen wir das bewohnte Land – das einst so gefürchtete *Óbyggðir* beginnt, die menschleere Einöde. Nach 10 Kilometern stoßen wir auf Islands zweitgrößten See, den *Þorisvatn*. Der Weg F 28 folgt dem Westufer des Sees und führt über die reißenden Gewässer

Bushaltestelle Eldgjá

der *Kaldakvísl*. Die Seen des *Kjalvötn* lassen wir links liegen und fahren zwischen den beiden Gletscherriesen *Vatna-* und *Hofsjökull* auf einen dritten Gletscher, den *Tungnafelsjökull* (1765 m) zu. Dabei sind mehrere schwierige Höhenzüge zu passieren und Flüsse auf Furten zu durchqueren.

Steinwüste Sprengisandur

Die wilde, unberührte Natur mit ihren zahlreichen Gletscherflüssen erhält völlig neue Akzente, wenn die F 28 am *Fjorðungsvatn* in die endlos erscheinenden, wasserarmen Sand- und Geröllfelder des Sprengisandur eintritt. Diese größte Steinwüste des Landes, deren Vulkanascheablagerungen sich bei Nässe tiefschwarz färben und die ohnehin düstere Atmosphäre dieser Landschaft noch verstärken. Dem unausbleiblichen Gefühl der Verlassenheit und Verlorenheit in dieser unheimlichen Landschaft versuchte man früher dadurch zu entgehen, daß man sein Pferd auf der 60, 70 Kilometer langen Strecke zu höchster Eile antrieb. Dabei wurde es nicht selten zuschanden geritten. Das gab dieser Wüste ihren heutigen Namen, denn in »Sprengi« steckt das Wort »abhetzen«. Diese Wüste mit ihren wie die Wogen eines erstarrten Ozeans aufeinander folgenden Bodenwellen und den Gletscherkuppen und Berggipfeln ringsum zieht auch heute noch den Reisenden in ihren Bann.

Im Sprengisandur teilt sich der Weg. Nach Nordosten führt die F 28 weiter zur Siedlung *Mýri* (befahrbar ab Ende Juni). Bevor diese Piste auf die Straße Nr. 842 trifft, sind noch mehrere schwierige Steilhänge auf steinigen Serpentinen zu passieren. Nach längeren Regenperioden kann außerdem die Durchquerung der *Mjódalsá* Probleme bereiten. (Im Zweifelsfall warten, bis mehrere Fahrzeuge beisammen sind.) Nach 14 Kilometern auf der Nr. 842 kommt bei Stóruvellir die erste Tankstelle. Bis zum *Goðafoss* (s. S. 98) sind es noch 23 Kilometer und von dort bis Akureyri weitere 37 Kilometer.

Die im Sprengisandur abzweigende Nordwestroute F 78/F 82 führt in rund 1000 Meter Höhe auf der Wasserscheide mehrerer Flüsse entlang in Richtung *Eyjafjörður*. Auch diese Piste hat mehrere problemati-

Von Stufe zu Stufe: Ofærufoss in Eldgjá

sche Wegstrecken und ist eigentlich nur in trockenen Sommern im Juli/August zu befahren. Von der Gabelung im Sprengisandur sind es 55 Kilometer bis zum Anschluß an die Straße Nr. 821. Auf ihr passieren wir den Kirchplatz *Hólar* (nicht zu verwechseln mit dem Bischofssitz Hólar im Hjaltadalur) und *Saurbær* mit seiner interessanten Torfkirche aus dem Jahre 1858. Von dort sind es noch 28 Kilometer bis nach Akureyri.

Kjalvegur, Reitpfad der Sagazeit

Die zweite Piste durch das Inland ist der *Kjalvegur*, der schon in den Sagas als wichtigster Reitpfad zwischen Nord- und Südisland erwähnt wird.

Der Kjalvegur beginnt im Süden am Wasserfall Gullfoss (s. S. 46) und führt als Piste F 37 am Ostrand des *Langjökull*, des zweitgrößten Gletschers der Insel, entlang. Im *Hvítárvatn*, dessen Südspitze der Weg berührt, treiben häufig Eisberge von zwei Gletscherzungen, die in der See kalben. Aus dem Hvítárvatn kommt der »weiße Fluß«, die Hvítá, die mit ihren gewaltigen Schmelzwassermassen den tosenden *Gullfoss* speist. Die Fahrspur verläuft dann zwischen den Flußbetten von *Svartá* und *Jökullfell* weiter nach Norden. Nach Osten zweigt eine Zufahrt zum schneebedeckten Massiv des *Kerlingarfjöll* (1477 m) ab, das als Sommerskigebiet genutzt wird. Zwischen seinen Schneefeldern und farbigen Liparithängen steigen die Dampfsäulen heißer Quellen auf.

Dampfquellen zwischen den Gletschern – Hveravellir

Der Kjalvegur führt zwischen den beiden Gletschern Lang- und Hofsjökull hindurch nach *Hveravellir*, einem der schönsten und vielfältigsten Thermalgebiete Islands. Hier dampft und sprudelt es allerorten aus der Erde, wobei alle Arten von heißen Quellen vertreten sind. Besonders fotogen ist der *Bláhver* mit seinem Becken, dessen Wasser in einem intensiven, klaren Hellblau leuchtet. Die Eiskulisse der Gletscher bildet für die dampfenden Quellen einen kontrastreichen Hintergrund.

Hinter Hveravellir beginnt die schwierige Strecke dieser Route, die man erst ab Mitte Juli und nur in regenarmen Sommern befahren sollte. Die rauhe Piste verlangt besondere Vorsicht – was auch für das Durchqueren der Flüsse gilt. Deren Furten verlagern sich häufig, das Flußbett ist nicht selten uneben. Dafür wird der Reisende durch ein besonders eindrucksvolles und abwechslungsreiches Landschaftsbild entschädigt. Von Hveravellir bis zum Anschluß an die Straße Nr. 732 bei *Eyvindarstaðir* sind es 72 Kilometer. Nach weiteren 14 Kilometern erreicht man die Ringstraße Nr. 1. Nach Westen sind es 27 Kilometer bis *Blönduos*, nach Osten 120 Kilometer bis Akureyri.

Bless, Island – tikilluarit Grönland!

Der Wikinger Flóki hatte sehr übertrieben, als er nach der Rückkehr in seine Heimat Norwegen abwertend vom *Eis-Land* sprach. Island ist ganz anders. Flókis legendärer Landsmann *Eirikur raudi* (Erik der Rote) hatte Gegenteiliges im Sinn, als er Islands riesige Nachbarinsel Grönland, die wirklich ein Eis-Land ist, ausgerechnet *Grün-Land* taufte. Mit dem werbewirksamen Namen wollte Erik in das 982 von ihm entdeckte Grönland Siedler locken. Mit Erfolg: Die Hoffnung auf grünes Weideland veranlaßte an die 400 Isländer, mit Erik über den Atlantik westwärts zu ziehen – auf eine Insel, die überwiegend aus Eis besteht. Grün zeigt sich Grönland nur an seinen Küsten.

Der rotbärtige Erik, dessen epochemachender Entdeckerfahrt man 1982 mit einer respektablen Tausendjahrfeier im Beisein der dänischen Königin und der isländischen Staatspräsidentin gedachte, war mit seinem Drachenkopfboot von Island gekommen. Die erste Besiedlung Grönlands durch Europäer erfolgte von der Nachbarinsel Island aus: Es bestehen also enge historische Bande zwischen diesen beiden Inseln im Nordatlantik, die an der schmalsten Stelle der Dänemark-Straße nur 230 Kilometer voneinander trennen. Nirgendwo anders ist das arktische Grönland Europa so nahe wie hier. Die isländischen Ausflugsveranstalter haben sich das zunutze gemacht. Sie bieten eine Vielzahl von Touren nach Grönland an – vom Tagesausflug in die Inuit-Siedlung Kap Dan bis zur mehrtägigen Lachswaid in Narsarsuaq. So lag es nahe, beide Regionen in einen Reiseführer aufzunehmen und zu beschreiben.

»Bless«, sagen die Isländer beim Abschied, *»tikilluarit«* die Grönländer als Willkommensgruß. Sagen auch wir: *»Bless, Island!«* Und: *»Tikilluarit, Kalaallit Nunaat-Grönland, Land der Menschen und Kunstwerk der Natur!«*

Kalaallit Nunaat,
»Land der
Menschen«

Die Grönländer, die ihre ethnischen Wurzeln in der Völkerfamilie der Inuit, der Eskimos, haben, nennen ihre Insel *Kalaallit Nunaat*, »Land der Menschen«. Doch Grönland zeigt sich ausgesprochen menschenfeindlich. Auf der Insel, die mit der sechsfachen Größe der Bundesrepublik ein eigener Kontinent sein könnte, leben nur 55 000 Menschen. Ihre Siedlungen liegen auf den schmalen Küstenstreifen und konzentrieren sich auf den Süden und den Südwesten. Das Inselinnere ist für jede menschliche Besiedlung tabu. Vier Fünftel der grönländischen Gesamtfläche deckt ewiges Eis. Aber auch dort, wo der felsige Untergrund nicht unter der – teilweise kilometerdicken – Eisdecke liegt, verhindert die barsche arktische Natur vielerorts den menschlichen Aufenthalt – für Dörfer und Städte sind nur wenige Plätze geeignet.

Reiseland Grönland

Natur und Klima Grönlands stecken dem Tourismus engere Grenzen als anderswo – nicht sehr viel mehr als 10 000 Fremde kommen jährlich auf die Insel. Doch in der abweisenden arktischen Natur liegt zugleich der besondere Reiz des Reiseziels Grönland. Die schwimmenden Traumkulissen der Eisbergfelder, die schroffen Felsengebirge, die schneeweißen oder durchsichtig-kristallblauen Kathedralen aus Gletschereis, das intensive, klare, reine Licht suchen auf der ganzen Welt ihresgleichen.

Die ersten Touristen kamen vor gut 30 Jahren auf die Insel. Seither hat sich vieles getan. Man hat mit neuen Hotels, mit besseren Verkehrsverbindungen, mit einem vielfältigeren Angebot die Voraussetzungen für den Ausbau des Fremdenverkehrs geschaffen. Dennoch steckt der ganze Tourismus auf der Insel noch in liebenswerter Weise in den Kinderschuhen – nichts hier ist routiniert, verläuft in eingefahrenen Bahnen. Schon die Natur und das unberechenbare Wetter sorgen dafür, daß Vorgeplantes immer wieder über den Haufen geworfen wird. Grönland-Reisen sind ein Erlebnis geblieben, voller Überraschungen und Unvorhergesehenem. Eines der wichtigsten grönländischen Worte

S. 130/131: In der Welt der Eisberge

heißt *»imaqa«*. Das heißt soviel wie *»vielleicht, wenn alles gutgeht, warten wir erst einmal ab ...«*. Dieses Wort gibt die jahrtausendealte Erfahrung der Eskimos wieder, daß an dieser Ecke der Welt nicht der Mensch mit seinen Plänen das Geschehen bestimmt, sondern die ausgesprochen launische Natur der Arktis. Auch der Grönland-Reisende wird das schnell lernen. Ohne ein wenig Fatalismus kommt man auf Grönland nicht aus.

Wo Erik der Rote landete – Grönlands Süden

Im Sommer 985 war eine Flotte von 14 Wikingerschiffen auf dem heutigen *Eriksfjord* (Tunugkdliarfik) zwischen den Gebirgsketten Südwestgrönlands aufgekreuzt. Die Boote mit den Drachenköpfen hatten um die 400 Männer, Frauen und Kinder an Bord, dazu Schafe, Ochsen, Waffen, Geräte und Werkzeuge. Es waren Auswandererschiffe, die aus dem benachbarten Island herübergekommen waren – mit den ersten europäischen Siedlern, die sich auf der arktischen Rieseninsel niederließen. Sie waren dem Werben Eriks des Roten gefolgt, der ihnen von dem grenzenlosen und menschenleeren »grünen Land« (= Grönland) vorgeschwärmt hatte. Erik hatte schon drei Jahre zuvor nach Grönland übergesetzt, weil er in Island wegen Totschlags der halben Sippe seines Nachbarn Þorgerst als vogelfrei erklärt worden war.

Eriks Siedler-Armada landete nahe dem heutigen Qagssiarsuk, wo sie die Siedlung *Brattahlið* gründeten. Diesem Ort gegenüber, auf dem jenseitigen Ufer des Eriksfjords, liegt der Flugplatz *Narsarsuaq*, wo heute die Linienmaschinen aus Kopenhagen und Keflavík landen. Wie vor 1000 Jahren ist die Gegend am Eriksfjord noch heute das Einfallstor nach Südgrönland. Narsarsuaq heißt auf deutsch »große Ebene«. Die US-Luftwaffe hatte diese Ebene im 2. Weltkrieg zur Basis »Blue West I« ausgebaut. 1957 übergaben die Amerikaner den Stützpunkt mit allen Anlagen und Gebäuden an die Dänen, die sie seither für den zivilen Luftverkehr und für eine Vielzahl von Forschungseinrichtungen nutzen. Damit hatte auch die Geburtsstunde des grönländischen Tourismus geschlagen, denn eines der Kasernengebäude konnte man zum

Hotel »Arctic« umfunktionieren. Am 5. August 1960 flog die erste Reisegruppe von Island nach Narsarsuaq, womit die bis dahin praktizierte Sperrung der Insel für den Tourismus aufgehoben war.

Qoroq-Fjord – Traumwelt der Eisberge

Die Militärbauten der Amerikaner, weit verstreut auf der »großen Ebene« stehend, sind für den Neuankömmling ein ziemlich ernüchternder Beginn des »Abenteuers Grönland«. Doch dies wird schon gemildert, wenn einen hinter den einstigen Kasernenmauern des 1985 vollständig modernisierten Hotels »Arctic« gemütlich-dänische Gastlichkeit empfängt. Und sie verkehrt sich vollends ins Gegenteil, sobald man auf Wanderungen oder Bootsausflügen in die Umgebung die Hinterlassenschaften von Blue West I aus den Augen verloren hat. Denn die Natur und die Landschaft lassen sehr schnell etwas von der Einmaligkeit und der Großartigkeit der arktischen Welt spüren, die das Antlitz der Insel Grönland prägt – auch wenn wir uns hier noch weit südlich des Polarkreises befinden, etwa auf der Höhe von Oslo.

So gilt der erste Ausflug denn auch dem Eis, von dem man an keinem Ort Grönlands sehr weit entfernt ist. Auch in Narsarsuaq liegt es sozusagen vor der Haustür. Und vor allem: Dort schwimmt es auch! Einen ersten Eindruck von der Wunderwelt der driftenden Eisberge vermittelt eine dreistündige Bootsfahrt zum *Qoroq-Fjord*, der sich als schmaler Seitenarm des Eriksfjordes zwischen den steil aus dem Wasser wachsenden Felswänden (1760 m hoch) an die Abbruchkante des Qorqup-Gletschers schiebt. Bei günstigem Wetter sowie den richtigen Eis- und Strömungsverhältnissen kann das Boot am Fuße des Gletschers landen. Oder man kann bei etwas Glück das Kalben und die von Donnergetöse begleitete Geburt eines Eisberges miterleben.

Birken am Qorqup-Gletscher

Der *Qorqup* ist eine der ungezählten Gletscherzungen, die sich vom Inlandeis bis an die Fjorde voranschieben und dort gigantische Mengen

So nah heran geht's nur mit dem Kajak

von Eis in Richtung Meer schicken. Zum Rand des Inlandeises, das insgesamt eine Fläche von der fünffachen Größe der Bundesrepublik deckt, gelangt man von Narsarsuaq aus in einem drei- bis vierstündigen Fußmarsch. Die Wanderung führt an den zerfallenen Resten eines riesigen Lazaretts vorbei. In dieses Hospital – verborgen in der menschenleeren Einsamkeit – hatten die Amerikaner während des Koreakrieges ihre Schwerverwundeten geflogen, um sie zunächst hier zu behandeln, bevor man sie in die amerikanische Öffentlichkeit zurückbrachte, wenn sie nicht vorher starben. Der Fußweg zum Eis führt dann – auch das gibt es in Grönland – an respektablen Birkenwäldern vorbei über Geröllfelder, auf denen violett die arktischen Weidenröschen blühen, und folgt dem Ufer eines Gletscherflusses. Etwas schwieriger wird es am Ende der Tour (festes Schuhzeug!), wo ein ziemlich steil ansteigender Bergrücken überquert werden muß. Dahinter liegt das Eis, das sich nach Nordosten hin ins Unendliche zu verlieren scheint. Der Anblick dieses gewaltigen, von tiefen Spalten und Schründen durchzogenen Eispanzers lohnt die Anstrengungen der Wanderung –

er vermittelt eine Ahnung davon, wie die Natur von vier Fünfteln der Insel beschaffen ist.

Auf den Spuren der Wikinger

Hier, im Süden der Insel, kommt niemand an den Hinterlassenschaften des Roten Erik und seiner isländischen Mitsiedler vorbei. *Qagssiarsuk*, wo sich Erik mit einem Gefolge im Jahre 982 niedergelassen hatte, erreicht man mit dem Ausflugsboot des Hotels in einer knappen halben Stunde. Heute lebt der kleine Ort von der Schafzucht, wobei man sehr direkt von der Arbeit profitiert, die Eriks Mannen vor tausend Jahren geleistet haben. Denn das Heu für die langen Wintermonate ernten die Schafzüchter des Ortes noch immer auf den Wiesen, die die Wikinger kultiviert und von Steinen befreit hatten. Diese saftig-grünen Auen, die sich im Frühsommer in ein Meer von Blüten verwandeln, waren wohl auch der eigentliche Anlaß dafür, daß Erik der von ihm entdeckten Insel den Namen »Grün-Land« gab.

In Qagssiarsuk sieht man noch die Ruinen des legendären, in isländischen Sagas oft erwähnten *Brattahlið* – die Fundamente von Wohngebäuden und Stallungen der ersten Siedler und die 1961 ausgegrabenen Überreste einer Kirche. Diese Kirche hatte die für heutige Verhältnisse bescheidenen Ausmaße von 2 x 3,5 Meter, was aber ausreichte, daß sich in ihr an die 20 dichtgedrängt stehenden Gläubige versammeln konnten. Das Gotteshaus hatte Eriks Frau Þjóðhilður bauen lassen, nachdem ihr Sohn Leifur bei einem Aufenthalt in Norwegen von König Olaf Tryggvason den Auftrag erhalten hatte, die Bewohner von Brattahlið zum Christentum zu bekehren.

Leifur ging übrigens als Leif der Glückliche in die Geschichte der großen Entdecker ein. Er war der erste Europäer, der die Küste Nordamerikas betrat und zusammen mit dem berühmten Þorfinnur karlsefni Neufundland erforschte. Die Entdeckung Amerikas durch die Europäer erfolgte – lange vor Kolumbus – von Brattahlið aus im Jahre 1003.

Igaliku und die Kirchenruine von Garðar

An mehr als 400 Stellen in Südgrönland hat man bisher archäologische Funde aus der Wikingerzeit gemacht. Besonders eindrucksvoll sind die Ruinen der großen Domkirche von *Garðar*, dem heutigen Dorf *Igaliku*, das man von Narsarsuaq aus nach einstündiger Fahrt mit dem Ausflugsboot bis *Itelliq* und einer einstündigen Fußwanderung erreicht. Grönland hatte zunächst dem Erzbischof von Bremen unterstanden. 1124 erhielt die Insel einen eigenen Bischof, Arnald, der die stattliche Domkirche von Garðar errichten ließ. Mit einer Abmessung von 26 auf 16 Meter war dieses aus Sandstein gebaute Gotteshaus die größte Kirche des Nordens. Sie war dem heiligen Nikolaus geweiht. Der »Peterspfennig« nach Rom wurde übrigens in Form von Elfenbein aus Walroßzähnen gezahlt.

Die beste Möglichkeit, mehr von Südgrönland zu sehen, bieten Fahrten mit den beiden lokalen Versorgungsschiffen *Taterak* und *Aleqa Ittuk*, die 80 bzw. 20 Passagiere an Bord nehmen können und die neben Narsarsuaq eine Reihe kleinerer Häfen in diesem Gebiet anlaufen – die Zeit des jeweiligen Aufenthalts reicht meist für die Besichtigung der Orte aus. Eine lohnende Kombination ist auch der Flug mit dem Helikopter von Narsarsuaq nach *Narsaq* (20 Minuten Flugzeit) mit einem mehrtägigen Aufenthalt in diesem Ort (Hotel »Perlen« mit eigenem Motorboot und Ausflugsprogramm) und anschließender Weiterreise mit den oben genannten Küstenschiffen.

Schafe, Robbenfelle und Uran – Narsaq

Auf dem Wasserweg braucht man von Narsarsuaq nach *Narsaq* gut 3 Stunden zwischen den Eisbergen auf dem Eriksfjord hindurch. Die kleine Stadt mit ihren 1800 Einwohnern liegt auf einer Ebene (Narsaq=Ebene) unterhalb des *Kvanefjeld*. Sie wurde 1830 neu gegründet – am alten Hafen stehen noch einige der typischen Holzbauten aus der Kolonialzeit, als der Königlich Grönländische Handel das Handelsmonopol hatte.

Heute kommt aus Narsaq der besonders schmackhafte, grönländi-

Kirchenruinen von Igaliku

sche Lammbraten. Denn einer der wichtigsten Betriebe des Ortes ist der Schlachthof, in dem 15 000 Schafe im Jahr ihr Leben lassen müssen. Die *Schafzucht* ist im übrigen die einzige Nutztierhaltung von Bedeutung auf Grönland. Sie wird nur hier im Süden betrieben, wo es Weiden und Wiesen gibt. Dieser Wirtschaftszweig ist mit erheblichen Risiken verbunden. So werden nicht selten durch Katastrophenwinter die Bestände dezimiert. Bei einem Stadtbummel, der auch den Kajakhafen mit seinen auf den Trockengestellen liegenden Booten aus Seehundshaut einschließt, kommt man automatisch zu einem weiteren Betrieb von Interesse: der *Pelznäherei* – eine der beiden, die es in Grönland gibt. Dort werden einheimische Robbenfelle zu Mänteln, Jacken und Anoraks verarbeitet.

In Narsaq hatte man bis in die achtziger Jahre damit gerechnet, eines Tages – statt von Schafen und Robben – von dem weltweit begehrten Uran zu leben. Im Vorgriff auf die »strahlende« Zukunft hat man bereits den dänischen Atomphysiker Niels Bohr zum Ehrenbürger gemacht und nach ihm einen Platz im Zentrum des Ortes benannt. Die Hoff-

»Grün-land« (bei Narsaq)

nung gründete sich auf die reichen Uranfunde, die man in der Nähe von Narsaq im Berggebiet des Kvanefjeld gemacht hat. Doch nach ökologischem Umdenken will man vom Uranabbau im Kvanefjeld Abstand nehmen. Im selben Berggebiet findet man auch Edel- und Halbedelsteine, die aber nicht gesammelt werden dürfen. Im Ort kann man jedoch zu Schmuck verarbeitete Steine vom Kvanefjeld kaufen.

In Qaqortoq

Von Narsaq kommt man mit den Küstenschiffen oder dem Helikopter (10 Minuten Flugzeit) in das 40 Kilometer entfernte *Qaqortoq*, das Verwaltungs- und Versorgungszentrum für Südgrönland ist. Qaqortoq hat den einzigen Springbrunnen der Insel in seinen Mauern, den »Erinnerungsbrunnen« mit den Namen von Persönlichkeiten, die für die Entwicklung Grönlands Bedeutung haben. Der Name des dänischen Regierungschefs Hans Hedtoft, in dessen Amtszeit 1953 die Aufhebung des Kolonialstatus fiel, steht auch auf einem Rettungsring, der in der Kirche des Ortes einen Ehrenplatz hat. Er erinnert an den schwersten Schiffsverlust im Grönlandverkehr unseres Jahrhunderts. Am 30. Januar 1959 war das als unsinkbar geltende Flaggschiff des KGH, *Hans Hedtoft*, auf seiner Jungfernfahrt vor dem gefürchteten *Kap Farwell*, der Südspitze Grönlands, mit einem Eisberg kollidiert und gesunken. Alle 95 Menschen an Bord ertranken. Die größte Schiffskatastrophe bei Kap Farwell hatte es vor 200 Jahren gegeben, als dort in einem Sturm nicht weniger als 28 Walfangschiffe untergingen.

Mit Feuer und Schwert gegen europäische Siedler

Zu den Sehenswürdigkeiten von Qaqortoq gehört das in einer Schmiede untergebrachte *Museum*, das die umfangreichste lokale Sammlung Grönlands enthält. Vor dem Gebäude kann man eines der typischen Torfhäuser besichtigen, in denen viele Grönländer noch bis in die Zeit nach dem 2. Weltkrieg gelebt haben. Zwei interessante Ausflüge werden vom Fremdenverkehrsamt der Stadt angeboten. Der eine führt zur landwirtschaftlichen Versuchsanstalt *Upernaviarssuk*, wo man damit beschäftigt ist, Schafe und Nutzpflanzen zu züchten, die widerstandsfähig gegen das grönländische Klima sind. Der zweite Ausflug hat die Kirchenruine von *Hvalsey* zum Ziel, die von allen Bauten aus der Wikingerzeit am besten erhalten ist. Das Aufgebot für eine Hochzeit in dieser Kirche aus dem Jahre 1408 ist das letzte Zeugnis für die Anwesenheit europäischer Siedler in Grönland, von denen es um 1300 noch 4000–5000 auf der Insel gegeben hatte. Da 1410 die Schiffsverbindung nach Europa abriß, fehlen alle Nachrichten über das weitere Schicksal der weißen Bevölkerung Grönlands. Manches spricht dafür, daß sie von den aus dem Norden einwandernden Eskimos niedergemacht wurden. So heißt es in einem Papstbrief aus dem Jahre 1448 über das Bistum Grönland: ». . . und es kam eine heidnische Flotte und vernichtete Menschen und heilige Stätten mit Feuer und Schwert«. Seit 1987 gibt es das neue Hotel »Qaqortoq«. Das Touristenbüro unterhält eine Boutique u. a. mit grönländischen Pelzen.

Heilquelle am Lichtenau-Fjord

Auf der Weiterfahrt mit den Versorgungsschiffen *Taterak* oder *Aleqa Ittuk* kommen wir nach *Sydprøven*, einem Dorf an der äußersten Spitze der grönländischen Festlandküste. Hier beginnt der *Lichtenau-Fjord*, an dessen Ufer 7 Kilometer nördlich Sydprøvens – das Missionszentrum der Herrnhuter Brüdergemeinde, Lichtenau, lag. Hier wurde als Sohn eines deutschen Missionars 1814 Samuel Kleinschmidt geboren, der sich besondere Verdienste um die grönländische Sprache erworben hat. Er veröffentlichte 1859 die erste grönländische Grammatik – in deutscher Sprache! Ebenfalls nicht weit von Sydprøven entfernt kann man ein Naturphänomen bestaunen, das man am allerwenigsten im arktischen Grönland erwartet hätte – eine *heiße Quelle*. Sie kann von Qaqortoq aus auch per Helikopter besucht werden. Sie füllt ein Felsbecken, in dem man baden kann, während auf dem nahen Fjord riesige Eisberge vorbeidriften. Früher gab es hier ein Benediktinerinnen-Kloster, dessen Nonnen von den Erlösen aus dem »Kurbetrieb« lebten. Denn dem 36°C heißen Wasser schrieb man Heilkraft gegen allerlei Gebrechen zu.

Eisbären in Nanortalik

Der südlichste Punkt der Reise ist zugleich Grönlands südlichste Stadt: *Nanortalik*, das schon nicht mehr auf dem Festland, sondern auf einer Insel der hier stark zerrissenen Atlantikküste liegt. Die exponierte Lage hat zur Folge, daß im Sommer häufig von der Ostküste herabdriftendes Treibeis den Hafen blockiert. Mit diesem Eis treiben manchmal auch Eisbären von der Ostküste über 1000 Kilometer und mehr nach Süden und stillen hier in der Gegend von Nanortalik ihren Hunger in den Schafherden, über die sie herfallen. Daher rühren der Name *Nanortalik*, was »Bärenort« heißt, und die drei Eisbären im Stadtwappen. Da der Ort das Meer direkt vor seiner Haustür hat, lebt man hier vor allem vom Fischfang und seiner Verarbeitung. Die große Zahl der Kajaks am Hafen zeigt aber, daß auch der traditionelle Broterwerb der Eskimos, die Robbenjagd, eine erhebliche Rolle spielt, vor allem im späten Frühjahr und im Frühsommer, wenn der Seehund dicht unter der Küste nordwärts zieht.

Ein besonderes Landschaftserlebnis verspricht ein Bootsausflug in den *Tasermiut-Fjord*, der sich 75 Kilometer weit zwischen steil aufsteigende Felswände zwängt. Der Fjord endet an einem Eisfall, einem Gletscher, der sein Eis wie ein Wasserfall aus 1200 Meter Höhe in den schmalen Meeresarm stürzen läßt. Mit der *Taterak* kann man von Nanortalik zu dem kleinen Ort *Frederiksdal* fahren, in dessen Nähe die Wikingersiedlung *Herjolfsnes* liegt. Der letzte Hafen, den die *Taterak* anläuft, ist die Siedlung *Augpilagtoq*. Hier beginnt der Prins-Christian-Sund, ein schmaler, natürlicher Kanal zwischen steilen Felswänden, den kleine Schiffe gern für ihre Fahrten an die Ostküste benutzen, weil sie so die Reise um das gefürchtete *Kap Farwell*, das Kap »Lebewohl«, vermeiden können. Für die Grönländer ist die äußerste Südspitze ihrer Insel das *Nunap Isuadas* – das »Ende des Landes«.

Tunu, der »Hintern« Grönlands im Osten

Die Grönländer nennen die Ostküste *Tunu*, den »Hintern«, was von wenig Sympathie für diesen Teil der Insel zeugt. Denn an der »Rückseite« Grönlands hat es der Mensch immer besonders schwer mit der rauhen arktischen Natur gehabt. So ist das Meer an der Ostküste bis weit in den Sommer hinein gefroren, und selbst in den Hochsommermonaten erschwert ein breiter Gürtel von Treibeis, das *storis* (»Großeis«), den Schiffsverkehr zu den wenigen kleinen Häfen. Auch die Küste selbst gibt sich abweisend. Alpine Gebirge mit wild zerklüfteten Kämmen wachsen unmittelbar bis über 3000 Meter hoch aus dem Meer. Die grünen Ebenen entlang der Fjorde, die sanften Buckel und Hänge fehlen. Alles hier zeigt sich barscher und wilder als an den anderen Küsten. Auf den fast 3000 Kilometern zwischen dem *Kronprins-Christian-Land* im Norden und Kap Farwell im Süden gibt es nur ein knappes Dutzend Siedlungen. In ihnen leben nicht sehr viel mehr als 3500 Menschen, davon allein 1300 in *Tasiilaq*, der einzigen »Stadt« der Ostküste.

Aber gerade in der Wildheit der Natur und in der Schroffheit dieser Landschaft liegt für den Touristen der besondere Reiz Ostgrönlands. Für ihn zeigt sich nicht selten das als unbeschreibliche Schönheit, was den Menschen hier das Leben schwermacht. Der Eisgürtel, der die Verbindung zwischen den weit auseinander liegenden Siedlungen behindert, bezaubert durch seine Stimmungen, wenn im Wechsel von Eisnebel und Sonnenschein Eisberge in fahlem Licht aufleuchten oder in phantastischen Farben erstrahlen. Die majestätische Berglandschaft läßt niemand unbeeindruckt. Wem es bei seiner Grönlandreise vor allem um das Erlebnis einer groß- und fremdartigen Natur geht, sollte die Ostküste nicht auslassen. Bescheidene touristische Voraussetzungen sind vorhanden, seit es in *Tasiilaq* ein kleines Hotel gibt.

Nach Tasiilaq gelangt man nur mit dem Flugzeug – entweder von Keflavík (Island) oder von Kopenhagen via Søndre Strømfjord. Schon wenn sich die Maschine dem Landeplatz *Kulusuk* nähert, bekommt man einen ersten Eindruck von der Großartigkeit der Landschaft. Die Maschinen landen dort auf einem schmalen Flugfeld zwischen hohen

Wanderung bei Ilulissat

Felswänden auf der einen und einem Fjord mit mächtigen Eisbergen auf der anderen Seite.

Fußmarsch durch Schneefelder – Kap Dan

Wer von Island zu einem Tagesausflug herübergekommen ist, wandert durch eine von Schneefeldern durchsetzte Felslandschaft in das Dorf *Kap Dan* hinüber, das eine Stunde Fußmarsch vom Flugplatz entfernt liegt. Kap Dan ist typisch für die kleineren Siedlungen überall auf der Insel. Ein Supermarkt, ein Postgebäude, die Sendemasten für die Telekommunikation, eine Schule und drei, vier Dutzend kleiner, bunter Holzhäuser, weit verstreut und wahllos zwischen die Felsen gesetzt. Trampelpfade verbinden die Häuser miteinander. In Felsmulden vor den meisten Häusern liegt ein knappes Dutzend angeketteter, struppiger Schlittenhunde. Auf Holzrahmen an den Hauswänden hat man Robbenfelle ausgespannt, auf Trockengestellen dörrt Seehundfleisch und Fisch als Winterfutter für die Hunde.

Wie schwierig Kommunikation zwischen zwei benachbarten Orten in Ostgrönland sein kann, zeigt sich, wenn man vom Flugplatz Kulusuk nach Tasiilaq weiterreisen will. Zwar sind dabei nur 30 Kilometer zu überbrücken, doch muß man dafür einen eigenen kleinen Helikopter zur Verfügung haben, der für den »Luftsprung« 10 Minuten braucht. Häufig muß jedoch ein Kutter eingesetzt werden, weil der Hubschrauber aus Witterungsgründen nicht fliegen kann. Und im Winter benutzt man als Verkehrsmittel für den Flughafen-Transfer den Hundeschlitten.

Tasiilaq liegt auf der Südspitze der gleichnamigen Insel in der *Tasiuassaq-Bucht*, eingerahmt von alpinen Bergketten. Mit seinen Schulen, seinem Hospital, den Sozial-, Verwaltungs- und Versorgungseinrichtungen nimmt es die Rolle eines Zentralortes für die umliegenden Siedlungen wahr. Insgesamt leben im Einzugsbereich nur 3000 Menschen, unter ihnen – verglichen mit der Westküste und dem Süden – noch relativ viele reinrassige Eskimos, was sich deutlich in den stärker ausgeprägten mongoliden Gesichtern zeigt. Der Grund dafür liegt in der jahrhundertelangen Isolation dieser Gegend Grönlands.

Echte Eskimos in Tasiilaq

Im Westen und Süden hatten die Eskimos seit dem Auftauchen der ersten Walfänger im 17. Jahrhundert engen Kontakt mit Europäern gehabt. Das hatte zur Folge, daß dort heute fast ausschließlich Nachfahren der Eskimos leben, die einen mehr oder minder großen Anteil europäischen Blutes in ihren Adern haben. Richtiger müßte man daher von Grönländern sprechen und nicht von Eskimos. Den Ureinwohnern der Ostküste dagegen fehlte jeder Kontakt – sie wurden überhaupt erst vor einem guten Jahrhundert entdeckt – gerade noch rechtzeitig, um sie vor dem endgültigen Untergang zu bewahren. 1884 hatte Gustav Holm – ebenfalls Offizier der dänischen Flotte – seine berühmt gewordene »Frauenboot-Expedition« unternommen, für die er den *Umiaq*, das seetüchtige Großruderboot der Eskimofrauen, benutzte. Holm war nahe dem heutigen Tasiilaq auf einen völlig isoliert lebenden Eskimo-Stamm gestoßen, der nur noch aus 413 Menschen bestand. 5 Jahre später hatten Hungerkatastrophen die Zahl auf 294 dezimiert. Holm setzte durch, daß ein Handelsposten für die Versorgung mit Lebensmitteln angelegt wurde, dem eine Missionsstation folgte. Damit wurde 1894 der Grundstein für die Stadt Tasiilaq gelegt. Erst 1922 wurde der letzte Heide in der Kirche des Ortes getauft.

Tupilak-Schnitzereien aus Walroßzähnen

Tasiilaq bietet vielfältige Möglichkeiten, ein Stück einzigartiger grönländischer Natur und ursprünglicher Lebensweise kennenzulernen. So kann man zwei- bis dreistündige Fußwanderungen unternehmen, z. B. in das *Tal der Blumen*, wo 40–50 verschiedene arktische Pflanzenarten wachsen und im Sommer für überraschende Blütenpracht sorgen. Auf keinen Fall sollte man Ausflüge zu den kleinen Siedlungen versäumen, bei denen allein schon die Fahrt mit dem Versorgungsschiff oder mit einem gecharterten Kutter ein unvergleichliches Erlebnis ist. Der größte Ort der Umgebung ist *Kungmiut* (»die Flußbewohner«), das vier Kutterstunden nach Norden am Ostufer des inneren

Tasiilaq-Fjordes liegt. Die farbenfrohen Häuschen der ca. 700 Einwohner stehen hoch über dem Wasser – mit einer herrlichen Aussicht über den Fjord mit seinen Eisbergen und die umgebende Bergwelt.

In Kungmiut kann man bei etwas Glück besonders kunstvoll gearbeitete Tupilak-Schnitzereien aus Walroßzähnen (s. S. 203) oder Masken, die man hier früher aus sibirischem Treibholz gefertigt hatte, erwerben. Insgesamt sind die Bewohner der Ostküste für ihre phantasievollen und dekorativen Arbeiten und Verzierungen von Gebrauchsgegenständen bekannt. Das gilt auch für die mit traditionellen Mustern versehenen Fellarbeiten der Frauen und für die Handarbeiten aus bunten Glasperlen. Bei den Tupilak-Skulpturen spürt man deutlich die stärkere mythologische Verwurzelung der Ostküsten-Eskimos.

»Dunkles Wasser« und »Schwarzes Gebirge«

Die Ausflüge nach Ikateq und Qernertuarissuit nehmen – je nach Eissituation – jeweils 4–6 Stunden in Anspruch. Die Fahrt nach *Ikateq* (»Dunkles Wasser«) bietet gute Chancen, Robben im Eis zu beobachten. Der kleine Ort mit seinen knapp 50 Bewohnern lebt hauptsächlich von der Seehundsjagd. Es gibt eine kleine, malerische Kirche und einige Häuser in traditioneller Bauweise aus Torf und Felssteinen. Während des Krieges hatten die Amerikaner hier einen geheimen Notlandeplatz für ihre Transatlantik-Bomber angelegt. Ein paar häßliche Überreste des verlassenen Stützpunktes erinnern noch an die militärische Vergangenheit. Auch in *Qernertuarssuit* (»Schwarzes Gebirge«) liefert die Jagd auf Robben und gelegentlich auf Polarbären das tägliche Brot. Allerdings leben hier – ganz ohne Elektrizität und Wasserversorgung – nur noch drei Familien. Wie Qernertuarissuit sind in den letzten Jahrzehnten zahlreiche kleine Siedlungen entvölkert und oft ganz aufgegeben worden, weil es die Menschen in die größeren Orte zog. Inzwischen versucht man, diese Entwicklung wieder rückgängig zu machen.

Eisgrotte vor Grönland

Isortoq – die Welt der driftenden Eiskathedralen

Von besonderem Reiz ist die Fahrt zur Siedlung *Isortoq*, die auf einer kleinen, der Küste vorgelagerten Insel 80 Kilometer südlich Tasiilaqs liegt. Bei dieser Fahrt über die »offene« See muß sich der Versorgungskutter mühsam und in ständig neuen Anläufen seinen Weg durch dickes Treibeis und vorbei an Eisbergen suchen, die wie gigantische Kathedralen mit Türmen und Zinnen im Meer treiben, in einer unerschöpflichen Vielfalt von Form und Gestalt. Auch das ewige Wechselspiel von Licht und Farben – vom blendenden Weiß über Azurblau bis zum intensiven Türkis – ist von nachhaltiger Faszination. Es vergeht kaum eine dieser Fahrten, ohne daß von der Besatzung des Kutters nicht Jagd auf Robben gemacht würde – mit wechselhaftem Erfolg.

Wer sich die Landschaft von Tasiilaq aus der Luft betrachten möchte, kann mit dem Helikopter eindrucksvolle Rundflüge über Inlandeis, Gletscher und Berggipfel unternehmen. Der Hubschrauber steht auch für den Besuch der kleinen Siedlung *Tiniteqilaq* zur Verfügung. Wandertouren im Tasiilaq-Gebiet werden vom Dänischen Wanderverein angeboten. Von März bis Mai werden außerdem Hundeschlittentouren, z. T. mit Übernachtung in einfachen Hütten, veranstaltet. Auskünfte: Hotel Tasiilaq, DK-3913 Tasiilaq. Das Hotel organisiert auch Exkursionen aller Art mit Hubschrauber, Boot, Schlitten oder zu Fuß. Die grönländische Post hat ihre philatelistische Abteilung 1989 nach Tasiilaq verlegt. Von hier an der Ostküste werden Sammler in aller Welt mit Briefmarken aus Grönland versorgt.

Umsteigen in Kangerlussuaq

Kangerlussuaq, das Luftkreuz Grönlands, ist nur eine Militärbasis der amerikanischen Luftwaffe mit ihren tristen Kasernengebäuden und Wellblechhallen und der zivile Flugplatz mit seinen dazugehörenden Service-Einrichtungen. Das rechte »Grönland-Gefühl« will sich hier noch nicht einstellen, und so ist man froh, wenn man so schnell wie möglich die Dash 27 nach Nuuk besteigen kann. Der Flug führt – zwischen Inlandeis und Küste – über eine von tiefen Fjorden und Gletschern unterbrochene Gebirgslandschaft. Nach 1¼ Stunden landet die Maschine in der Hauptstadt Grönlands.

Nuuk, Hauptstadt im Fjord-Archipel

Der grönländische Name *Nuuk* bedeutet »Landzunge«. Diese Landzunge liegt am Eingang des in zahlreiche Seitenarme verzweigten und durch Dutzende von Inseln und Halbinseln aufgegliederten Nuuk-Fjordes. In den letzten drei Jahrzehnten hat sich die Einwohnerzahl mehr als verdreifacht – auf gut 11 500. Damit wohnt jeder 5. Grönländer in der Hauptstadt. Diese Bevölkerungsexplosion zeigt sich unübersehbar im Stadtbild. Alt und neu stoßen hier ohne Übergang aufeinander. Neben den typischen, bunten Holzhäusern sind überall riesige Wohnblocks zwischen den Felsen emporgewachsen. Diese Betonbauten nehmen wenig Rücksicht auf die besonderen Bedingungen der arktischen Natur und die Bedürfnisse ihrer Bewohner. Denn die neuen Mieter kamen aus den kleinen, abgelegenen Siedlungen, wo sie noch das traditionelle Leben von Jägern und Fischern geführt hatten. Die tiefgreifenden sozialen Umstellungsprobleme, die Schwierigkeiten des Übergangs von einer Kulturstufe zur anderen, zeigen sich deutlich an den Balkons der Mammutwohnblocks in Nuuk – dort hängen hinauf bis zur letzten Etage die Kajaks und Spannrahmen mit Robbenfellen oder die Leinen mit trocknendem Fisch für den Wintervorrat.

Nuuk ist Sitz der neuen Selbstverwaltungsregierung *(Landsstyre)* und des Landesparlaments mit seinen 21 Sitzen *(Landsting)*. Hier sind die zentralen Kultureinrichtungen wie Landesbibliothek, Landesmuseum, Hochschulen und Grønlands-Radio angesiedelt. Es gibt mehrere Warenhäuser und Supermärkte sowie eine Reihe von Spezialgeschäften. Im Zentrum liegen die Post, die Banken und das Reisebüro. Für Touristen interessant sind »Oles Varehus« (gegenüber der Post) und das »KNI-Bolighus« sowie am H. C. Rinksvej 23 die Galerie »Arktis«. In diesen drei Geschäften findet man eine gute Auswahl von grönländischen Handarbeiten – u. a. die begehrten Tupilak- und Specksteinfiguren. Ein großes Angebot an Grönland-Literatur – darunter auch viele deutschsprachige Bücher – hat der »Atuagkat-Boghandel« in der Nähe der Stadtkirche vorrätig. Zwei Hotels stehen dem Touristen zur Verfügung: das einfache »Hotel Grønland« und das First-Class-Hotel »Hans Egede«. Außerdem gibt es ein preiswertes Seemannsheim. Das legendäre Barackenhotel »Godthåb« dient nur noch als Restaurant und Disko.

Hans Egede, Gründer Nuuks

Nuuk verdankt seine Gründung vor 250 Jahren dem Jugendtraum des aus Norwegen stammenden Missionars Hans Egede (1686–1758). Egede wollte in Grönland die Nachfahren der Wikingersiedler, zu denen im 15. Jahrhundert jede Verbindung abgerissen war, zum protestantischen Glauben bekehren. Egede konnte schließlich König Frederik IV. für seinen Plan gewinnen, und so segelte er 1721 samt Frau und 4 Kindern nach Grönland, wo er sich auf einer Insel im Schärengürtel

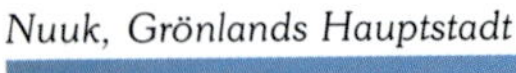

Nuuk, Grönlands Hauptstadt

vor dem späteren Godthåbs-Fjord niederließ. Er nannte diese Insel *Habets Ø*, »Insel der Hoffnung«. Doch seine Hoffnung, noch Nachfahren der normannischen Siedler zu finden, erfüllte sich weder im Gebiet des alten *Vesterbygd* am Godthåbs-Fjord nach in *Østerbygd* im Gebiet des heutigen Qaqortoq. Nur noch Ruinen zeugten von der einstigen Anwesenheit europäischer Bewohner. Die einzigen menschlichen Wesen, auf die Egede stieß, waren Eskimos. Egede lernte deren Sprache und predigte ihnen das Christentum.

7 Jahre nach seiner Ankunft auf Grönland siedelte er von der den Meeresstürmen ungeschützt ausgesetzten Insel an einen Platz weiter innen im Fjord über, den die Einheimischen *Nuuk* – »Landzunge« – nannten. Dort pflegten sich während des Sommers die Eskimos der ganzen Gegend zu versammeln, was ihm als Missionar – und nebenbei auch als Handelsmann – erfolgversprechende Möglichkeiten verhieß. Egede legte in Nuuk den ersten Handelshafen Grönlands an, den »Koloniehafen«, und baute sich an einem forellenreichen Bach ein stattliches Haus. Am 29. August 1728 gab er der neuen Siedlung den Namen Godthåb (»Gute Hoffnung«). Zu diesem Ereignis hatte Frederik IV. einen königlichen Gouverneur mit einer kleinen Abteilung Soldaten und – als Kolonisatoren – 12 Strafgefangene und 12 Mädchen aus der Besserungsanstalt übers Meer geschickt. Damit wurde der neue Ort die erste dänische »Kolonie« auf Grönland. 5 Jahre später sandte Frederiks Nachfolger, Christian VI., 3 Missionare der aus Deutschland kommenden Herrnhuter Brüdergemeinde nach Godthåb, die Egede bei seinem Missionierungsfeldzug unterstützen sollten. Doch diese sahen sich eher als Konkurrenten des »Apostels der Grönländer« – ihre Missionsstation *Neu Herrnhut* legten sie eine halbe Meile von Egedes Siedlung entfernt an. Den Missionaren und Händlern folgten auch bald die Behörden, und so wuchs Godthåb zum Hauptort der Insel heran.

Die Mumien von Uummannaq

Zahlreiche Zeugnisse erinnern noch heute in Nuuk an die Vergangenheit des Ortes. Das Nebeneinander von Altem und Neuem zeigt sich am besten vom Felshügel oberhalb des »Koloniehafens«, auf dem man

1921 ein Denkmal für Hans Egede errichtet hat. Von dort blickt man auf die historischen Gebäude am alten Hafen, hinter denen sich wie eine gigantische Mauer 4 langgestreckte Wohnblocks erheben. In den alten, hölzernen Lagerhäusern ist das »Grönländische Landesmuseum« untergebracht. Die gezeigten Sammlungen geben einen guten Überblick über die verschiedenen, 4000 Jahre zurückreichenden eskimoischen Kulturepochen der Insel, die deutlich illustrieren, mit welchen Techniken die Menschen die Schwierigkeiten des Überlebens in der extremen, arktischen Welt gemeistert haben. Gezeigt werden u. a. vollausgerüstete Kajaks und einige der letzten noch existierenden *Umiaqs* (Frauenboote). Die jüngere Vergangenheit ist mit einer umfangreichen Sammlung grönländischer Kunst und grönländischen Kunstgewerbes vertreten – darunter zahlreiche Schnitzereien aus Walroßzahn, Knochen oder Speckstein, die häufig ihre Ursprünge in der eskimoischen Mythologie haben. Von besonderem Interesse aber sind die erstaunlich gut bewahrten, fellbekleideten Mumien aus dem 15. Jahrhundert, die man Anfang der siebziger Jahre in der Nähe von *Uummannaq* gefunden hat. Darunter befindet sich auch die Mumie eines kleinen Kindes.

Im »Arktischen Garten«

Unterhalb des Egede-Denkmals liegt neben der ersten Kirche Nuuks, die von der Mitte des letzten Jahrhunderts an als Lagerraum und Zimmererwerkstatt genutzt wurde, das Haus, das sich der »Apostel Grönlands« bei seiner Übersiedlung nach Nuuk gebaut hatte. Es ist das älteste Gebäude der Stadt und dient als »Residenz« des Ministerpräsidenten. Auf dem Weg vom Koloniehafen stadteinwärts kommt man (Ecke Hans Egedesvej/Gertrud Raskvej) am »Arktischen Garten« vorbei, einer Grünanlage, die einen Überblick über die gesamte Flora der Insel gibt. Im Sommer blüht es hier in den prächtigsten Farben. Nur ein paar Schritte weiter kann man auf dem »Braedt« typisch grönländisches Leben und Treiben beobachten – auf einem kleinen Markt, auf dem unter freiem Himmel mit Robbenfleisch, Walsteaks und allerlei Seevögeln für den Kochtopf gehandelt wird.

Samuel Kleinschmidts Wegweiser

Nicht weit von der »Hans-Egede-Kirche« in der Stadtmitte hat man dem deutschstämmigen Lehrer an der Herrnhuter Missionsschule, *Samuel Kleinschmidt*, ein ungewöhnliches Denkmal gesetzt – einen Pfahl mit einer Laterne auf der Spitze. Der berühmte »Vater der grönländischen Grammatik« (s. S. 204) pflegte an dieser Stelle, auf halbem Wege zwischen seinem Haus und Neu Herrnhut, seine brennende Laterne aufzuhängen, wenn er morgens zur täglichen Arbeit in die Missionsstation ging. Sie leuchtete ihm dann als »Wegweiser«, wenn er in der Dunkelheit zu seinem Haus zurückkehrte. Die Herrnhuter Missionare und Lehrer waren bis zum Beginn dieses Jahrhunderts in Grönland tätig. Ihre Missionsstation aus dem Jahre 1748 kann man noch heute besichtigen (Sdr. Herrenhutvej). Das 1987 vollständig restaurierte Gelände dient heute als Sitz der Grönländischen Universität.

Die aus dem Stadtzentrum führende Hauptstraße Skibshavnsvej (grönl. Aqqusinersuaq) endet am *Fischereihafen*, den man bei einem Rundgang durch die Stadt nicht auslassen sollte. Ein- und ausfahrende Kutter und Trawler sorgen hier für lebhaftes Treiben und eine ständig wechselnde, farbenprächtige Kulisse. Ein hoher Felsrücken trennt das Hafengebiet an der *Malenebucht* vom Zentrum Nuuks. Von dieser Anhöhe hat man den besten Überblick über die ganze Stadt. Auch die Aussicht über die Hafenbucht mit den dahinterliegenden Inseln und dem Wahrzeichen Nuuks, dem 1178 Meter hohen *Hjortetakken* (»Hirschgeweih«), lohnt den Weg auf die Felsen. (Aufstieg am einfachsten vom Kongevej/Fjeldvej aus.) Interessante Beispiele für die moderne Architektur der Arktis zeigt die neue Vorstadt *Nuussuaq*.

Im Archipel des Nuuk-Fjordes

Der fast 7500 Quadratkilometer große Archipel des Nuuk-Fjordes, an dessen Eingang die Stadt liegt, ist mit einer Vielzahl gebirgiger Inseln und den schmalen Sunden dazwischen von besonderer landschaftlicher Schönheit. Im Süden begrenzt der *Ameralik-Fjord* das Gebiet – die Wikinger, die sich mit ihrer Siedlung Vesterbygd an seinen Ufern

niedergelassen hatten, nannten ihn den »Lichtfjord«. Als Seitenarm des Nuuk-Fjordes schickt der *Kangersuneq* riesige Eisberge von 3 Gletschern des nahen Inlandeises in den Archipel. Sie werden von den Gezeiten zwischen den Inseln hin- und hergeschoben, bis sie sich selber aufgelöst haben. Nur selten treibt einer der Kolosse an Nuuk vorbei in die offene See. Einmal in der Woche fährt der Versorgungskutter durch das Gewirr der Inseln zur Siedlung *Kapisillit*, die nur durch einen schmalen Bergrücken vom Eisfjord getrennt ist.

Ebenfalls mit dem Versorgungsschiff kann man von Nuuk in den 60 Kilometer südlich liegenden Ort *Kangerluarsoruseq* fahren, den Fischer von den Faröer-Inseln Anfang des Jahrhunderts als Versorgungsbasis für ihre Fangreisen vor der westgrönländischen Küste angelegt hatten.

Im Touristenhotel »Qorqut«, das 48 Kilometer von Nuuk entfernt mitten im Fjordarchipel liegt, weist nur wenig auf die einstige Verwendung des Gebäudes hin. Es war zunächst die staatliche Schafzucht-Versuchsanstalt und dann – in den 60er Jahren – Strafanstalt für jugendliche Gesetzesbrecher. 1974 wurde der inmitten einer eindrucksvollen Berglandschaft liegende Hof zum Hotel umgebaut. Angler, Bergwanderer und Skiläufer (Lift vorhanden!) finden hier einen idealen und gemütlichen Ausgangsort für ihren Sport. Das Restaurant gilt als eines der besten in ganz Grönland; vor allem, wenn es um landestypische Gerichte geht. Der Transfer von und nach Godthåb erfolgt mit dem hoteleigenen Motorboot (Fahrzeit etwa 3–4 Stunden).

Maniitsoq, »Sukkertoppen« der Walfänger

Wer die Flugreise nach Nuuk mit einer richtigen Seereise kombinieren will, sollte auf der Rücktour mit einem der beiden KNI-Küstenschiffe MS *Disko* oder MS *Kununguak* (s. S. 209) bis nach *Sisimiut* fahren. Von dort gibt es eine Helikopterroute nach *Kangerlussuaq*. Die erste Etappe der 400 Kilometer langen Schiffsreise nach Sisimiut führt in

Stockfisch, dreifach bewacht

9 Stunden nach *Maniitsoq*, das seinen Namen »Zuckerbrot« holländischen Walfängern verdankt. Anfang des 19. Jahrhunderts war *Maniitsoq* eine der größten Siedlungen der Insel. Heute leben die 3000 Einwohner vor allem vom Fischfang und der Fischverarbeitung. Maniitsoq führt ein Rentierhaupt im Stadtwappen – seine Umgebung gilt als das beste Jagdgebiet für Rentiere (Jagdzeit: August/September). Die Liegezeit der Küstenschiffe (2 Stunden) reicht aus, um einen Bummel durch den Ort zu machen, der als ein Musterbeispiel für Stadtplanung und Bewahrung historischer Gebäude gilt. Letztere stammen vor allem aus der Kolonialzeit um die Mitte des vergangenen Jahrhunderts.

Mitternachtssonne in Sisimiut

Das eigentliche Ziel der Seereise, *Sisimiut*, liegt dicht unter dem Polarkreis, und so bietet die Nachtfahrt von Sukkertoppen dorthin während der Sommermonate das Erlebnis, die von Fjorden zerrissene Felsküste im Licht der Mitternachtssonne zu betrachten. Nach 11 Stunden legt das Schiff in *Sisimiut* = »Fuchshöhlenbewohner« an, das mit gut 4400 Einwohnern die zweitgrößte Stadt Grönlands ist. Archäologische Funde zeigen, daß diese Gegend der Küste schon vor 3000 Jahren von Eskimos der Sarqaq-Kultur besiedelt war. Auch aus der Dorset-Kultur (um Christi Geburt) und der Zeit der Thule-Eskimos (um 1000 n. Chr.) liegen Funde vor. Die 1764 hier von Graf Ludwig Holstein angelegte Siedlung erhielt nach ihm den Namen Holsteinborg. Als Zentrum des Walfangs vor der westgrönländischen Küste erlebte der Ort bald nach seiner Gründung seine erste Blüte.

Das Wahrzeichen der Stadt ist die unweit des Hafens gelegene, farbenfrohe kleine Holzkirche aus dem Jahre 1773 mit einem Tor aus zwei mächtigen Walkiefern davor. Um das Gotteshaus gruppieren sich die erhalten gebliebenen Bauten des historischen Ortskerns, die um die Mitte des vergangenen Jahrhunderts errichtet wurden. Auch das älteste Gebäude der Stadt ist dort zu finden, das »Gammelhuset«. Es war der Sitz des ersten Kolonie-Gouverneurs. Einen besonders guten Ausblick über das alte Ortszentrum auf die Stadt und das Meer hat man vom Hügel der nahe gelegenen neuen Kirche.

Zwischen Polarkreis und Hundeäquator

Trotz der Lage der Stadt knapp unter dem Polarkreis ist der Hafen als nördlichster der Insel auch im Winter offen, so daß der Fischfang auf offener See das ganze Jahr über betrieben werden kann. Das gibt Sisimiut eine gesunde wirtschaftliche Basis. Die Fabrikgebäude der Fischverarbeitung liegen auf der *Tømmermands-Insel*, zu der vom Hafengelände eine kleine Brücke hinüberführt. Dort machen auch die Kutter fest, die nicht selten mit erlegten Robben an Bord vom Fang zurückkehren. Wichtiger als der Polarkreis ist für die Stadt der sogenannte »Hundeäquator«, der südlich des Ortes verläuft. Das bedeutet, daß hier im Gegensatz zu den Siedlungen im Süden Schlittenhunde gehalten werden dürfen (s. S. 168). Für eingefleischte Grönlandfreunde beginnt erst hier, wo nachts das an Wölfe erinnernde Geheul der Hunde zu hören ist, das eigentliche Grönland.

Wie fast alle Städte an der Westküste kann sich auch Sisimiut einer landschaftlich überaus reizvollen Umgebung rühmen, die man erwandern oder vom Boot aus näher kennenlernen kann. Über dem Ort ragt der 680 Meter hohe *Kœlingshœtten* (»Weiberkapuze«, nach seiner Ähnlichkeit mit der Kapuze eines grönländischen Frauenpelzes) auf, den man in einer nicht allzu schwierigen Klettertour in 2 bis 3 Stunden besteigen kann. Die Wanderung bis zum Fuß des Berges nimmt ca. 1 Stunde in Anspruch. Etwa die gleiche Zeit braucht man für den Aufstieg auf den »Præstfjeld«. Von beiden Bergen aus hat man einen großartigen Ausblick auf Gebirge und Meer. Lohnende Spaziergänge von 2 bis 3 Stunden Dauer führen zum Ende der Tømmermands-Insel, in ein Gebiet mit besonderer Flora und interessantem Vogelleben, oder am Ufer der *Ulke-Bucht* entlang zu einem Tal, das im Sommer durch seine Blütenpracht überrascht. Bootstouren führen zu den vorgelagerten Inseln mit den Ruinen verlassener Siedlungen wie *Ikerasak* (seit 1957 unbewohnt) oder *Avssaklak* mit seinen gut erhaltenen Gebäuden aus der Zeit von 1730, das erst 1970 aufgegeben wurde.

Wer im übrigen auf den Helikopter nach Kangerlussuaq verzichten will, kann die 150 Kilometer im Sommer zu Fuß zurücklegen. Für die Wanderung (Übernachtung im Zelt) durch die menschenleere Bergwelt braucht man 3–6 Tage. Man sollte sich jedoch einer organisierten Tour

Vier Freunde bei Eskimo-Arbeiten

anschließen. Im Winter kann man die Strecke zwischen beiden Orten per Ski bewältigen, wobei das Gepäck, die Zelte und die übrige Ausrüstung auf Hundeschlitten transportiert werden. Organisiert werden auch Hundeschlittenfahrten zum Kangerluarsuk-Fjord (Veranstalter: Grønlands Reisebureau) und Schlittentouren entlang der Westküste nach *Ilulissat* an der Disko-Bucht über 400 Kilometer (Polar Rejser Sisimiut).

900 Kilometer Schlittenfahrt

»Gib mir den Winter, gib mir die Hunde, den Rest kannst du behalten!« Dieser überschwengliche Lobgesang auf die grönländischen Schlittenhunde stammt vom größten Sohn der Stadt Ilulissat an der Disko-Bucht, dem unvergessenen Polarforscher *Knud Rasmussen* (1879–1933). *Kununguak*, wie ihn seine Eskimofreunde liebevoll nannten, wußte, wovon er sprach – er selber verbrachte einen großen Teil sei-

Nichts geht ihr über Grönland-Garnelen

nes Lebens hinter Meuten hechelnder Vierbeiner. Rasmussen machte unter anderem die längste Schlittenreise der Welt, als er 1921–1924 von Grönland aus die Eskimostämme der gesamten amerikanischen Arktis bis hin zur Beringstraße aufsuchte. Selbst bei der Dame seines Herzens, Dagmar Andersen in Uummannaq, fuhr Kununguak »mal eben« mit dem Hundegespann vor – auf dem Weg von Kap York dorthin hatte er 900 Kilometer zurückgelegt.

Einen Hauch von der Begeisterung des berühmten Hundenarren für die über knirschenden Schnee und blankes Eis dahinfliegenden Schlittenkufen kann man auch als Tourist verspüren, wenn man seine Reise an die *Disko-Bucht* in den späten Winter legt. Denn Hundeschlittentouren, bei denen man selber die Freuden (und Leiden) der Fortbewegung mit Hilfe der struppigen Vierbeiner miterleben kann, zählen zu den Fremdenverkehrs-Attraktionen von Ilulissat und Qasigiannguit. Das Angebot reicht vom Nachmittagsausflug bis zum hartsportlichen Wochen-Treck über Berg und Tal.

Von der Waljagd zum Krabbenfang

Schon die holländischen Walfänger des 17. und 18. Jahrhunderts liefen die Bucht mit Vorliebe an, um hier – im Schutze einer vorgelagerten Insel – Jagd auf die begehrten Meeressäuger zu machen. Sie nannten die Insel »Disko-Insel« – was auch der Bucht zu ihrem Namen verhalf. Heute sind deren Ufer und Inseln das am dichtesten besiedelte Gebiet Grönlands. In vier Städten und acht Siedlungen leben zusammen über 13 000 Menschen. Sie verdienen ihr Brot vor allem mit der Robbenjagd und der Fischerei, wobei der Krabbenfang eine besondere Rolle spielt – vor allem für die beiden Städte Ilulissat und Qasigiannguit. Daß die delikaten Tiefseegarnelen sich gerade in der Disko-Bucht in unvorstellbaren Mengen aufhalten, hat man dem vergleichsweise warmen *Irminger-Strom* zu verdanken, der einen Ausläufer in 300 Meter Tiefe in die Disko-Bucht schickt.

Das südliche Eingangstor der Bucht ist der auf einer kleinen Insel liegende Ort *Aasiait* = »Spinne«, mit 3500 Einwohnern die viertgrößte Stadt Grönlands. Sehenswert ist die Egedes-Kirche mit ihrem eigenwilligen Altarbild, das einer der bekanntesten Gegenwartskünstler, Jens Rosing, gestaltet hat. In vier Keramikfeldern zeigt er den Erlöser, den Himmel, das Meer und das Land. Am Hafen stehen auch in Aasiait die typischen Holzbauten der Koloniezeit. Sie scharen sich um eine kleine Wehranlage mit den größten Kanonen der ganzen Insel. Sie sollten nach dem Willen des Stadtgründers, Niels Egede, der der Stadt ihren ehemaligen dänischen Namen Egedesminde gab, den holländischen Walfängern Respekt einflößen, die sich immer wieder über das Verbot des Handels mit den Eskimos hinwegsetzten.

Mattaq frisch vom Kutter – Qeqertarsuak

Mit dem Versorgungsschiff MS *Tugdlik*, das 100 Passagiere an Bord nehmen kann, erreicht man in 4 1/2 Stunden Fahrt über die Bucht die kleine Stadt *Qeqertarsuak*, deren Name »Die große Insel« bedeutet, auf der Disko-Insel. Das ehemalige Godhavn ist auf diesem Eiland der größte Ort, seit man in den sechziger Jahren die einzige Kohlengrube Grönlands, *Qutdligssat*, niedergelegt hat. Auf der Fahrt über die Bucht kommen wir an der kleinen Inselgruppe *Hunde Ejland* vorbei, wo noch knapp 100 Menschen in ihren Häusern auf den kahlen Klippen den kalten Winden der nahen Davisstraße trotzen. Dagegen sind die benachbarten *Kronprins-Eilande* seit 1960 von ihren Einwohnern verlassen. Sie werden heute von Scharen von Seevögeln bevölkert. Ihre Kolonien von Jagdfalken und Seepapageien stehen unter Naturschutz.

Qeqertarsuak war früher Sitz der Verwaltung für Nordgrönland. Um die eigentümliche, pagodenähnliche Achteck-Kirche, die man gern das »Tintenfaß Gottes« nennt, liegen farbenfreudig gestrichene Holzhäuser, die an die große Zeit des Walfangs erinnern. Auch heute noch kommen ab und an Kutter mit einem Wal im Schlepp im Hafen an, wo man dann das Flensen und Zerlegen beobachten und frischen *mattaq*, die von den Grönländern mit großen Genuß verspeiste, nach Paranuß schmeckende Hautunterschicht, probieren kann. Im Winter werden hier noch häufig Wale in sogenannten *savssat* gefangen, in Eislöchern, in denen sich die Tiere beim Zufrieren der Bucht versammeln. In Godhavn haben mehrere wissenschaftliche Stationen für die Beobachtung arktischer Phänomene ihren Sitz. Die Umgebung des Ortes sowie die ganze 8500 Quadratkilometer große Disko-Insel bieten zahlreiche Möglichkeiten für abwechslungsreiche Wanderungen (kleines Hotel, rechtzeitig buchen). Qeqertarsuak hat ein-, zweimal pro Woche Helikopterverbindung nach Aasiait und Ilulissat.

Seeschlacht um Christianshåb

Folgt man von Aasiait dem Ufer buchteinwärts, taucht nach 85 Kilometern am Fuße der Kangilinaaq-Berge die Stadt *Qasigiannguit* = »kleine, vielfarbige Seehunde« auf. Auch hier reicht wieder der dreistündige Aufenthalt des Küstenschiffes für einen Gang durch die Stadt, die in den letzten drei Jahrzehnten eine enorme Bautätigkeit erlebt hat. Die vier Kanonen auf den Felsen in der Nähe des Koloniegouverneur-Hauses erinnern daran, daß die Christianshåber die einzige Seeschlacht in grönländischen Gewässern geschlagen haben. Als nämlich die holländischen Walfänger trotz des 1735 vom Dänenkönig erlassenen Verbots den lukrativen Tauschhandel mit den Einwohnern der Eskimosiedlung Sermermiut unbeirrt fortsetzten, sahen die mit dem Monopol ausgestatteten Christianshåber buchstäblich ihre (Robben)-Felle davonschwimmen. Daraufhin rüstete der Kolonievorsteher 1739 eine Armada von drei Schiffen mit Kanonen aus, vor deren Übermacht die holländischen Schiffe mit einer einzigen Kanone an Bord die Segel streichen mußten. Als man in Holland damit drohte, wegen dieser Schmach ganz Christianshåb niederzubrennen, wurde die Stadt 1740 durch eine Batterie mit vier Kanonen »befestigt«. Die einzigen Schüsse, die aus ihnen abgefeuert wurden, blieben Salutschüsse.

Eiskolosse und Mammutgletscher bei Ilulissat

Der touristische Höhepunkt und zugleich größte Ort an der Disko-Bucht ist Ilulissat mit seinen gut 4000 Einwohnern. Der grönländische Name *Ilulissat* bedeutet »Die Eisberge«. Denn die unmittelbare Nachbarschaft des aktivsten Gletschers der nördlichen Halbkugel verhilft Ilulissat zu einer der schönsten Landschaften Grönlands, der phantastischen Traumkulisse treibender Eiskolosse.

Nur wenige Kilometer vom heutigen Stadtzentrum entfernt haben schon vor 3000 Jahren Eskimos gelebt. Als Hans Egedes Sohn Poul 1737 an die Disko-Bucht kam, fand er hier mit *Sermermiut* die größte Eingeborenensiedlung Grönlands vor. In 20 bis 30 großen Torfhäusern lebten an die 200 Eskimos. Als 1741 von Jakob Severin die später nach ihm benannte Kolonie Jakobshavn gegründet wurde, kehrten die meisten Eskimos Sermermiut den Rücken und ließen sich in Jakobshavn taufen. Anfang des 19. Jahrhunderts verließen die letzten Ungetauften die alte Siedlung, von der noch Relikte in einem grünen Tal am Eingang des Eisfjords zu sehen sind. Die baulichen Zeugnisse der Koloniezeit finden wir am inneren Hafen der Stadt, an einer kleinen, von Felsen geschützten Bucht. Das älteste Gebäude hier ist ein schwarz geteertes Lagerhaus des Königlich Grönländischen Handels aus dem Jahre 1781. Nur ein paar Schritte weiter steht das wirtschaftliche Wahrzeichen des heutigen Jakobshavn – die Krabbenfabrik. Eine zweite liegt am anderen Ende der Stadt. Rund 5000 Tonnen Tiefseegarnelen werden pro Jahr verarbeitet. Für Touristen besteht die Möglichkeit, zum Krabbenfischen mit in die Bucht hinauszufahren. Die Hotels oder Tourist Service, Tel. 4 32 46, vermitteln eine solche Fahrt.

An die Nachbarschaft des *Mammutgletschers* wird man überall in der Stadt erinnert, wenn die Häuser den Blick auf die Bucht mit ihren driftenden Eisbergen freigeben. Die Einfahrt zum Hafen muß durch Molen gegen eine gefährliche Begleiterscheinung der ständigen Eisbergproduktion geschützt werden, das *Kaneling*. Es handelt sich um plötzlich auftretende, meterhohe Flutwellen. Sie entstehen durch die von der Abbruchkante des Gletschers ins Wasser stürzenden Rieseneisberge.

Eisberge vor der Haustür: Ilulissat

Walbarten für den Kirchenbau

Nicht weit vom Hafen entfernt, auf halbem Weg zwischen dem kleinen Marktplatz und dem Hotel »Hvide Falk«, steht auf einem Felsbuckel ein Denkmal für Knud Rasmussen, der 1879 in Ilulissat geboren wurde und hier im Propsthof aufwuchs. Das Haus ist heute das *Museum* der Stadt. Rasmussen hat mit ungeheurer Energie Land und Leute erforscht und seine Erlebnisse dabei in einer ganzen Reihe von weltbekannten Büchern veröffentlicht (u. a. *Die große Schlittenreise*, *Ultima Thule*, *In die Heimat der Polarmenschen*, *Die große Jagd*). Er sammelte die Sagen der Eskimos und gab sie heraus. Er arbeitete als Ethnograph und verhalf dem Nationalmuseum in Kopenhagen zu seiner großen Inuit-Sammlung. Auf eigene Faust und eigene Rechnung gründete er im Gebiet der Thule-Eskimos eine Handelsstation.

Die nahe *Zionskirche*, von deren Portal aus man einen freien Blick auf die Bucht mit ihren treibenden Eiskathedralen hat, stammt aus dem Jahr 1779. Zur Finanzierung ihres Baues hatten die Bürger Jakobshavns 156 Tonnen Walspeck und 59 der u. a. für die Miederherstellung begehrten Walbarten verkauft.

Wie die anderen grönländischen Städte erlebte auch Ilulissat in den letzten 30 Jahren einen lebhaften Zuzug von Einwohnern, was den Bau von großen Wohnblocks notwendig machte. Besonders ins Auge fallen die 12 langgestreckten »Schwarzen Häuser« im Stadtzentrum, die man in einer kilometerlangen Doppelreihe aneinander gebaut hat. Doch überwiegen im Gesamtbild der Stadt die weit verstreut liegenden, kleinen Holzhäuser.

Jakobshavngletscher: größter Eisbergproduzent der Arktis

Die eindrucksvollste touristische Attraktion Ilulissats ist der Eisfjord, dessen Mündung 2 Kilometer südlich der Stadt man leicht über einen Wanderpfad erreichen kann. Der Fjord reicht 40 Kilometer tief ins Land hinein. Er endet am *Jakobshavngletscher*, der den Rekord als größter Eisbergproduzent der nördlichen Halbkugel hält. Auf einer

Breite von 7 Kilometern schiebt sich hier das Inlandeis mit der beachtlichen Wandergeschwindigkeit von 20 bis 30 Metern pro Tag an den Fjordrand heran und bricht dort in gigantischen Blöcken ab. 110 Meter hoch ragt die Eismauer an der Abbruchkante aus dem Wasser, 800 Meter tief ist sie unter Wasser. Im Jahr werden allein von diesem Gletscher fast 50 Kubikkilometer Eis in Richtung Meer geschickt – ein Eiswürfel von fast 4 Kilometer Kantenlänge!

An der Fjordmündung stranden die größten der Eisberge auf der *Isfjeldsbanken*, obgleich das Wasser über dieser Untiefe immer noch 250 Meter tief ist. Dadurch sammelt sich hier vor der »freien Fahrt« in die Disko-Bucht ein imposanter Stau von Eisbergen an, bis der Druck aus dem Fjord zu groß wird. Dann setzt sich häufig der ganze Stau auf einmal in Bewegung und bedeckt in kurzer Zeit weite Gebiete der Bucht mit den »schwimmenden Bergen«.

Von der Todesklippe Kællingkløften zur Rodebay

Daß die Ufer des Eisfjordes schon immer ein bevorzugtes Siedlungsgebiet waren, liegt daran, daß hier der Seehund beste Lebensbedingungen vorfindet. Dennoch hat es – witterungsbedingt – immer wieder Hungerkatastrophen gegeben. Daran erinnert bei einer Wanderung fjordeinwärts eine steil abfallende Klippe in der *Kællingkløften*. Von ihr stürzten sich Alte, Schwache und Kranke selbstaufopfernd in den Fjord, wenn nicht genügend Nahrung für alle da war, damit die Aktiven der Siedlung überleben konnten. Dieser alte Brauch der Eskimos wurde in abgelegenen Gebieten noch im letzten Jahrhundert praktiziert.

Wer die Wunderwelt der Eisberge mit ihrer unbeschreiblichen Formenvielfalt aus unmittelbarer Nähe kennenlernen will, hat dazu bei Motorbootfahrten an den Eisfjord Gelegenheit. Auch die Ausflugsfahrt zu der südlich des Eisfjordes gelegenen Siedlung *Ilimintinaq* (»Platz der Erwartungen«), das frühere Claushavn, führt durch das Gebiet der »schwimmenden Berge«. Von Ilimintinaq kann man eine 7 Kilometer lange Wanderung zum Eisfjord unternehmen. Dabei passiert man verlassene Siedlungen und Reste von Eskimowohnplätzen. Bei *Eqe* ver-

Auf den Spuren der Walfänger

engt sich der Fjord auf 8 Kilometer Breite. Hier stauen sich viele Hunderte von Eisbergen. Von Ilulissat aus sind Helikopterflüge mit Grønlandsfly zum Eisfjord möglich – mit einer halbstündigen Landung an der Abbruchkante des Gletschers, Bootsausflüge von Ilulissat oder Fahrten mit Versorgungsschiffen führen nach Rodebay, Sarqaq oder Qutdligssat. In *Rodebay (Oqaitsut* = Kormorane), einem ehemaligen Stützpunkt der holländischen Walfänger, kann man im Frühsommer miterleben, wie *Angmagssaten* – eine grönländische Art von Miniatur-Lachsen – oft mit Kübeln aus dem Wasser geschöpft werden. Die Fische dienen getrocknet als Wintervorrat. *Sarqaq* (»Sonnenseite«) ist eine ausgesprochene Jägersiedlung mit rund 150 Einwohnern am Südufer der Halbinsel *Nuussuaq*. Unweit des heutigen Dorfes fand man die Hinterlassenschaften einer 3000 Jahre alten Eskimosiedlung. Nach ihr wird die älteste Eskimo-Epoche Grönlands als Sarqaq-Kultur bezeichnet. Gelegentlich gibt es Möglichkeiten, die verlassene Kohlengrubenstadt *Qutdligssat* am Nordostufer der Disko-Insel zu besuchen. Bis Mitte der sechziger Jahre wurde Grönland noch von hier aus mit

Heizmaterial versorgt. Als es dann billiger wurde, Öl nach Grönland zu transportieren, stellte man die Förderung in den beiden fast 3 Kilometer tief im Berg beginnenden Flözen ein. Die über 1200 in Qutdligssat lebenden Menschen wurden umgesiedelt. So liegt heute zu Füßen des 1919 Meter hohen Højryggen eine Geisterstadt.

Wieder in Uummannaq

Mit der Disko-Bucht endete bis vor wenigen Jahren das touristisch erschlossene Grönland. Doch inzwischen richtet man sich auch in der landschaftlich sehr reizvoll gelegenen und noch sehr ursprünglichen Kleinstadt *Uummannaq*, 500 km nördlich des Polarkreises. 1989 wurde das »Hotel Uummannaq« eingeweiht, das mit seinen gerade mal 12 Doppelzimmern eines der gemütlichsten Hotels Grönlands ist. Es bietet eine Reihe von ungewöhnlichen Aktivitäten an – wie Bergsteigen, geologische Ausflüge, Fahrten mit dem hoteleigenen Motorboot zu

Die nützlichsten Helfer der Eskimos

kleinen Fängersiedlungen an der landschaftlich besonders schönen Festlandküste (Uummannaq selber mit seinem imposanten Herzfelsen liegt auf einer Insel), Meeresangeln und Wal-Fotosafaris.

Der höchste Norden Grönlands (Qaanaq/Thule) ist für den normalen Tourismus nicht zugänglich.

Die Stadt der Schlittenhunde

Der Winter ist hier oben die Jahreszeit der Hunde. Die kleinen Siedlungen an der Disko-Bucht zählen meist mehr von ihnen als Einwohner, selbst in einer Stadt wie Ilulissat. Denn der Hundeschlitten ist für die langen Winter noch immer das wichtigste Verkehrsmittel – die zahlreichen Autos am Ort haben ihn nicht ersetzen können, weil alle Straßen an den Stadtgrenzen enden. Die Schlitten dagegen sind nicht auf Straßen angewiesen. Kein anderes Fahrzeug der Welt kann sich im schneebedeckten, rauhen Terrain in Schnelligkeit und Wendigkeit mit den Hundeschlitten messen. Von der hohen Kunst der Schlittenfahrer erhält man schon auf den Straßen Ilulissats einen ersten Vorgeschmack, wo die in Fächerform laufenden Tiere geschickt den Autos ausweichen. Achtung: Hundegespanne haben Vorfahrt!

Ohne die Hunde wären die Fischer hier oben im Winter ohne Arbeit. Denn der Fang beim Eisfischen wird mit dem Schlitten in die Fischfabrik gebracht. In Ilulissat z. B. liegen die besten Fangplätze oft 30, 40 Kilometer von der Stadt entfernt. Nicht selten holen die Männer den Heilbutt zentnerweise aus den Eislöchern, und so ist mancher Schlitten bei der Heimfahrt in die Stadt mit 300–400 Kilo Last beladen. Die Tiere beweisen unglaubliche Energie und Ausdauer, wobei die Hunde aus Ilulissat als besonders zäh gelten. Deswegen haben sich viele Polarforscher für ihre Schlittenexpeditionen die Tiere aus dieser Stadt geholt.

Von der Zähigkeit der Hunde kann sich der Winterreisende überzeugen, wenn er – dick eingepackt in Polaroveralls oder Eisbärenhosen und mit Fellstiefeln ausgerüstet – eine Hundeschlittentour unternimmt. Das Tempo, das die Tiere vorlegen, zwingt auch den Schlittenpassagier zu besonderen Leistungen. So muß dieser bei jeder stärkeren Steigung vom Schlitten springen und mitschieben. Dabei muß er erhebliche Höhenunterschiede bewältigen helfen – kurz hinter Ilulissat sind es auf einen Schlag 400 Meter.

Alle Strapazen sind schnell vergessen, wenn das Gefährt im beißenden Fahrtwind über eine Ebene saust und die Winterlandschaft in ihrer besonderen Pracht vorüberfliegt, wenn die Kufen knirschen und die Meute in den Zugseilen hechelt. Allerdings sollte man für Hundeschlittenfahrten körperlich fit und sportlich ein wenig trainiert sein.

Auf dem »Heilbutt-Highway«

In Ilulissat werden Touren unterschiedlicher Schwierigkeit und Länge angeboten. Eine Fahrt zum »Angewöhnen« ist die in das 20 Kilometer nördlich der Stadt liegende *Rodebay*, für die man in einer Richtung etwa 2 Stunden braucht. Hier kann man bereits ausprobieren, ob man fit genug für eine längere Reise ist. Die kann z. B. von Rodebay weiter über *Ritenbenk* in die Jägersiedlung *Sarqaq* führen. Dabei geht es über Seen, zugefrorene Buchten und immer wieder über mehr oder minder steile Berghänge. Diese Fahrt hat schon fast »Expeditionscharakter« und dauert – bei eintägiger Verschnaufpause in Sarqaq, 5–6 Tage. Ein beliebtes Ziel für einen Ganztagsausflug ist die Tour auf dem *»Heilbutt-Highway«* zu den Eislochfischern auf dem inneren Eisfjord. Diese Tour folgt bergauf, bergab der Piste, auf der die Fänge mit dem Schlitten nach Ilulissat transportiert werden. Die Fahrt dorthin ist im wahrsten Sinne des Wortes »atemberaubend«. Im übertragenen Sinne gilt das auch für die Ausblicke, die man immer wieder auf die im Fjord festgefrorenen Eisberg-Riesen hat, zwischen denen die Fischer den Heilbutt aus 300 Meter Tiefe heraufholen. Diese Schlittentour gehört zu den größten Erlebnissen, die Grönland seinen Gästen bietet. In Ilulissat gibt es neben dem schon legendären Hotel »Hvide Falk« (gute Küche – vor allem Fisch!) das von Grønlandsfly betriebene neue »Arctic-Hotel«.

Wer größere oder auch mehrtägige Hundeschlitten-Fahrten ohne größere körperliche Anstrengungen unternehmen möchte, findet dazu in Uummannaq die besten Möglichkeiten, weil die Ausflüge von dort in der Regel über das zugefrorene Meer führen. Auch hier bietet das »Hotel Uummannaq« eine große Auswahl von Touren an.

Island von A–Z

ALLGEMEINES

Geographie: Mit einer Fläche von 103 000 km² ist Island knapp so groß wie der Osten Deutschlands. Nur der zehnte Teil der Fläche ist kultiviert. Die Küstenlänge beträgt gut 6000 km, die 200-Meilen-Fischereizone rund um die Insel ist über 750 000 km² groß. Größte Entfernung von Osten nach Westen: 500 km, von Norden nach Süden: 300 km. Die gesamte Hauptinsel liegt südlich des Polarkreises, nur das kleine, der Nordküste vorgelagerte Eiland, Grímsey, wird von ihm durchschnitten. Auf Island befindet sich beim Leuchtturm Latrabjarg der westlichste Punkt Europas (24° 32' westlicher Länge). Bis nach Grönland sind es knapp 300 km, bis nach Hamburg 2200 km.
Fast 12 000 km² sind von Gletschern bedeckt, 6000 km² von Vulkanen und Lavafeldern, 3000 km² sind Sandwüsten, fast die Hälfte der Insel ist anderes Ödland. Island ist überwiegend gebirgig, wobei der größte Teil ein 600–800 m hohes, vor allem aus Basalt bestehendes Plateau ist.

Geschichte: Die Insel wurde erst im 9. und 10. Jh. nach Christus besiedelt – wobei zuvor irische Einsiedler hier die Einsamkeit gesucht hatten. 930 trat erstmalig auf dem Versammlungsplatz Þingvellir (heute ein Nationalpark) das Althing, eines der ältesten Parlamente der Welt, zusammen. Die folgenden 300 Jahre sind die hohe Zeit der Sagas (z. B. der Edda) und der Skaldendichtung. 1262 muß sich Island der norwegischen, 1380 für über 500 Jahre der dänischen Krone unterwerfen. Mitte des 19. Jh.s wird

Jón Sigurðsson zum Vorkämpfer der Unabhängigkeit (sein Geburtstag am 17. Juni ist heute Nationalfeiertag). 1874 erhält Island unter dänischer Krone eine eigene Verfassung, 1918 wird es selbständiges Königreich in Personalunion mit Dänemark. Am 17. Juni 1944 wird auf dem historischen Boden von Þingvellir die Republik proklamiert. Staatspräsidentin ist seit 1980 Vigdís Finnbogadóttir – die erste Frau der Welt, die in direkter Wahl ins Präsidentenamt gewählt wurde.

Bevölkerung: Die Einwohnerzahl ist mit ca. 260 000 knapp so groß wie die von Augsburg. Mehr als die Hälfte davon lebt in Reykjavík und seiner näheren Umgebung. Die Bevölkerungsdichte ist mit 2,3 Einwohnern pro Quadratkilometer die geringste in ganz Europa. Die Isländer sind als Nachfahren der Wikinger nordgermanisch-keltischer Abstammung. Mit 73,9 Jahren für Männer und 80,2 Jahren für Frauen haben sie die höchste Lebenserwartung der Welt.

Wirtschaft: Jeder sechste Isländer lebt vom Fischfang oder der Fischverarbeitung. Fische und Fischprodukte machen ca. 70% des Exports aus. Fast alle wichtigen Rohstoffe – wie Öl, Stahl, Holz usw. – und die meisten Industriegüter müssen importiert werden. Alle Importe sind mit hohen Frachtkosten belastet. Die Inflation ist hoch, die Arbeitslosigkeit unbedeutend. Um mit der Teuerung fertig zu werden, üben viele Isländer zwei Berufe nebeneinander aus. Die wirtschaftliche Bedeutung des Tourismus wird immer größer.

Namenkunde: Der Blick in das isländische Telefonbuch muß überraschen – die Teilnehmer sind dort alphabetisch nach Vornamen aufgelistet. Denn die Isländer haben an der überlieferten Namengebung festgehalten, bei der der Vorname mehr zählt als der Nachname. Staatspräsidentin Vigdís Finnbogadóttir etwa wird nur mit Vigdís angesprochen. Gemeinsame Familiennamen gibt es in der Regel nicht. Beim Mann wird dem Vornamen der Name des Vaters mit dem Zusatz son (Sohn), bei der Frau der Name ihres Vaters mit dem Zusatz dóttir (Tochter) angefügt.

ANREISE/RÜCKREISE

Flug: Die meisten Touristen kommen mit dem Flugzeug auf die Insel – nach Keflavík, dem internationalen Flughafen, ca. 50 km von Reykjavík entfernt. *Icelandair (Flugleiðir)* fliegt von Ende März bis Ende Oktober täglich von Luxemburg (Zubringerbusse von vielen deutschen Städten). Von Ende April bis Ende September gibt es samstags und sonntags sowie mittwochs und donnerstags Direktflüge von Frankfurt/M. nach Keflavík (3½ Stunden Flugdauer).
Ab Wien nur von März bis Oktober an Freitagen. Die *Icelandair* transportiert auch Fahrräder. Erlaubt ist eine Freigepäckmenge von 30 kg, inklusive dem Gewicht des Fahrrades. Für jedes weitere Kilo muß vom Reisenden 1% des 1.-Klasse-Flugpreises zugezahlt werden.
Lufthansa fliegt ab Frankfurt/M. Ende Mai bis Ende September jeweils sonntags.

Adressen von
Icelandair:

Roßmarkt 10, Frankfurt/M.
Tel. 0 69/29 99 78

Opernring 1, Wien
Tel. 01/56 36 74

Siewerdtstr. 9, Zürich
Tel. 01/3 12 73 73

Lækjargata 2, Reykjavík
Tel. 91/69 01 00

Autofähre *Norröna* der Smyril Line verkehrt von Juni bis August zwischen Esbjerg in Dänemark und Seyðisfjörður in Ostisland. Abfahrt samstags um 22.00 Uhr, Ankunft in Tórshavn auf den Faröern am Montag um 10.00 Uhr. Dort Abfahrt um 12.00 Uhr. Ankunft in Seyðisfjörður: donnerstags um 7.00 Uhr. Die Rückreise erfolgt ab Seyðisfjörður donnerstags um 11.00 Uhr. Ankunft in Esbjerg samstags um 19.00 Uhr.
Jeweils samstags (Abfahrt 9.00 Uhr) unterhält die Smyril Line eine Busverbindung von Hamburg über Flensburg passend zu den Fahrzeiten der *Norröna*. Preis (einfache Fahrt): 85 DM ab Hamburg, 70 DM ab Flensburg (Reservierungen erforderlich!).
Informationen:
J. A. Reinecke
Jersbeker Straße 12
2072 Bargteheide
Tel. 0 45 32/65 19

Frachtschiffe der isländischen Reederei EIMSKIP, die montags ab Hamburg und mittwochs ab Reykjavík das ganze Jahr über verkehren, befördern Pkw und Wohnmobile.
Informationen:

EIMSKIP-Reederei
Raboisen 5
2000 Hamburg 1
Tel. 040/32 23 85

Island-Tours
Raboisen 5
2000 Hamburg 1
Tel. 040/33 66 57/8

Einreisebestimmungen: Für Reisende aus der Bundesrepublik, Österreich und der Schweiz genügt der Personalausweis. Hunde und andere Haustiere dürfen nicht auf die Insel gebracht werden. In Reykjavík ist das Halten von Hunden – nach einer kurzen Unterbrechung Mitte der achtziger Jahre – aus hygienischen Gründen wieder verboten. Wegen der Gefahr von Viehseuchen dürfen auch kein ungekochtes oder geräuchertes Fleisch, keine Fleischprodukte, Eier, Butter und Geflügel eingeführt werden. Angelgeräte sowie Gummi- oder Watstiefel von Anglern und Reitausrüstungen, die im Ausland benutzt wurden, müssen bei der Einfuhr desinfiziert sein (Zeugnis muß vorliegen). Die Desinfektion kann auch bei der Einreise gegen eine Gebühr erfolgen. Bei der Einreise mit dem Pkw ist der internationale Führerschein und die grüne Versicherungskarte vorgeschrieben. Für Dieselfahrzeuge muß eine Steuer gezahlt werden. Die Höhe ist von der Aufenthaltsdauer und vom Fahrzeuggewicht abhängig – z. B. 1000 kg Leergewicht 2636 ikr, bis 1999 kg 3366 ikr je angefangene Woche (Stand 1992).

BEHÖRDEN

Diplomatische Vertretungen
Island ist in vielen Ländern der Welt nicht mit eigenen Botschaften vertreten – so nicht in Österreich und der Schweiz.

Bundesrepublik Deutschland
Botschaft der Republik Island
Kronprinzenstraße 6
5300 Bonn 2 (Bad Godesberg)
Tel. 02 28/36 40 21

Österreich
Generalkonsulat der Republik Island
Naglergasse 2–5
A-1010 Wien 1
Tel. 01/8 75 01

Schweiz
Konsulat der Republik Island
Koenitzstraße 74
CH-3001 Bern
Tel. 031/45 22 11

Rue-de-Mont-de-Simon, 8
CH-1206 Genf
Tel. 022/47 16 52

Bahnhofstraße 44
CH-8023 Zürich
Tel. 01/2 11 13 38

Vertretungen der Bundesrepublik Deutschland in Island

Botschaft der Bundesrepublik Deutschland
Túngata 18
Reykjavík
Tel. 1 95 35/36

Konsulate gibt es in
Akureyri
Bjarnastig 5
Tel. 96/2 45 10

Patreksfjörður
Urðargata 15
Tel. 94/12 15

Selfoss
Tel. 99/18 15

Seyðisfjörður
Túngata 12
Tel. 97/2 12 12

Vestmannaeyjar
Túngata 5
Tel. 98/15 30

Vertretung der Republik Österreich
Österreichisches Generalkonsulat
Reykjavík
Austurstræti 17
Tel. 2 40 16

Vertretung der Schweiz
Schweizer Konsulat
Reykjavík
Laugarvegur 13
Tel. 62 58 70

ESSEN UND TRINKEN

Restaurants: Eine Warnung vorweg: Das Essen in Restaurants aller Kategorien ist in Island erheblich teurer als in den meisten europäischen Ländern. Die größeren Restaurants bieten in der Regel eine große Auswahl internationaler Gerichte an. In kleineren Gaststätten – meist mit Selbstbedienung – ist die Auswahl sehr beschränkt. Bei Fahrten über Land ist man oft auf die Imbißstuben der Tankstellen und auf Würstchen-Kioske angewiesen. Bei der Wahl des Restaurants beachte man, ob es über eine Vollizenz verfügt (alle alkoholischen Getränke im Ausschank).

Reykjavík selbst hat inzwischen eine Reihe guter Restaurants mit besonderer Atmosphäre oder mit Spezialitäten der heimischen Küche. (Keine Angst vor den angebotenen *Lammgerichten*: Der sonst übliche Hammelgeschmack fehlt, da in Island kaum Hammel, sondern fast ausschließlich Lämmer geschlachtet werden.) Besonders zu empfehlen: die verschiedenen *Fischgerichte*. Eine große Auswahl hat der ***Kaffivagninn,*** direkt an den Anlegern der Trawler, oder das Fischrestaurant ***Við Tjörnina*** (Templarasund 3).

Weitaus gediegener – inmitten von allerlei Nautiquitäten – ißt man Fischgerichte, isländischen Hummer in Butter gesotten oder allerlei Meeresfrüchte im schon historischen ***Naust.***

Eine Top-Adresse ist das 1988 restaurierte Herrenhaus Viðeyjarstofa auf der kleinen Insel Viðey vor der Stadt (Do bis So: 18.00 bis 23.30 Uhr). Die Fähre verkehrt zur Insel bis 20.00 Uhr, von der Insel bis 24.00 Uhr – 5 Minuten Fahrzeit.

In historischer Umgebung sitzt man auch in den beiden, in Alt-Reykjavíker Holzhäusern untergebrachten Restaurants ***Torfan*** und ***Lækjarbrekka*** im Herzen der Stadt. Spezialitäten sind hier neben Meeresgetier alle Arten von Lammgerichten, z. B. geräuchertes Lamm mit Senfsauce.

Im ***Arnarhóll*** – neben der Oper – hat man sich auf *Wild* spezialisiert: Rentier, Flugwild und Berglamm, aber auch Lachs und Forellen.

Zu empfehlen sind auch die Restaurants der großen Hotels. Im ***Loftleiðir*** gibt es das große Buffet mit isländischen Spezialitäten.

Spezialitäten: Luftgetrockneter Fisch, Schafsblutwurst, Schafsleberwurst und gekochter Pumpernickel zählen zur landesüblichen Kost; geräuchertes Lammfleisch und Fladenbrot sind hochgeschätzte Delikatessen. Weitere Spezialitäten sind die in Molke gesäuerten Gerichte.

Nur ausgesprochen mutige Feinschmecker dürfen sich an das ***Þorramatur*** wagen – ein im Februar angebotenes Erinnerungsessen an die Wikingerzeit. Es gibt Salzfisch mit zerlassenem Schafsfett, gesäuerte Schafshoden, gesäuerten Walspeck, kräftig nach Ammoniak riechende Fleischstreifen vom Hai ***(Hákarl),*** den man zum Reifen monatelang im Sand von Flußbetten vergräbt, gesäuerte Schafsblutwurst mit Zucker ***(Blódmör)*** und als Krönung halbe, schwarzgesengte Lammköpfe ***(Svið).*** Dazu wird reichlich »Brennivín« getrunken – was wohl auch notwendig ist. Weitere Spezialitäten:

Hangikjöt – gepökeltes und geräuchertes Lamm, als Aufschnitt oder zu Kartoffeln mit Senfsauce (typisches Weihnachtsessen!).

Harðfiskur – Klipp- und Stockfisch (am besten vom Schellfisch, isländisch *Ýsa*), mit dem Hammer weichgeklopft, wird roh mit etwas Butter gegessen.

Kleinur – in Lammfett ausgebackener Brandteig zum Kaffee, der in großen Mengen zu jeder Tag- und Nachtzeit getrunken wird. Dazu bietet man auch hauchdünne, mit Schlagsahne und Marmelade gefüllte Waffelrollen oder Pfannkuchen an.

Rúgbrauð – ein nicht gebackenes, sondern in heißen Quellen stundenlang gegartes Pumpernickelbrot.

Skýr – die beliebteste isländische Sauermilchspeise; mit braunem Zukker bestreut, mit Milch oder Sahne übergossen.
1992 bieten 59 Restaurants auf der Insel als gemeinsame Aktion »Summarréttir«, preiswertere Touristenmenüs an (Mittag: 800 bis 1000 iskr, Abendessen 1100 bis 1700 iskr; Kinder bis 5 Jahre frei, bis 12 Jahre 50% Ermäßigung). Symbol: »Lachender Koch«.

Alkohol ist in Island teuer und wird nur in 8 staatlichen Monopolläden (ATVR) verkauft. Abweichend von den Zollbestimmungen der meisten anderen Länder können alkoholische Getränke noch bei der Einreise im Duty-free-Shop des Flughafens Keflavík (für isländische Verhältnisse günstig, aber teurer als die meisten anderen Duty-free-Shops) gekauft werden. Wer sich also nicht bereits vor dem Abflug eingedeckt hat (kann am preiswertesten in Luxemburg geschehen), der sollte von dieser günstigen Einkaufsgelegenheit Gebrauch machen, da eine Flasche Schnaps oder Wein als Gastgeschenk gern gesehen ist. Eingeführt werden dürfen 1 Liter starker Alkohol und ein Liter leicht alkoholischer Getränke oder 6 Liter Exportbier oder 8 Liter isländisches Bier.
Restaurants müssen für den Ausschank von Alkohol eine besondere Lizenz haben – außerdem sind die Zeiten fest vorgeschrieben. Seit 1989 wird nach fast 75 Jahre währendem Verbot wieder richtiges Bier auf der Insel gebraut und verkauft. Über die Aufhebung des lange heftig umstrittenen Bierbanns war in einer Volksabstimmung entschieden worden. Das neue Bier wird allerdings auch nur in den staatlichen Monopolläden verkauft.

FAUNA UND FLORA

»Mit Ausnahme von Rentieren, Polarfüchsen und Nerzen sind alle wilden Tiere in Island gefiedert«, heißt es in einer offiziellen Broschüre der Isländer. Die Rentiere, von denen es im östlichen Hochland etwa 3000 gibt, sind Nachfahren von Ende des 18. Jh.s aus Norwegen eingeführten Tieren. Auch Nerze gab es ursprünglich auf der Insel nicht. Die jetzt wildlebenden Tiere stammen von Nerzen ab, die aus Pelztierfarmen entlaufen waren. An Vögeln sind 265 Arten registriert, wobei es sich überwiegend um Wasservögel handelt, die oft in Kolonien von Hunderttausenden an den Felsenküsten und auf den unbewohnten Inseln nisten – darunter Papageientaucher, Baßtölpel, Lummen, Alken und Eissturmvögel. Zu den Seltenheiten zählen heute Gerfalke (einst ein wichtiger Exportartikel), Seeadler, Schnee-Eule, Merlin und Grillteyst.
Island ist nicht gerade reich an Pflanzen – nur ein Viertel der Inselfläche weist Vegetation auf. Insgesamt sind knapp 450 Arten von höheren Pflanzen bekannt. Etwa die Hälfte davon sind arktisch-alpinen Ursprungs. Zur Zeit der Besiedlung der Insel vor 1100 Jahren war »das Land zwischen der Küste und den Bergen« noch bewaldet. Aber die intensive Beweidung durch Schafe und das rücksichtslose Abholzen in den ersten Jahrhunder-

ten haben den Wald zur Rarität gemacht. Zusammenhängende Baumgebiete (Birken, Weiden, Vogelbeeren und Nadelhölzer) gibt es nur bei Hallormstaður (Ostisland) und Vaglaskógor (Nordisland). Einige wenige Pflanzen gehören nicht zu den nordeuropäischen/eurasischen Arten, sondern zu den amerikanischen, wie das arktische Weidenröschen oder die breitblättrige Weide. Eine isländische Besonderheit sind die tiefgrünen, dicken Moosteppiche auf alter Lava. Insgesamt gibt es 500 verschiedene Moos- und 450 Flechtenarten.

Naturschutz: Die isländische Natur ist besonders empfindlich gegen jede Art von Eingriffen und Schäden. Temperatur- und Wetterschwankungen sowie kurze Wachstumsperioden lassen Pflanzen nur sehr langsam wachsen. Selbst geringfügige Vegetationsschäden können zu großflächigen Erosionen führen! Der isländische ***Naturschutzrat NCC*** hat daher für Reisende ein besonderes ***Faltblatt*** herausgegeben, das einen 10-Punkte-Knigge für den Umgang mit der Natur enthält. Danach sollte u. a. jedes Ausreißen von Pflanzen ebenso unterbleiben wie die Beschädigung von heißen Quellen und Solfataren durch das Hineinwerfen von Steinen. *(Vorsicht: Der Boden rund um kochende Schwefelpfuhle und heiße Quellen kann brüchig sein – daher Abstand halten!)* Auch wenn ein Allrad-Fahrzeug noch so sehr zu Gelände-Fahrten verlockt – nie von Straßen und gekennzeichneten Wegen abfahren. Radspuren können irreparable Schäden an Vegetation und Boden anrichten. Streng verboten ist die Ausfuhr von Vögeln, Nestern, Eiern und Eierschalen. Für das Einsammeln von Mineralien und Fossilien ist die Erlaubnis des Grundeigentümers erforderlich.
Das Faltblatt des NCC enthält außerdem eine Liste mit eindrucksvollen Sehenswürdigkeiten der isländischen Natur, die vom NCC betreut werden.

FEIERTAGE/FESTE

1. Januar; Gründonnerstag; Karfreitag; Ostersonntag und -montag; der letzte Donnerstag im April (»Erster Sommertag«); 1. Mai; Himmelfahrt; Pfingstsonntag und -montag; 17. Juni (Unabhängigkeitstag); 1. Montag im August (Bankfeiertag); 24. Dezember ab 12.00 Uhr, 25. und 26. Dezember; 31. Dezember ab 12.00 Uhr.

FOTOGRAFIEREN

Isländer sind leidenschaftliche Fotografen – daher sind Filme überall zu finden. Allerdings sind sie teuer, so daß man sich daheim mit ausreichend Filmmaterial und Batterien eindecken sollte. Da die Luft sehr klar und die Lichtintensität hoch ist, bringen auch Filme mit niedriger Empfindlichkeit gute Resultate. Regenwetter sollte kein Grund sein, die Kamera nicht zu benutzen. Gerade die düsteren Wolken- und Lichtstimmungen geben interessante Fotos. UV- oder Skylight-Filter sollten zur Ausrüstung gehören. Kameras und Optiken nicht allzulange den Schwefeldämpfen von

Solfataren aussetzen! Das Fotografieren von Adlern, Falken, Schnee-Eulen und Krabbentauchern ohne besondere Genehmigung der Naturschutzbehörden ist verboten.

GELD

Die isländische Krone hat 100 Aurar. Münzen gibt es zu 5, 10 und 50 Aurar, zu 1 Krone, 5, 10 und 50 Kronen; Banknoten zu 100, 500, 1000 und 5000 Kronen. Wegen der hohen Inflation – in vergangenen Jahren bis weit über 100% – sind Wechselkurse mit Vorsicht zu betrachten. (Frühjahr 1993: 1 DM = 35 ikr). Es empfiehlt sich, Geld nicht daheim, sondern zu einem günstigeren Wechselkurs erst in Island einzutauschen bzw. zurückzutauschen (dafür unbedingt Wechselquittung aufheben!). Isländisches Geld darf nur bis zum Höchstbetrag von 14 000 Kronen eingeführt werden. Devisen und Reiseschecks können in beliebiger Höhe ins Land gebracht werden. Geldwechsel in Banken und Hotels. Vielerorts kann in ausländischer Währung, mit eurocheques oder internationalen Reiseschecks bezahlt werden. Kreditkarten sind in Island sehr populär geworden. Alle Hotels, Fluggesellschaften und Geschäfte akzeptieren die üblichen Kreditkarten.

Trinkgelder werden in Hotels, Restaurants, Taxis etc. nicht erwartet. Nicht selten wird sogar darauf hingewiesen, daß sie nicht erwünscht sind.

INFORMATIONEN

Isländ. Fremdenverkehrsamt
City Center
Carl-Ulrich-Straße 11
6078 Neu-Isenburg 1
Tel. 0 61 02/25 44 84

Icelandair
In der Schweiz und in Österreich werden alle Reiseinformationen von den Büros der Icelandair erteilt (s. S. 172).

In Island:
Isländ. Fremdenverkehrsamt
(Ferðamálaráð Islands)
Lækjargata 3
Reykjavík
Tel. 2 74 88

Verein der Naturfreunde
(Útivist)
Grofin 1
Reykjavík
Tel. 1 46 06

Touristenclub Islands
(Ferðafélag Islands)
Öldugata 3
Reykjavík
Tel. 1 17 89/1 95 33

Islands Touristbüro
(Ferðaskrifstofa Rikisins)
Skógarhlid 6
Reykjavík
Tel. 2 58 55

LANDKARTEN

Als Übersichtskarte reicht die Touristenkarte (Uppdráttur Ferðafélag Íslands) im Maßstab 1:750 000 aus. Buchhandlungen, Souvenirläden und Tankstellen bieten außerdem

Karten im Maßstab 1:250 000 (9 Detailblätter), 1:100 000 und für einige wenige Gebiete 1:50 000 an. Eine gute Ergänzung für Interessierte sind die Geologischen Karten im Maßstab 1:100 000 (7 Detailblätter), die Auskunft über die vorkommenden Gesteinsarten geben. Herausgeber:

Náttúrufraeðistofnun Íslands
Reykjavík
Laugarvegur 103
Tel. 2 98 22

Übersichtskarten und Stadtpläne gibt es kostenlos in den Tourist Information Centers in Reykjavík und in örtlichen Fremdenverkehrsbüros.

LITERATUR

Island mit seiner alten Erzähltradition kann sich rühmen, weltweit das Land mit der größten Buchproduktion pro Einwohner zu sein. Die Werke des Nobelpreisträgers ***Halldór Laxness*** (in deutsch liegen z. B. die Romane *Atomstation, Fischkonzert* und *Die Litanei von den Gottesgaben* vor) gehören zur Weltliteratur. Eine Vielzahl von Autoren hat internationalen Rang, etwa ***Gunnar Gunnarsson*** (*Die Leute auf Borg, Das Geheimnis der hellen Nacht* u. a.) und ***Thor Vilhjálmsson*** (*Das Graumoos glüht*). Die *Nonni*-Bücher des Paters ***Jón Sveinsson*** sind hierzulande durch die Fernsehserie *Nonni und Manni – Die Jungen von der Feuerinsel* allgemein bekannt geworden.
Die Horen-Zeitschrift für Literatur, Kunst und Kritik zeigt mit ihrem Band 143 *Island: Wenn das Eisherz schlägt* einen Querschnitt durch die jüngere Literatur. Die altisländische Sagaliteratur erscheint in verschiedenen populären Sammlungen.
Empfehlenswerte Sachbücher zu Island sind z. B. Ewald Gläßler / Achim Schnütgen, *Island*, Darmstadt 1986, und der Klassiker *Island – Feuerinsel am Polarkreis* von Werner Schutzbach (mehrere Auflagen).

MEDIEN

Fernsehen: Die zahlreichen Spielfilme werden unsynchronisiert in der Originalsprache ausgestrahlt.

Rundfunk: Es wird ein Hörfunkprogramm auf Langwelle und UKW ausgestrahlt. Während der Monate Juni bis August gibt es täglich um 7.30 Uhr eine Nachrichtensendung in englischer Sprache (LW 209 kHz, 143,5 m; UKW 93,5 MHz). Eine Wiederholung kann man über den Telefondienst, 91/69 36 90, abrufen. Deutschsprachige Sender vom Kontinent sind im Sommer auf der Kurzwelle, im Winter auch auf Mittel- und Langwelle zu empfangen.

Presse: Island ist ein Land der Zeitungsleser. Der Straßenverkauf der Nachmittagsblätter ist ein Privileg der Schuljungen. Isländische Periodika in Englisch sind die Monatszeitung *News from Iceland*, die eine bunte Mischung von Nachrichten und Hintergrundgeschichten bringt, sowie die vierteljährlich erscheinende *Iceland Review*, ein illustriertes Magazin, das sich durch hervorragende Farbfotos von Landschaften und reich bebilderte Künstlerporträts auszeichnet. All diese Zeit-

schriften können auch im Auslandsabonnement bezogen werden.
Deutsche Zeitungen sind nur schwer erhältlich. Deutschsprachige Bücher findet man in fast allen isländischen Buchhandlungen, die sehr gut sortiert sind.

MEDIZIN. VERSORGUNG

Ärztliche Hilfe bei Unfällen und akuten Erkrankungen erfolgt gegen eine geringe Gebühr, die in der Regel von der Krankenkasse daheim erstattet wird. In Reykjavík erfolgt ambulante Behandlung in Notfällen rund um die Uhr im Stadtkrankenhaus (Borgarspítalinn, Slysadeild, Tel. 69 66 00).

Ärztlicher Notdienst
Domus medica
Egilsgata 3
Tel. 6 31 00
(Mo.–Fr. 8.00 bis 17.00 Uhr)
Tel. 2 12 30
(17.00 bis 8.00 Uhr an den Wochenenden)

Zahnärztenotdienst von 17.00 bis 18.00 Uhr:
Heilsuverndarstöðin
Baronstígur 47
Tel. 2 24 11

Der **Notruf** für Krankenwagen (und Feuerwehr) ist 1 11 00.
In Akureyri hat das Krankenhaus, Spitalsstígur, die Tel.-Nr. 2 21 00.

Apotheken sind in der Hafnarstræti 104, Tel. 2 24 44, und Hafnarstræti 98, Tel. 2 37 18, zu finden.
Insgesamt gibt es in Island ca. 50 Krankenhäuser.

NATURPHÄNOMENE

Geysire: Island zählt mehr heiße Quellen, Geysire, Solfataren und Fumarolen als jedes andere Land der Erde: an rund 300 Orten gibt es mehr als 700 dieser thermalen Ausstöße. Allein das Gebiet von Borgarfjörður hat an 50 verschiedenen Stellen Quellen mit 100 Grad heißem Wasser. Besonders imposant sind die Springquellen, die Geysire. Der berühmteste ist der Stóri Geysir im Haukadalur, der den Springquellen in aller Welt ihren Artnamen gegeben hat (s. S. 40). Die Wassertemperatur der Springquellen liegt nahe dem Siedepunkt. An anderen Stellen – z. B. im Mývatn-Gebiet in Nordisland oder bei Krisuvík im Südwesten – tritt das Wasser in riesigen Dampfquellen aus dem Erdboden. *Fumarolen* oder – wenn sie schwefelwasserstoffhaltig sind – *Solfataren* sind Zeichen für jungen Vulkanismus in dem betreffenden Gebiet. Solfataren bilden oft Kessel mit blaugrauem, brodelndem Schlamm, aus dem Gasblasen aufsteigen und laut knallend zerplatzen. Der Erdboden um diese Quellen ist meist zerkocht und aufgelöst, Schwefel- und Eisenoxydablagerungen färben ihn oft leuchtend gelb und rot. Die Thermalenergie wird an vielen Orten zu Heizzwecken, für Schwimmbäder und Treibhäuser genutzt. Auch die ganze Stadt Reyjkavík wird so beheizt. Ein großes geothermisches Elektrizitätswerk wurde Mitte der siebziger Jahre im Krafla-Gebiet gebaut. Die Gesamtenergie des größten Heißquellen-Gebietes schätzt man auf 1500 Megawatt.

Gletscher: Mehr als ein Zehntel der Insel ist mit Gletschereis bedeckt – allein die bis zu 1000 m dicke Eiskappe des Vatnajökull ist mit ihren 8400 km² doppelt so groß wie alle Gletscher der Alpen zusammen. Fast alle Gletscherformen sind vertreten – vom kleinen Rundgletscher über Tafel- oder Plateaugletscher bis hin zu ausgedehnten Eisfeldern. Die gewaltigen glazialen Relikte auf Island stammen aus der Nacheiszeit – sie erreichten im vergangenen Jh. ihre größte Ausdehnung. Wichtige Gletscher neben dem Vatnajökull sind der Mýrdalsjökull, der Hofsjökull, der Langjökull und der Snæfellsjökull, dessen Eiskappe von Reykjavík aus zu sehen ist. Gletscherzungen und Eisabbrüche enden oft in Lagunen zu Füßen der Gletscher. Die Schmelzwasser bilden reißende Flüsse, die riesige Mengen von Geröll und zermahlenem Lavagestein mit sich führen. Im Südosten bilden diese Geröllfelder die berüchtigten *Sanðer*. Ein für Island spezifisches Phänomen sind die *Gletscherläufe (»hlaup«)*. Sie entstehen, wenn subglaziale Vulkane die Eiskappe von unten schmelzen lassen. Das sich dabei ansammelnde Schmelzwasser sprengt irgendwann das Reservoir und stürzt dann – ohne sich an vorhandene Flußläufe zu halten – in gewaltigen Mengen zu Tal. Das kann zu verheerenden Überschwemmungen führen, was im Gebiet der Gletschervulkane Katla (Mýrdalsjökull) und Grimsvötn (Vatnajökull) häufiger geschehen ist.

Vulkane: Seine Lage auf dem Mittelatlantischen Rücken macht Island zum aktivsten Vulkangebiet der Erde. Von den rund 200 nacheiszeitlichen Vulkanen sind seit der Besiedlung um das Jahr 900 mindestens 30 ausgebrochen, insgesamt 150mal, was im Durchschnitt alle 5 Jahre einen Ausbruch bedeutet. Das hat in den vergangenen Jahrhunderten immer wieder verheerende Katastrophen zur Folge gehabt. Islands berüchtigtster Vulkan ist die Hekla, die im April 1981 ihren letzten Ausbruch hatte. Ein submariner Vulkan ließ 1963 vor der Südküste Islands die Insel Surtsey entstehen. Zehn Jahre später wurde die Stadt Heimaey auf den Westmänner-Inseln durch einen Vulkanausbruch weitgehend zerstört. Im Krafla-Gebiet ist es seit Beginn der achtziger Jahre immer wieder zu Aktivitäten des Spaltenvulkans und zu einem deutlich spürbaren »Pumpen« des Erdbodens gekommen.
Auf der Insel sind fast alle auf der Welt bekannten Vulkanformen zu finden. Besonders typisch für Island sind die *Spaltenausbrüche*. So gibt es zahlreiche, meist gradlinig verlaufende, tiefe Bruchspalten von vielen Kilometern Länge mit ganzen Reihen von Kratern oder Kraterkegeln, z. B. die Lakagígar (s. S. 117), die Eldgjá-Spalte (s. S. 124) oder die Leirhnjúkur-Spalte im Kraflagebiet (s. S. 104). Es gibt *Schildvulkane* wie auf Hawaii, die aus dünnflüssiger, gasarmer Basaltlava aufgebaut sind, mit flach ansteigenden Hängen, von denen der Skjaldbreiður der eindrucksvollste ist. Man findet *Tafel-* oder *Horstvulkane* wie den Herdubreið, die während der Eiszeit unter den Gletschern entstanden und die an ihren steil aufragenden Wänden erkennbar sind. Das schönste Beispiel für *Kegelvulkane* vom

Fudschijama-Typ (auch Stratovulkan) ist der Snæfellsjökull (s. S. 68 f.). Es gibt *Explosionskrater*, die sich ohne jede Bergaufschüttung als *Maare* zeigen – oder *Caldera-Formen* mit großen, kraterähnlichen Kesseln (z. B. die Askja, s. S. 105).
Subglaziale Vulkane sind die Katla unter dem Mýrdalsjökull und Grimsvötn unter dem Vatnajökull. Die Vulkane haben im Laufe der Jahrmillionen gewaltige Mengen von Lava produziert, die zum Teil als ausgedehnte Wüste die Insel bedeckt. Die größte der vulkanischen Wüsten ist die Ódaðahraun, die »Wüste der Missetäter«, im Nordosten Islands.

Wasserfälle: Die wasserreichen Flüsse Islands stürzen oft in gewaltigen Wasserfällen zu Tal. Der Dettifoss gilt mit bis zu 1500 m³ Wasser in der Sekunde als der mächtigste Wasserfall Europas. Mit seinen 44 m Fallhöhe ist er allerdings nicht der höchste Islands: Dieses Prädikat kommt – mit 200 m – dem unzugänglichen Glýmur zu. Als schönste Wasserfälle gelten der Gullfoss (50 m), der über zwei riesige Kaskaden (34 m) in einer tiefen Felsschlucht verschwindet, der Goðafoss in der Nähe von Akureyri, der Ofærufoss, über den eine natürliche Basaltbrücke führt, und der Skógafoss (60 m).

POST

Post/Telefon (Póstur/Sími): Das Hauptpostamt von Reykjavík liegt unmittelbar an der Einkaufsstraße Austurstræti/Pósthússtræti. Geöffnet: werktags 8.30–16.30 Uhr, Do. bis 18.00 Uhr. In der Busstation Umferðarmiðstöðin gibt es einen Postschalter (geöffnet werktags 8.30–19.30 Uhr, Sa. 8.30–15.00 Uhr).
Das Telefonnetz in Island ist sehr dicht – nach der Statistik besitzt fast jeder zweite Isländer ein Telefon. Der ***Selbstwählverkehr ins Ausland*** erfolgt über Satellit (Vorwahl Deutschland 90 49, Schweiz 90 41, Österreich 90 43).
Telegramme werden unter Tel. 06, nachts auch unter Tel. 1 64 11, angenommen.
Die ***Vorwahlnummern*** der wichtigsten isländischen Orte: Reykjavík 91, Ísafjörður 94, Sauðarkrókur 95, Akureyri und Húsavík 96, Höfn und Seiðisfjörður 97, Vestmannaeyjar 98.
Bei der Anwahl aus dem Ausland entfällt die 9.
Vorwahl für Island: 00 35 41, für Reykjavík: 0 03 54-1.

SHOPPING/SOUVENIRS

Zu den beliebtesten Mitbringseln gehören die legendären *Island-Pullover*, die es in großer Auswahl in traditionellen Mustern und in Naturfarben gibt. Isländische Wolle wird aber auch für modische Strickwaren aller Art und für warme Wolldecken verwendet. Viel gekauft werden gegerbte *Schaf-* und *Ponyfelle*. Daneben gibt es eigenwillige *Keramik* und *Schuhwaren*. Überraschend groß ist die Auswahl an guten *Bildbänden* über die Insel. Zu gefragten Souvenirs gehören außerdem lukullische Spezialitäten – vor allem *Lachs* und *Krabben* –, *Briefmarken* und *Mineralien*. Eine große Auswahl dieser Souvenirs bieten in Reykjavík die Andenkenshops der drei großen Hotels, der Duty-free-Shop auf dem Flughafen Keflavík sowie

Isländisches Handarbeitszentrum
Hafnarstræti 3

Rammagerðin
Hafnarstræti 19

Bazar Þorvaldsensflélagsins
Austurstræti 4

Hilda
Borgartún 22

Alafoss
Vesturgata 2

Risid-Old Island
Skólavördurstigur 19

Die meisten dieser Läden sind auch in dem neuen Einkaufszentrum »Kringlan« an der Ringstraße 1 (Miklabraut) vertreten.
Touristen können sich für ausgeführte Waren, die in ***taxfree*** gekennzeichneten Geschäften gekauft wurden, die Umsatzsteuern zurückerstatten lassen (15% des Ladenpreises); der Warenwert muß mindestens 3000 ikr betragen. Die Erstattung erfolgt bei der Ausreise auf dem Flughafen Keflavík oder – wenn man an einem anderen Ort ausreist – gegen Einsendung der vom isländischen Zoll bei Ausreise abgestempelten Formulare per Post.

SPRACHE

Isländisch ist eine altnordische oder altnordgermanische Sprache, die sich im Laufe der Jahrhunderte relativ wenig verändert hat. Alle Wörter werden auf der ersten Silbe betont. Zusätzlich zu den Buchstaben des lateinischen Alphabets werden folgende eigene Buchstaben verwendet:

á = au
í = langes i
ý = langes i
é = jä
ú = langes u
ae = ai
ð = stimmhaftes th
(wie im Englischen)
ó = au
þ = stimmloses th
(wie im Englischen)

Die meisten Isländer sprechen Englisch, viele auch Deutsch – dennoch sollte ein Wörterbuch nicht fehlen.

Einige Begriffe:
ja *já*
nein *nei*
danke sehr *kaerar þakkir*
guten Tag *gódan dag*
auf Wiedersehen *verid tér saelir* oder: *bless*
sprechen Sie deutsch? *talid tér tyzku?*
wo ist ...? *hvar er ...?*
was kostet ...? *hvad kostar ...?*
Brot *braud*
Butter *smjör*
Käse *ostur*
Milch *mjólk*
Fisch *fiskur*
Zimmer *herbergi*
Tankstelle *bensinsölustöd*
Bus *strætisvagn*
rechts *til haegri*
links *til vinstri*
geradeaus *beint áfram*

Apotheke *apótek*
Arzt *laeknir*
Zahnarzt *tann laeknir*

Zahlen:

1 *einn, ein, eitt*
2 *tveir, tvær, tvö*
3 *thrir, thrjá, thrjú*
4 *fjórir, fjórar, fjögur*
5 *fimm*
6 *sex*
7 *sjö*
8 *átta*
9 *niu*
10 *tiu*
11 *eliefu*
12 *tolf*
13 *threttán*
14 *fjórtán*
15 *fimmtán*
16 *sextán*
17 *sautján*
18 *átjan*
19 *nitján*
20 *tuttugu*

Begriffe aus der Natur:

á (Plural: *ár*) Fluß
austur Osten
brekka (brekkur) Hang
brú (brýr) Brücke
baer (baeir) Bauernhof
dalur (dalir) Tal
ey, eyja (eyjar) Insel
fell (fell) Anhöhe
fjall (fjöll) Berg
*fjörð*ur (firðir) Fjord
fljót (flót) Fluß
flói (flóar) Bucht, Sumpf
foss (fossar) Wasserfall
gîgur (gîgir o. gîgar) Krater
gjá (gjár) Schlucht
haf (höf) Meer
*heið*i (heiðar) Hochebene, Heide
höfn (hafnir) Hafen
hólmi, hólmur (hólmar) kleine Insel
hraun (hraun) Lava, Lavafeld
hryggur (hryggir) Bergrücken
hvammur (hvammar) Talsenke
hver (hverir o. hverar) heiße Quelle
îs Eis
jökull (jöklar) Gletscher
kirkja (kirkjur) Kirche
klettur (klettar) Klippe, Felsen
laug (laugar) warme Quelle
mýri (mýrar) Moor
nes (nes) Halbinsel, Landspitze
*norð*ur Norden
oddi (oddar) Landspitze
ós (ósar) Flußmündung
reykur (reykir) Rauch, Dampf
sandur (sandar) Sander, Sand- oder Kieswüste
sjór (sjóir) Meer
skarð (skörð) Paß
skógur (skógar) Wald
slétta (sléttur) Ebene
*stað*ur (staaðir) Ort, Platz
*suð*ur Süden
tindur (tindar) Gipfel
vað (vöð) Furt
vatn (vötn) See
vegur (vegir) Weg, Straße
vestur Westen
vîk (vîkur) Bucht
völlur (vellir) Platz, Ebene
þing (þing) Volksversammlung

Isländische Sprachkurse ein oder zwei Wochen:
Mímir
Ananaust 15
Reykjavík
Tel. 1 00 04/2 16 55

UNTERKUNFT

Reykjavík verfügt mittlerweile über drei Hotels von internationaler Spitzenklasse: »Saga«, Holiday Inn« und »Hotel Holt« sowie über mehrere Hotels der Kategorie 2 – wie »Loftleiðir«, »Esja«, »Odinsvé«, »Lind«. In jüngster Zeit sind in vielen kleineren Orten einfache Touristenhotels und Gästehäuser neu gebaut worden. Die staatliche Kette der »Edda-Hotels« bietet während der Sommermonate an 16 Orten einfache Zimmer in Internaten an, die während der Schulferien als Hotels genutzt werden. In den Edda-Hotels gibt es auch für Reisende mit eigenem Schlafsack preiswerte Unterkünfte. Dem Edda-Schecksystem haben sich weitere 23 Hotels angeschlossen. Zwölf führende Hotels haben außerdem das Schecksystem »Iceclass-Hotels« mit ermäßigten Preisen bei Abnahme von vier Übernachtungsgutscheinen eingeführt. Kinder erhalten fast überall Rabatt. An den meisten Orten gibt es auch Privatpensionen und Privatzimmer, ebenso wie viele Höfe »Urlaub auf dem Bauernhof« anbieten. Jugendherbergen sind an sieben Orten vorhanden. Wanderer in menschenleeren Gegenden können in Wanderhütten schlafen, jedoch nie länger als ein bis zwei Nächte. Die Übernachtungsgelder sind in den Hütten zu hinterlegen. Dagegen dürfen die besonderen Rettungshütten nur in wirklichen Notfällen benutzt werden. Wer dabei Vorräte oder gelagerte Medikamente verbraucht, muß sie spätestens bei der nächsten Gemeindeverwaltung bezahlen.

Hotel-Auskünfte:
Samband Veitinga-og Gistihúsa
Garðarstræti 42
Reykjavík
Tel. 35 41/2 74 10

Edda-Hotels
Ferðaskrifstofa Islands
Skógarklið 18
Reykjavík
Tel. 2 58 55

Jugendherbergen:
Bandalag íslenskra farfugla
Laufásvegur 41
Reykjavík
Tel. 10 40 19

Urlaub auf dem Bauernhof:
Landesverband Ferðabaenda
Hagatorg 107
Reykjavík
Tel. 62 36 40

Wanderheime:
Ferðafélag Íslands
Öldugata 3
Reykjavík
Tel. 1 95 33

Zelten: Jedermann kann überall in der freien Natur sein Zelt aufschlagen – mit Ausnahme von Naturschutzgebieten und Nationalparks, wo das Schild »Tjaldstaedi bönnuð« das Zelten verbietet. Das »freie Campen« ist zwar nicht verboten, wird aber immer mehr eingeschränkt. In der Nähe findet sich dann aber in der Regel ein Campingplatz. Auf Grundstücken nahe von Gehöften sollte man um Erlaubnis nachfragen – sie wird fast immer erteilt. Gut ausgestattete Campingplätze gibt es u. a. in Akureyri,

Mývatn, Akranes, Húsafell, Egilsstaðir, Ísafjörður, Þingvellir und Reykjavík. Zelte aller Größen und das gesamte Camping-Zubehör können in Island entliehen werden. (Viermannzelt z. B. pro Tag 15 DM; Gaskocher ca. 2 DM pro Tag.) Verleih u. a. durch Tjaldaleigan s. f., Vatnsmiravegur 9, Reykjavík (gegenüber dem Busbahnhof), Tel. 1 30 72.

URLAUBSAKTIVITÄTEN

Angeln: Islands saubere Flüsse und Seen, die weder durch Industrieabwässer noch durch sauren Regen belastet sind, locken Sportfischer aus aller Welt. Insbesondere Lachsangler dürfen hier auf kapitale Fänge hoffen. Der isländische Lachs *(Salmo salar)* hat in der Regel ein Gewicht von 4–10 Pfund und eine Länge von 50–80 cm. Aber auch Lachse von 30 Pfund sind keine Seltenheit – der Rekord liegt bei 19 250 Gramm. Meerforellen *(Salmo trutta)* können bis zu 20 Pfund wiegen, Saiblinge *(Salvelinus alpinus)* bis zu 12 Pfund. Die besten Lachsflüsse liegen im Süd- und im Nordwesten der Insel, so vor allem die Elliðaár, die durch die Randsiedlungen Reykjavíks fließt, oder die Laxá in Kjós. Meerforellen gibt es praktisch in allen Flüssen, Saiblinge in den ca. 100 Binnenseen, von denen der Þingvallavatn und der Mývatn zu den besten Angelrevieren gehören. Die Lachssaison dauert – mit lokalen Abweichungen – von Mai bis September, wobei der Juli die beste Fangzeit ist. Forellen dürfen in Seen vom 1. Februar bis 26. September, in Flüssen vom 1. April bis 20. Juni geangelt werden. Dem Saibling darf von Februar bis September (Þingvallavatn nur bis Ende August) nachgestellt werden. Möglichkeiten zum Hochseeangeln – z. B. auf Heilbutt oder Dornhai – gibt es von mehreren Häfen aus und erfreut sich zunehmender Beliebtheit. (Auskünfte in örtlichen Touristikinformationen oder Hotels.) Generelle Auskünfte über Lizenzen, Preise etc.:

Landssamband Veiðifélaga
Bolholt 6
Reykjavík Tel. 3 15 10

Stangaveiðifélag Reykjavíkur
Haaletisbraut 68
Reykjavík
Tel. 68 60 50

Wichtig: Angelgerät und -kleidung müssen vor oder auch bei der Einreise desinfiziert werden (Zeugnis!).

Ausflüge: Eine Vielzahl von Veranstaltern bieten organisierte Ausflüge auf der Insel mit fremdsprachiger Begleitung an. Ausführliche Programme liegen in den meisten Hotels aus. Es gibt u. a.: Rundflüge über Vulkane und Gletscher, Flüge auf die Vulkaninsel Heimaey mit Rundfahrt, Gletscherfahrten mit dem Snowmobile, kombinierte Flug-Bus-Reisen zum Mývatn-Gebiet, mehrtätige Nordisland-Rundfahrten, Ausflüge zum Geysir und zum Gullfoss-Wasserfall, Exkursionen zur Vogelbeobachtung, Pony-Trekking und Bus-Wanderreisen durch das Hochland mit Übernachtung in Zelten. Island ist auch das Sprungbrett für Flug-Ausflüge nach *Grönland*. Es gibt Tagestouren nach Kulusuk/Ostgrönland mit dem Besuch einer Eskimo-Siedlung und

Mehrtagesreisen nach Tasiilaq/Ostküste und Narsarsuaq (Südgrönland) mit Icelandair, Leiguflug, Odin-Air. Auch im Winter finden Touren nach Grönland statt (mit Hundeschlittenfahrten).

Baden: Im Meer und in den Flüssen baden nur Verwegene! Dennoch sollte Badezeug im Koffer nicht fehlen. Denn an rund 100 Orten gibt es thermalgeheizte Freibäder und Schwimmhallen mit einer konstanten Wassertemperatur von 25 bis 30° C. Häufig gibt es im oder neben den eigentlichen Becken »Töpfe« mit Wasser von 36–44° C, die z. B. im großen Freibad von Reykjavík mit ihren Sitzbänken unter Wasser ein beliebter Treffpunkt während der Büropausen sind. Die Bäder sind in der Regel an allen Tagen bis in den Abend hinein geöffnet. Bei heißen Badelagunen in der freien Natur sollte man den Rat von Einheimischen einholen.

Bergsport: Die isländische Bergwelt bietet reizvolle Möglichkeiten für Bergwanderungen und Gletscherbegehungen. Bergklettern ist zwar mit hohen Schwierigkeitsgraden möglich, wird aber auf der Insel selbst als Sportart relativ wenig ausgeübt. Einige Veranstalter bieten besondere Bergtouren an. Für Bergwanderer stehen in den wichtigsten Gebieten Übernachtungshütten bereit. Auskünfte:
Ferðafélag Islands
Öldugata 3 Reykjavík
Tel. 1 95 33 oder 1 17 98

Golf: Golfplätze gibt es an gut 20 Orten der Insel, so im Einzugsgebiet von Reykjavík drei Plätze, in Akureyri und – in landschaftlich besonders reizvoller Lage – auf den Westmänner-Inseln. Die Plätze stehen auch interessierten Touristen zur Verfügung. Im Golfclub Akureyri kann man um Mitternacht bei Sonnenschein Golf spielen. Auskünfte:
The Golf Union of Iceland
Postbox 1076
Reykjavík
Tel. 68 66 86

Marathon: Eine von den Isländern neu entdeckte Leidenschaft ist der Marathon-Lauf. 1984 fand unter internationaler Beteiligung der erste ***Reykjavík-Marathon*** statt, der jedes Jahr Ende August wiederholt wird, und zwar über die volle oder die halbe Strecke (21 oder 42 km). Mehrere deutsche Veranstalter bieten Paketreisen dazu an. Weitere Informationen bei: Athletic Union of Iceland, Langardalur, Reykjavík, Tel. 68 55 25.

Radfahren: Fahrräder können sowohl in Reykjavík als auch an anderen Orten Islands ausgeliehen werden. Fahrradtouren (Mountainbikes) bieten an:

Icelandic Highland Travel
Bankastræti 2
Reykjavík
Tel. 2 22 25

Samvinn Travel
Austurstræti 12
Reykjavík
Tel. 69 10 70

Útivist Touring Club
Grófin 1
Reykjavík
Tel. 1 46 06/2 37 32

Die öffentlichen Busse nehmen Fahrräder mit (Kosten: bis 100 km ca. 20 DM/Rad; über 100 km ca. 29 DM/Rad). Wichtig: ausreichend Flickzeug mitnehmen!

Rafting (Wildwasserfahren):
Arrangements führt durch:
B. G. River Rafting and Guiding
Reykjavík
Tel. 7 28 52

Reiten: Das robuste und genügsame Islandpferd (trotz seiner kleinen Gestalt kein Pony!) war noch bis weit in unser Jahrhundert hinein das wichtigste Verkehrsmittel. Noch heute gibt es an die 80 000 zumeist halbwild lebende Pferde auf der Insel. Reiten ist Volkssport, und so werden auch zahlreiche Reitausflüge angeboten. Beim zweistündigen Ausritt vor den Toren Reykjavíks kann der Anfänger seine ersten Erfahrungen sammeln – auch mit den beiden zusätzlichen Gangarten der Islandpferde, dem rückenschonenden »Tölt« und dem »Pass«. Für Fortgeschrittene gibt es zünftige Trekkings (8–14 Tage im Sattel) mit Übernachtung in Hütten oder auf Bauernhöfen. Möglichkeiten für Ausritte auf eigene Faust bieten viele Höfe im Rahmen von Urlaub auf dem Bauernhof an. Spezialprospekte für Pferdefreunde gibt es bei Icelandair.
Speziell für Pferdefreunde gibt es Reisen zu der jeweils im Juni stattfindenden ***Nationalen Pferdeschau***. Diese Reisen können durch ein organisiertes Vor- oder Nachprogramm, bei dem u. a. Zuchtbetriebe und Bauernhöfe besichtigt werden und wo Gelegenheit zu eigenen Ausritten besteht, ergänzt werden. Auch zum Weideabtrieb der halbwild lebenden Pferde und dem Sortieren in Pferchen, dem *»réttir«*, werden Reisen veranstaltet (September).

Schach: Isländer sind leidenschaftliche Schachspieler. So gibt es immer wieder internationale Großereignisse auf der Insel – wie den Weltmeisterschaftskampf Spassky/Fischer (im Jahre 1972). Örtliche Schachclubs laden Touristen als Spielpartner ein. (Auskunft in den Hotels.)

Skisport: Trotz seines »kalten« Namens ist Island kein ausgesprochenes Wintersportland, und das Skilaufen steckt noch ziemlich in den Kinderschuhen. Dennoch gibt es – vor allem in der Nähe von Reykjavík und Akureyri – Skizentren mit Lifts und Hütten. Eine Sommerskischule wird von Juni bis August im landschaftlich besonders reizvollen Gebiet am Kerlingarfjöll im zentralen Hochland unterhalten. Dort gibt es das Berghotel ***»Askard«***. Auskünfte:
Fannborg Ltd.
Postbox 5086
Reyjkavík
Mitte April wird seit 1984 als internationaler Skilanglauf-Wettbewerb der *»Lava Loppet«* veranstaltet, und zwar in Nordisland (Akureyri). Auch zu dieser Veranstaltung gibt es Sonderflugreisen
Auskünfte über Veranstalter, Termine, Preise: Isländisches Fremdenverkehrsamt, Neu Isenburg, oder Icelandair, Frankfurt.
Ein wichtiger Hinweis für Preisbewußte: Neuerdings gibt es den »Reykavík-Paß«, mit dem sich u. a. der Eintritt in die städtischen Galerien, ins

Freilichtmuseum Arbær und in die naturgeheizten Schwimmbäder verbilligt. Die Tarife für das Linienbussystem der Stadt reduzieren sich außerdem. Der Paß kostet umgerechnet etwa 8,50 DM und wird in Reisebüros, Hotels und dem Tourist Information Center verkauft.

VERKEHR

Island hat ein gut ausgebautes ***Inlandflugnetz***. Fast alle Orte sind mit Linienbussen zu erreichen. Auch Fähren und Küstenschiffe bieten gute Möglichkeiten, das Land kennenzulernen. Icelandair fliegt im Liniendienst 10 Flughäfen an, einige davon bis zu 5mal täglich. Außerdem gibt es in Ísafjörður, Akureyri und Egilsstaðir noch lokale Fluggesellschaften. Flüge sind nicht wesentlich teurer als entsprechende Busreisen.

Preiswerte Flugmöglichkeiten bietet ein ***Rundreise-Ticket (Air Rover Ticket)***, mit dem die Reise auf der Strecke Reykjavík–Ísafjörður– Akureyri–Egilsstaðir–Höfn–Reykjavík an jedem Ort begonnen und unterbrochen werden kann (ca. 480 DM/an 12 aufeinander folgenden Tagen). Mit einem ebenfalls preiswerten Air/Bus Rover Ticket lassen sich Flug- und Busstrecken miteinander kombinieren. Weitere Sparmöglichkeit ist das Triangle Ticket (Dreiecksflug, für den 5 Flughäfen zur Auswahl stehen). Für zwei bzw. vier Inlandflüge kann – nur vor Abflug im Ausland – ein ***Island-Airpass*** erworben werden (ca. 200–310 DM).

Busverkehr: Mit Linienbussen kann man die 1440 km lange Ringstraße rund um die Insel mit einem Rundreiseticket *(Hringmiði)* befahren, wobei die Reise nach eigener Wahl beliebig lange an jedem Ort unterbrochen werden kann (Preis ca. 350 DM, max. 4 Wochen gültig). Außerdem gibt es Netzkarten *(Tímamiði)* für 1–4 Wochen, mit denen man beliebig häufig alle Buslinien benutzen kann (Preis 390–740 DM). Busfahrer geben gern Tips für Übernachtungen und Sehenswürdigkeiten. Es gibt zwar feste Haltestellen, doch auf Wunsch halten die Busse an jedem Ort.

Autofähren: Mehrmals täglich verkehrt die Autofähre ***Akraborg*** zwischen Reykjavík und Akranes (Fahrzeit 1 Stunde). Zwischen Þorlákshöfn und den Vestmannaeyjar fährt täglich die Autofähre ***Herjólfur***. Von Juni bis September gibt es mit der MS ***Baldur***, die Autos als Decksladung befördert, eine Fährverbindung von Stykkishólmur über den Breiðafjörður nach Brjánslækur mit einem Zwischenaufenthalt auf der kleinen Insel Flatey. Von Akureyri aus fährt die MS ***Drangur*** die Häfen im Eyafjörður, Siglufjörður und Skagafjörður sowie die Insel Grímsey an. Die MS ***Fagranes*** bietet von Ísafjörður aus die Möglichkeit, den dünnbesiedelten Nordwesten kennenzulernen.

Straßenverkehr: Es stehen ca. 12 000 km Straßen und befestigte Wege zur Verfügung. Seit Mitte der siebziger Jahre kann die Insel auf einer knapp 1500 km langen Asphalt- und (überwiegend) Schotterstraße umfahren werden. (An Fahrzeit ohne längere Aufenthalte mindestens 5–6 Tage einplanen!)

Die ***Verkehrsbestimmungen*** entsprechen den internationalen Regelungen. Allerdings sollte man immer daran denken, daß sich die zahllosen freilebenden Pferde, Schafe, Kühe und die Hofhunde nicht an die Regeln halten. Wo Tiere neben der Straße auftauchen, sollte die Geschwindigkeit rigoros gedrosselt werden! Für Ortsdurchfahrten besteht eine Geschwindigkeitsbegrenzung von 30–50 km/h, für Landstraßen von 70–90 km/h; in Orten häufig Schwellen in der Fahrbahn! Achtung: auch tagsüber ist Abblendlicht vorgeschrieben. Der Hinweis »BRU« unter dem allgemeinen Warnschild heißt Einengung durch einspurige Brücke; vor Brücken häufig tiefe Schlaglöcher! »BREKKA« warnt vor Gefälle; »BLIND HÆD« vor Sichtbehinderung. Diese Warnungen sollten unbedingt ernstgenommen werden!

Die ***Schotterstraßen*** erfordern besondere Vorsicht. Sie sind voller oft tiefer Schlaglöcher und Rillen. Es besteht Rutsch- und Schleudergefahr sowie die Gefahr des Steinschlags – daher bei Gegenverkehr Geschwindigkeit herabsetzen. Bei Regenwetter werden Wagen auf Schotterstraßen mit Schlamm bespritzt, bei Trockenheit in dichte Staubwolken gehüllt. Wegen Steinschlagrisikos empfiehlt sich Mitnahme einer Folienscheibe. An jeder Tankstelle gibt es die Möglichkeit, kostenlos sein Auto zu waschen.

Bei ***Hochlandfahrten*** sind Jeeps vorgeschrieben; die Pisten sind meist steinig und steil. Flüsse müssen oft auf Furten durchquert werden. Faustregel: Einen Fluß nur da durchfahren, wo man ihn auch durchwaten könnte. Vorsicht bei Gletscherflüssen, deren milchige Färbung die Schätzung der Tiefe nicht zuläßt. Besondere Vorsicht auch, wenn an Flußbetten und auch auf Wegen durch Sandgebiete plötzlich keine Spuren mehr zu sehen sind – dann droht häufig tückischer Treibsand. Es empfiehlt sich, solche Touren möglichst im Konvoi zu machen, bei dem wenigstens ein Fahrzeug mit Seilwinde und Funkgerät ausgerüstet ist. Plötzliche Sand- oder Schneestürme können gefährlich werden!

Sicher ist sicher: Nicht nur im unbewohnten Hochland, auch auf der Ringstraße sollte man sich ausreichend mit Benzin und Öl sowie einem intakten Ersatzreifen eindecken – besonders bei Nachtfahrten. Einen Ersatzkanister und ausreichend Werkzeug (Spaten!) sollte man immer dabei haben, Luftdruck der Reifen regelmäßig überprüfen, häufiger nach eingeklemmten, spitzen Steinen kontrollieren!

Generelle Bestimmungen: nationaler (deutscher) Führerschein ist vorgeschrieben, Sicherheitsgurte sind Pflicht, die Alkoholgrenze ist mit 0,5 Promille sehr niedrig. Radarfallen können teuer werden!

Benzin 92 Oktan ca. 1,49 DM; 98 Oktan ca. 1,67 DM; Diesel ca. 0,53 DM (Preise 1992). Stets auf Reserve im Tank achten!

ADAC-Partnerclub:

F.I.B.

Bogartún 33
Reykjavík
Tel. 62 99 99

Der ADAC-Schutzbrief ist gültig. Bei den Clubs auch Auskünfte über Pannenhilfe-Stationen.

Mietwagen: Die Zahl der Mietwagenfirmen *(Bílaleigan)* auf der Insel ist in den letzten Jahren erheblich gewachsen. Es stehen zahlreiche Wagentypen zur Verfügung – vom Kleinwagen über Landrover, Campingwagen, Allradkombis mit Zelt-Klapphängern bis zu zehnsitzigen Bussen. Sie können praktisch an jedem Flugplatz der Insel in Empfang genommen und meist auch an anderen Orten als am Leihort zurückgelassen werden. Technisch sind die Fahrzeuge häufig nicht in bestem Zustand – vor Fahrtantritt überprüfen, ob Reserverad in Ordnung und Werkzeug/Wagenheber vorhanden sind. Der Anmieter muß mindestens 20 Jahre alt sein und seinen Führerschein seit wenigstens zwei Jahren besitzen. Die Preise liegen über denen in der Bundesrepublik (ab 2500 ikr pro Tag Grundgebühr für einen viersitzigen Pkw, 25 ikr pro gefahrener Kilometer).
Zu allen Preisen kommen 24,5% Umsatzsteuer hinzu!
Preiswerter als Anmietungen pro Tag und Kilometer sind Pauschalmietungen für eine Woche und länger ohne zusätzliche Kilometerkosten.
Reservierungen durch Icelandair (auch mit günstigem »Fly-and-Drive«-Angebot) und über die Büros der internationalen Autovermieter.

WETTER

Die berüchtigten Island-Tiefs, die das europäische Wetter so häufig durcheinanderbringen, haben ihren Ursprung gar nicht auf Island, sondern auf Grönland – sagen nationalbewußte Isländer. Über Island treffen die warmen Luftmassen vom Atlantik auf kalte Polarluft, gleichzeitig stößt in den umgebenden Gewässern der warme Golfstrom auf eisige Grönlandströme. Das Resultat: ein kühles Seeklima ohne große Temperatur-Extreme, mit schnellwechselnden Wetterlagen und viel Niederschlägen, vor allem an der Süd- und der Ostküste. Der Golfstrom sorgt für Durchschnittstemperaturen, die höher sind, als es die Lage am Polarkreis vermuten läßt. Im Januar, dem kältesten Monat, beträgt die Durchschnittstemperatur in Südwestisland + 1 Grad! Die milde Durchschnittstemperatur darf nicht darüber hinwegtäuschen, daß in höheren Berglagen auch extreme Kälte herrschen kann, wie es auch im Sommer empfindlich kalt sein kann.

Kleidung: Zu jeder Jahreszeit sollten ein wärmender Wollpullover (am besten auf Island kaufen), ein winddichter Anorak, Regenzeug und festes Schuhwerk im Reisegepäck sein – wie auch die Badehose (s. S. 60) nie fehlen sollte. Sollten Sie eine Camping- oder Hochlandreise planen, benötigen Sie warme Unterwäsche und Socken, Gummistiefel und einen geeigneten Schlafsack. Während man sonst mit legerer, zweckmäßiger Kleidung auskommt, wird in besseren Restaurants für den Abend die Krawatte erwartet.

Reisezeit: Für Fahrten über die Insel eignet sich am besten die Zeit von Mitte Juni bis Mitte September. Hochlandfahrten sind häufig erst ab Mitte Juni möglich, weil die späte Schneeschmelze die auf Furten zu durchquerenden Flüsse in reißende Ströme und weite Landstriche in Schlammwüsten verwandelt. Ende Juni und im Juli gibt es vor allem im Norden lange Tage und helle Nächte. Im September zeigt sich die Insel in leuchtenden Herbstfarben. In dieser Zeit findet auch der Herdenabtrieb der Schafe und Pferde sowie das volksfestartige Sortieren der Tiere *(réttir)* statt. (Reiseveranstalter bieten neuerdings spezielle Reisen zum Herbstabtrieb an – Auskunft Icelandair). Weniger geeignet sind die grauen Monate November bis Januar. Danach bieten sich gute Wintersportmöglichkeiten.

ZEITSYSTEM

Das ganze Jahr über gilt in Island Greenwich-Zeit (GTM). Es gibt daher keine Sommer- oder Winterzeit. Im Vergleich zu Mitteleuropa gehen die Uhren eine Stunde nach.

Grönland von A–Z

ALLGEMEINES

Geographie: Mit einer Fläche von 2 175 600 km² – die sechsfache Größe der Bundesrepublik – ist Grönland die größte Insel der Welt. Vom nördlichsten Punkt, Kap Morris Jesup (83° 39' n. B.) bis zum südlichsten, Kap Farwell (59° 46' n. B.) sind es 2670 km, vom westlichsten, Kap Alexander (73° 08' w. L.), bis zum östlichsten, (11° 39' w. L.), 1060 km. Kap Alexander liegt ungefähr auf demselben Breitengrad wie New York, Kap Farwell etwa auf dem von Oslo. Kanada ist an der schmalsten Stelle der Davisstraße nur 26 km entfernt, Mitteleuropa gut 4000 km. Der überwiegende Teil der Insel liegt nördlich des Polarkreises.
Von den 2,186 Millionen km² sind 1,8 Millionen km² von ewigem Eis bedeckt (s. S. 172). Eisfrei ist nur der 100–200 km breite Felsgürtel entlang der Küste, der das Inlandeis umfaßt und Höhen von bis zu 3833 m (Gunnbjørns Fjeld) erreicht. Die Küstenlinie, die von zahllosen tiefen Fjorden zerschnitten ist, hat eine Länge von rund 40 000 km. In den Fjorden und vor der Küste gibt es Zehntausende von Inseln aller Größen. In die Fjorde kalben häufig gigantische Gletscher. Die Siedlungen liegen vor allem an der südlichen und mittleren Westküste bis zur Höhe der Disko-Bucht. Insgesamt gibt es 120 bewohnte Orte, davon 12 mit mehr als 1000 Einwohnern. Die mit Abstand größe Stadt ist die Hauptstadt Nuuk mit ca. 11 500 Einwohnern. Die größeren Orte sind weit voneinander entfernt. Kein Ort ist mit einem anderen durch eine Straße verbunden.

Wirtschaft: Krabben sind heute mit Abstand der wichtigste Exportartikel der Insel. Der Streit mit den übrigen Fischereinationen der EG um die Fischereirechte in der Grönländischen See war für die Grönländer einer der wichtigsten Gründe für den Austritt aus der Gemeinschaft. Heute müssen die Fangflotten aus den EG-Ländern Lizenzen kaufen, wenn sie innerhalb der 200-Seemeilen-Zone Grönlands fischen wollen.

Die Robbenjagd, von der man früher so gut wie ausschließlich gelebt hat, ist zwar in ihrer Bedeutung für die Gesamtwirtschaft erheblich zurückgegangen, doch sind noch immer fast 10 000 Menschen auf der Insel vom Jagdglück abhängig, vor allem an der Ostküste und in den abgelegenen Siedlungen des Nordens. Beim Absatz der Felle gab es in der letzten Zeit erhebliche Probleme. Die weltweite Kampagne gegen den Kauf von Robbenfellen, die sich gegen das brutale Seehundbaby-Schlagen vor der kanadischen Küste richtet, hat auch ernste Auswirkungen auf Grönland, obwohl die hier betriebene Robbenjagd nichts mit den Massakern vor Kanada gemeinsam hat.

Der Abbau der reichlich nachgewiesenen ***Bodenschätze*** – vom Uran bis zum Eisenerz – scheiterte an den astronomisch hohen Investitionskosten, die die extremen Naturbedingungen erforderlich machen. Nur in Marmorilik wurden große Mengen Zink und Blei abgebaut. Heute ist das Vorkommen erschöpft. Die Suche nach abbauwürdigen Öllagerstätten war bisher erfolglos. Im Frühjahr 1990 beschloß die Landesregierung, die unermeßlichen Energiereserven des Gletscherwassers durch den Bau eines gewaltigen Kraftwerks in der Nähe der Hauptstadt Nuuk erstmalig zu nutzen.

Der ***Königlich Grönländische Handel (KGH)*** hatte über zwei Jahrhunderte die wirtschaftliche und gesellschaftliche Entwicklung der Insel bestimmt. Das von Dänenkönig Christian VII. 1774 gegründete Staatsunternehmen besaß bis 1950 das Handelsmonopol für Grönland. Auch nach dessen Aufhebung war KGH für die Sicherstellung der Versorgung, für die Verarbeitung und den Absatz grönländischer Produkte sowie für den Verkehr verantwortlich. 1987 wurde aus KGH im Zuge der Selbständigkeit der Insel KNI (Kalaallit Niuerfiat). Der Schiffsverkehr zwischen Dänemark und der Insel sowie der zwischen den einzelnen grönländischen Städten wird heute vom KNI betrieben. Dazu gehört auch der während der Sommermonate erfolgende Liniendienst mit den beiden Passagierschiffen *Disko* und *Kununguak* entlang der Westküste zwischen Nanortalik und Qaanaaq, bei dem jeder größere Ort an der Strecke angelaufen wird. Unter der Regie vom KNI steht außerdem das Postwesen auf Grönland (Kalaallit Allakkeriviat). Die KNI-Kontore, die es an allen größeren Orten gibt, erledigen alle Buchungen für Flug- und Schiffspassagen auf der Insel und nach außerhalb und stellen dafür die Tickets aus.

Bevölkerung: Grönland zählte 1992 rund 55 000 Einwohner, davon 20% Dänen. Jeder 2. Grönländer ist unter 15 Jahre alt (Bundesrepublik: jeder 5.). Ungefähr ein Viertel der Bevölkerung lebt heute vom Fischfang und der Fischverarbeitung. Gefangen werden vor allem Dorsch, Rotbarsch, Heilbutt, Rochen, Lachs und – vorwiegend in der Disko-Bucht – Krabben.

Geschichte: Grönland wurde zwar 982 von Erik dem Roten (altnordisch Eirikur) für Europa »entdeckt« und von ihm und seinen isländischen Landsleuten drei Jahre später besiedelt. Doch lebten schon 2000 Jahre vor ihm Menschen auf der Insel. Es waren ***Inuit,*** Eskimos, die von Sibirien über die Beringstraße, Alaska, Kanada und die Davisstraße gekommen waren. Grönland wurde der westlichste Vorposten dieses arktischen Volkes. Es gab mehrere Einwanderungswellen mit unterschiedlichen Kulturstufen. So kam um 1000 v. Chr. das ***Sarqaq-Volk*** auf die Insel, das den Hund mitbrachte, der bis in unsere Tage ein unentbehrlicher Helfer des arktischen Menschen ist. Ihm folgten um die Zeitenwende die ***Dorset***-Eskimos, die die Harpune als Jagdgerät einführten. Als letzte Welle kamen um 1000 n. Chr. die ***Thule***-Eskimos, die bereits mit dem Kajak auf Robbenfang gingen und dem ***Umiaq***, dem großen, von Frauen gesteuerten Lastboot aus Tierhaut, dem Wal nachstellten. Die Thule-Eskimos sorgten auch für die Einführung des Hundeschlittens auf Grönland.

Ende des 9. Jh.s begann mit Erik dem Roten die europäische Besiedlung der Insel. Die isländischen Landnehmer legten die beiden Wohnplätze Østerbygd (bei Qaqortoq) und Vesterbygd (bei Nuuk) an. 1125 gab es bereits 17 Kirchen, zwei Klöster und einen Bischofssitz – ***Gardar,*** nahe dem heutigen Igaliku. Die Grundmauern des »Doms«, der mit einer Länge von 27 m eine für den Norden erstaunliche Größe hatte, sind noch heute zu sehen.

1261 mußten die isländischen Siedler bzw. deren Nachkommen Steuern an den norwegischen König bezahlen, der dafür zusagte, jährlich ein Schiff mit Versorgungsgütern nach Grönland zu schicken. Doch diese Schiffe blieben bald aus, und von 1400 an fehlen alle Nachrichten über das Schicksal der Weißen. Niemand weiß, was mit ihnen geschah – ob sie Hunger und Seuchen zum Opfer fielen oder von den Eskimos getötet wurden – die Wikinger auf Grönland waren spurlos verschwunden. Zwar schickten die Dänenkönige Anfang des 17. Jh.s mehrere Expeditionen auf die Insel, die nach möglichen Nachkommen der Siedler fahndeten, gleichzeitig aber auch die Ansprüche der dänischen Krone auf das »Schatzland« dokumentieren sollten. Doch sie fanden ebensowenig von ihnen wie der große dänisch-norwegische Grönland-Missionar Hans Egede (1686–1758), der 1721 mit der Bekehrung der Eskimos begann.

Mit Egede kamen zum ersten Male wieder Europäer auf die Insel, die sich hier fest ansiedelten. In dem Jahrhundert davor hatte es lediglich Stützpunkte von Walfängern aus Holland, Deutschland, England und anderen Ländern gegeben, die aber nur während der Fangsaison bewohnt waren. 1728 wurde der erste dänische Handelsposten in Godthåb eingerichtet, der die Gründung weiterer Orte nach

sich zog. Ein halbes Jahrhundert später wurde die Herrschaft des dänischen Königs über die Insel nach einem Notenwechsel mit dem russischen Zaren international anerkannt. 1933 bestätigte der von den Norwegern angerufene Internationale Gerichtshof in Den Haag die dänische Souveränität. Grönland blieb dänische Kolonie bis 1953. Einen tiefen Einschnitt hatte der Zweite Weltkrieg gebracht, als die Amerikaner Stützpunkte auf der Insel anlegten und an Stelle des von den Deutschen besetzten Dänemarks die Versorgung der Grönländer übernahmen. Dieser Kontakt mit den Amerikanern, der die bis dahin existierende Zwangsisolation durchbrach, rief bei den Grönländern den Wunsch nach Selbständigkeit und Gleichberechtigung wach. So mußte Kopenhagen 1953 auf Drängen der Inselbewohner, aber auch unter dem Druck der internationalen öffentlichen Meinung den Kolonialstatus aufheben. Die Insel wurde dänische Provinz.
Doch die junge Generation – vor allem die in Dänemark akademisch Ausgebildeten – gab sich damit nicht zufrieden. Ihre Forderung nach Anerkennung der Eigenständigkeit hatte zur Folge, daß die Insel nach einem Volksentscheid am 1. Mai 1979 ein teilautonomes Gebiet innerhalb des Königreiches Dänemark wurde, das sich selbst verwaltet und über seine inneren Angelegenheiten – z. B. Kultur, Soziales, Wirtschaft – selber entscheidet *(Hjemmestyre)*. Legislative und exekutive Organe sind der gewählte »landsting« und »landsstyre« (Landesregierung). 1985 trat Grönland aus der EG aus. Die Nationalflagge zeigt eine aufgehende rote Sonne im weiß-roten Feld.
Kalaallit Nunaat nennen die Grönländer ihre Insel, »Land der Menschen«. Diese Menschen sind innerhalb von zwei, drei Generationen aus einer archaischen Jägergesellschaft in eine Wohlstandsgesellschaft dänischer Prägung verpflanzt worden. Sie haben sich in nur drei Jahrzehnten den Weg von der Kolonie zum selbstverwalteten Gebiet innerhalb der dänischen Krone erkämpft. Sie wollen der Welt gern zeigen, daß sie ihre Probleme, vor die sie die arktische Welt stellt, selber lösen können – und anders, als es die Behörden im fernen Kopenhagen früher taten. Ein grönländischer Nationalismus ist herangewachsen. Der Tourist sollte das wissen und alles unterlassen, was diesen Nationalismus kränken könnte – vor allem die junge Generation auf Grönland zeigt sich da Europäern gegenüber sehr empfindlich.

Ortsnamen: Die Ortsnamen in Grönland sind jetzt offiziell grönländisch und nicht mehr dänisch. Dieses haben wir in unserem Reiseführer berücksichtigt. In der folgenden Liste sind die alten und neuen Namen einiger wichtiger Orte gegenübergestellt:

Grönländisch	***Dänisch***
Aasiaat	Egedesminde
Alluitsup Paa	Sydprøven
Ilulissat	Jakobshavn
Ittoqqortoormiit	Scoresbysund
Kangilinnguit	Grønnedal
Kangerluarsoruseq	Färingehavn
Kangerlussuaq	Søndre Strømfjord
Maniitsoq	Sukkertoppen

Narsaq Kujalleq	Frederiksdal
Nuuk	Godthåb
Paamiut	Frederikshåb
Qaanaaq	Thule
Qaqortoq	Julianehåb
Qasigiannguit	Christianshåb
Qeqertarsuaq	Godhavn
Qeqertarsuatsiaat	Fiskenæsset
Sisimiut	Holsteinsborg

ANREISE/RÜCKREISE

Flug: Die meisten Touristen kommen mit dem Flugzeug via Kopenhagen. Die Flugzeit beträgt etwa 5 Stunden. Wenn der Aufenthalt mindestens 14 und höchstens 28 Tage dauert, kann man den Vorteil des »inländischen Sonderflugpreises« nutzen. Dafür ist es notwendig, daß das Ticket Kopenhagen–Grönland–Kopenhagen erst in Dänemark gekauft wird.
Grönlands Fly und *Icelandair* fliegen eine gemeinsame Route Kopenhagen–Narsarsuaq mit 45-Minuten-Zwischenstopp in Keflavík (Island) – im Sommer fünfmal, sonst zweimal pro Woche. *SAS* fliegt alle drei Wochen einmal nach Thule.

Schiff: Die früher bestehenden Möglichkeiten, mit ***KGH-Frachtern*** von Dänemark nach Grönland zu reisen, sind sehr stark eingeschränkt worden. Passagiere werden nur noch bei Fahrten an der Westküste befördert, außerdem bei den jährlich einmal stattfindenden Überführungsfahrten der beiden Küstenpassagierschiffe MS *Disko* und MS *Kununguak*. Pauschalreisen sind hier oft die beste Möglichkeit, in den Genuß einer Schiffsreise zu kommen. Auskünfte:

Greenland Tourism
Postbox 1552
G-100 Nuuk
Tel. 2 28 88

airtours international
Adalbertstr. 44–48
6000 Frankfurt 90
Tel. 069/79 28-0

Reisebüro Norden
Ost-West-Str. 70
2000 Hamburg 11
Tel. 0 40/3 60 01 50
oder andere Reisebüros

Einreisebestimmungen: Für die Einreise reicht ein gültiger Reisepaß bzw. Personalausweis aus. Lediglich für einen mehrtägigen Aufenthalt in Thule (Qaanaaq) mit seiner amerikanischen Militärbase ist eine Sondergenehmigung erforderlich. Genehmigungen sind sowohl bei der dänischen als auch der amerikanischen Botschaft des Heimatlandes zu beantragen. Ohne die entsprechende Erlaubnis riskiert man, nach Kopenhagen zurückgeschickt zu werden.

Zollbestimmungen: Bei der Einreise dürfen Reisende über 15 Jahre 200 Zigaretten (oder 250 g Tabak), Reisende über 18 Jahre außerdem 1 l Spirituosen und 1 l Wein einführen. Nicht erlaubt ist das Mitbringen von Pistolen, voll- oder halbautomatischen Waffen, Rauschgift und lebenden Tieren. Eine *Ausfuhrsteuer* muß für Robben- und Fuchsfelle bezahlt werden, es sei denn, sie sind in einem KNI-Geschäft gekauft, wo die Steuer bereits im Preis enthalten ist. (Kassenzettel aufbewahren!) Für die Mitnahme von Jagdwaffen nach Grönland muß die Zustimmung der Fluggesellschaft vorliegen.

ESSEN UND TRINKEN

Neben überwiegend dänischer und internationaler Küche bieten Restaurants auch eine Reihe von ***grönländischen Spezialitäten*** und Gerichten aus inseltypischen Produkten an. Besonders zu empfehlen sind die Fischgerichte, da man selten einen so frisch gefangenen Fisch von so guter Qualität serviert bekommt wie in Grönland. Vorzüglich schmeckt gekochter oder gebackener Heilbutt zusammen mit in Butter geschmorten Grönland-Krabben, aus der Tiefsee kommender Rotbarsch oder Bergforelle (Saibling). Zu den besonderen Delikatessen gehört der Lachs, der u. a. über Moos und Heidekraut geräuchert wird. Auch geräuchterten oder gebeizten Heilbutt sollte man unbedingt probieren.
Zu den kulinarischen Besonderheiten gehören Gerichte aus Seehundsfleisch. Vom gefürchteten Trangeschmack ist wenig zu spüren, wenn sie heiß gegessen werden. Das gleiche gilt für Walsteaks, die – mit Zwiebelringen gebraten – nicht hinter zarten Rindersteaks zurückstehen. Reisenden, die mehr von »richtigem« Fleisch halten, ist Rentierbraten, Moschus-Ochse, Lamm oder *rype* – Schneehuhn – mit Sahnesoße zu empfehlen. Frische Grönland-Krabben sollte man am besten – nur mit einem Spritzer Zitronensaft – auf Toast essen. Von der typischen Einheimischen-Kost, die es selten in Restaurants gibt, sollte man auf jeden Fall *mattaq* probieren: in kleine Würfel geschnittene rohe Walhaut, die als schmale Schicht zwischen dem Walspeck und der Außenhaut liegt. Sie hat einen kräftigen, paranußartigen Geschmack und wird besonders gern von Kindern gekaut. Auf andere Spezialitäten der heimischen Küche sollte man lieber verzichten: auf Seehundsfleisch, das man monatelang eingegraben hat, oder auf Vögel, die man mit ihrem Federkleid in Robbenbälge stopft und dann – ebenfalls eingegraben – »reifen« läßt, bis sie nach Monaten einen pikanten Gorgonzola-Geschmack haben.

FAUNA UND FLORA

Das arktische Klima und die dicke Eisdecke, die über dem größten Teil der Insel liegt, lassen nur eine begrenzte Artenzahl bei Tieren und Pflanzen zu. Das größte Säugetier – neben dem Wal – ist der ***Eisbär,*** der das Wappentier der Insel ist. Während alle anderen Bären Landtiere und Vegetarier oder Allesfresser sind, leben Eisbären überwiegend im Meer und sind Fleischfresser. Nicht selten erreichen männliche Tiere aufgerichtet eine Höhe von 2,50 m und wiegen eine halbe Tonne. Die Eisbären waren lange vom Aussterben bedroht, weil sie rücksichtslos gejagt wurden. Heute dürfen nur Grönländer, die ausschließlich von der Jagd leben, Eisbären schießen – allerdings nicht in dem als größter Nationalpark der Welt ausgewiesenen Gebiet in Nordost-Grönland. Der Schutz hat den Bestand wieder anwachsen lassen – man schätzt ihn auf ca. 1500 Tiere.
Das größte Landtier ist der Moschus-

ochse, den es heute nur noch in Grönland und in Kanada gibt. Der dem Yak ähnelnde, dick und zottig behaarte Moschus mit seinen Büffelhörnern wird von den Zoologen zwischen der Ziege, dem Schaf und der Kuh eingeordnet. Die Tiere leben in Herden von 10–30 Exemplaren. Charakteristisch für sie ist ihr ungewöhnliches Abwehrverhalten: bei Gefahr durch Eisbären – oder auch bei großer Kälte – formiert sich die Herde mit den stoßbereiten Köpfen nach außen zu einem dichten Karree, in dessen Mitte geschützt die Kälber stehen.

Weitere, auf Grönland freilebende Landtiere sind die Rentiere, Schneehasen, Wölfe, Polarfüchse, Hermeline und Lemminge.

Das einst unentbehrliche Tier, das ein Überleben in der menschenfeindlichen Arktis überhaupt erst möglich gemacht hatte, ist die ***Robbe.*** Sie lieferte den Eskimos auf Grönland nicht nur Fleisch, das über Wochen und Monate buchstäblich die einzige Nahrung war, sondern auch Felle für Kleidung und Schuhe, Häute für Zelte und Kajakbespannung, Tran für Heizung und Lampen, Sehnen zum Nähen und Knochen für Werkzeuge und Waffen. Eine leichte Erwärmung des Wassers vor der südgrönländischen Küste um das Jahr 1920 hatte die Robben nach Norden abwandern lassen. Heute sind sie jedoch wieder an allen Küsten anzutreffen, wo sie auch wieder gejagt werden. Die am häufigsten vorkommende Art ist die Ringelrobbe mit einem Bestand, den man auf rund 2 Millionen Tiere schätzt. Davon werden pro Jahr ca. 3% – oder 70 000 Stück – erlegt, neben 10 000–15 000 Grönlandrobben und Klappmützen. Wichtig zu wissen ist, daß die Grönländer nur erwachsene Tiere schießen und keine Robbenbabys erschlagen, wie im benachbarten Kanada (s. S. 157). Neben den Robben sind Walrosse die wichtigsten Fleischlieferanten – u. a. auch für die Schlittenhunde, die täglich rund 2 Kilo Fisch oder Fleisch benötigen.

In den Küstengewässern gibt es außerdem ein gutes Dutzend verschiedener Walarten, von denen der Blauwal der größte ist.

Über 200 ***Vogelarten*** hat man auf der Insel gezählt, darunter den Alk, Lummen, Schnee-Eulen, Seeadler, Seekönige und weiße Falken.

Mit dem Namen »Grünland« hatte Erik der Rote nicht übertrieben, denn der Süden und die Westküste zeigen sich im Sommer im frischen Grün saftiger Wiesen, die sogar eine beachtliche Schafhaltung in Südgrönland zulassen. Das lange Sonnenlicht der Sommermonate sorgt explosionsartig für eine unerwartete Blütenpracht. Trotz der ungünstigen Wachstumsbedingungen außerhalb des Sommers hat man über 500 verschiedene ***Pflanzenarten*** – von Moos bis zu haushohen Birken – sowie über 100 verschiedene Flechten registriert. Besonders charakteristisch für die Vegetation sind die Wollgrasfelder an den Ufern von kleinen Tümpeln und Seen, die riesigen Angelikastauden und das üppig violett blühende Polarweidenröschen, das die Einheimischen *niviarsiaq* (»Jungfrau«) nennen.

FEIERTAGE/FESTE

Offizielle Feiertage sind der 1. Januar, 6. Januar, Gründonnerstag, Karfreitag, Ostern, Himmelfahrt, Buß- und Bettag (4. Freitag nach Ostern!), Pfingsten, 21. Juni Ullortuneq (Nationalfeiertag – längster Tag), 24., 25. und 26. Dezember und der 31. Dezember. In mehreren Orten nördlich des Polarkreises wird auch der Tag gefeiert, an dem sich die Sonne nach der winterlichen Polarnacht zum ersten Mal wieder über dem Horizont zeigt, z. B. in Ilulissat der 13. Januar.

FOTOGRAFIEREN

Da es nicht an Motiven mangelt, empfiehlt es sich, genügend Filme mitzunehmen. Zwar gibt es an jedem größeren Ort Filme zu kaufen, jedoch nur eine beschränkte Zahl von Marken und Empfindlichkeiten. Außerdem liegen die Preise um vieles höher als daheim. Wegen der intensiven UV-Strahlung sollte man vor allem im Winter ein Skylightfilter verwenden. Bei Winterreisen sollte man Filmkameras wegen der extremen Kälte in einer Kamerawerkstatt mit Polaröl versehen lassen, da das Normalöl bei tiefen Temperaturen zähflüssig wird. Batterien sollten völlig frisch sein; außerdem sollte man mehrere Reservebatterien dabei haben. Gute Dienste leisten mit Brennstäben betriebene Handwärmer, die man in Jagdgeschäften kaufen kann. Mit ihnen sollte man bei längerem Aufenthalt im Freien – z. B. bei Hundeschlittentouren – den Kamerakoffer »beheizen«. Bei Wechsel von der Kälte in geheizte Räume beschlagen nicht nur Optik und Sucher – oft schlägt sich auch Feuchtigkeit im Gehäuse selbst nieder. Bleibt man nur kurze Zeit im Raum, sollte man, wenn nicht die Gefahr des Diebstahls besteht, die Kameratasche im Freien lassen. Außerdem sollte man die Kamera häufiger bei ausgeschraubtem Objektiv im Hotelzimmer austrocknen lassen. Auch die Kontakte, z. B. zum Meßsucher, sollte man mit einem Tuch vorsichtig abtrocknen, soweit sie zugänglich sind. Bei extremer Kälte versagen elektronische Verschlüsse weit eher als mechanische. Achtung: starke Lichtkontraste! Für das Fotografieren gibt es in Grönland nur ein Tabu: das Innere von Kirchen während des Gottesdienstes oder anderer kirchlicher Handlungen.

GELD

Für Grönland als Teil des Königreiches Dänemark ist die dänische Krone offizielles Zahlungsmittel (1 DKR = 100 Øre). 1 DM = 3,5 DKR (Stand Frühjahr 1993) Die Ein- und Ausfuhr von Zahlungsmitteln unterliegt keiner Beschränkung. An Orten, wo es keine Niederlassungen der beiden in Grönland vertretenen Banken »Nuna Banken« und »Grønlandsbanken« gibt, kann Geldwechsel in den Büros von KNI erfolgen. Euro- und Reiseschecks werden akzeptiert, ebenso die gängigen Kreditkarten in größeren Hotels und vielen Geschäften.

Trinkgelder: In Hotels- und Restaurants sind Trinkgelder bereits im Rechnungsbetrag enthalten. Auch sonst wird ein Trinkgeld nicht erwartet.

INFORMATIONEN

Das ***Dänische Fremdenverkehrsamt*** in Hamburg, zuständig auch für Österreich und die Schweiz, erteilt alle notwendigen Auskünfte über Grönland und liefert auf Anfragen Prospekte etc. Adresse:
Glockengießerwall 2
Postfach 10 13 29
2000 Hamburg 1
Tel. 0 40/32 78 03

Bei Anfragen zum Thema
Expeditionen:
Ministeriet før Grønland
Hausergade 3
DK-1428 Kopenhagen K
Tel. 01/33 68 25

Die grönländische Landesregierung unterhält einen Informationsdienst:
Grønlands Hjemmestyre
Postbox 1020
G-100 Nuuk/Godthåb

Die wichtigsten grönländischen Städte haben eigene Fremdenverkehrsämter, z. B.:

Ilulissat Tourist Service
Postbox 272
G-200 Ilulissat
Tel. 4 32 46

Nuuk Turistforening
Postbox 199
G-100 Nuuk
Tel. 2 27 00

Sisimiut Turistforening
Postbox 65
G-110 Sisimiut
Tel. 1 48 48

Qaqortoq Turistforening
Postbox 128
G-140 Qaqortoq
Tel. 3 84 44

Narsaq Turistkontor
Postbox 148
G-150 Narsaq
Tel. 3 13 25

Narsarsuaq Turistinformation
G-290 Narsarsuaq
Tel. 3 52 98

Seit kurzem existiert auch in Kopenhagen ein Büro der Organisation »Greenland Tourism«:
Greenland Tourism
Pilestræde 52
DK-1016 Kopenhagen K

LANDKARTEN

Für die Küstengebiete gibt es Landkarten im Maßstab 1:250 000 beim
Geodætisk Institut
Rigsdagsgården
DK-1218 Kopenhagen K.
(Ein Verzeichnis der vorhandenen Karten wird auf Anfrage zugeschickt.)
Sonderkarten im Maßstab 1:100 000 für Bergwanderungen im Gebiet um Nuuk, Kangerlussuaq und Sisimiut sowie für Südgrönland gibt es bei
Green Tours
Kultorvet 7
DK-1175 Kopenhagen K.

LITERATUR

Verglichen mit der Zahl von nur 50 000 Einwohnern ist die Gegenwartsliteratur recht umfangreich, sowohl bei den Prosawerken, die vor al-

lem auf die Geschichte des Eskimovolkes, auf die Natur und auf die gesellschaftliche Situation zurückgreifen, wie auch in der Lyrik, wo vor allem in den sechziger Jahren gesellschaftskritische und – vor dem Hintergrund der Unabhängigkeitsbestrebungen – national-politische Dichtung sehr stark vertreten war. Deutsche Übersetzungen grönländischer Gegenwartsliteratur sind selten. Von Knud Rasmussen, dem bedeutendsten grönländischen Autor, liegt in deutsch die Saga-Sammlung *Der Sängerkrieg* vor, von Märta Tikkanen der Roman *Der große Fänger*. Heinz Barüske hat die Anthologie *Eskimo-Märchen* herausgegeben.
Nach wie vor lesenswert sind die klassischen Grönland-Beschreibungen von Fridtjof Nansen, Knud Rasmussen, Peter Freuchen und Alfred Wegener.

MEDIEN

Rundfunk/Fernsehen/Zeitungen: Die Insel verfügt über eine eigene Rundfunk-TV-Anstalt. Alle Sendungen sind in grönländischer bzw. dänischer Sprache. An einigen Orten gibt es nur Kabelfernsehen von der Kassette. Zeitungen und Zeitschriften erscheinen in dänischer bzw. grönländischer Sprache. Ausländische Periodika sind nicht erhältlich.

MEDIZIN. VERSORGUNG

In allen größeren Orten gibt es Krankenhäuser mit Ambulanzen und Zahnärzte. Generell ist ärztliche Hilfe kostenfrei. Zahnärztliche Behandlung muß bezahlt werden. Da nicht alle Medikamente auf Grönland vorrätig sind, sollte man regelmäßig einzunehmende Medizin in ausreichender Menge mitbringen.

POST

Post und Telegrafenämter gibt es praktisch in allen Orten – wo sie in Kleinsiedlungen fehlen, übernehmen die KNI-Kontore die Abfertigung. Briefsendungen nach Europa benötigen je nach Aufgabeort (und Anschluß an das Hubschraubernetz) zwischen 4 und 17 Tagen. ***Telefongespräche*** nach außerhalb der Insel und auf der Insel im Selbstwählverkehr.
Vorwahl nach Deutschland: 009-49, nach Österreich: 009-43, in die Schweiz: 009-41,
von Europa nach Grönland: 0 02 99
Postämter sind montags bis mittwochs 9.00–15.00 Uhr, donnerstags 9.00–17.00, freitags 9.00–15.30 Uhr geöffnet, Telefonämter werktags von 9.00–16.00 Uhr.

SEHENSWÜRDIGKEITEN

Eis: Grönland gilt neben der Antarktis als der »größte Kühlschrank« der Welt. Dafür sorgt das unvorstellbare Volumen des Inlandeises, das mit einer Gesamtfläche von mehr als 1,7 Millionen km² vier Fünftel der Insel bedeckt. Die hohen Küstengebirge umschließen wie der Rand einer Schüssel diesen Eisblock, der eine gemessene Dicke von bis zu 3200 m

hat. Seine größte Ausdehnung von Norden nach Süden beträgt 2400 km, was der Entfernung von Hamburg bis in die Sahara entspricht. Wissenschaftler haben errechnet, daß in der »Schüssel« 2,5 Millionen km³ Eis lagern. Würde alles auf einmal schmelzen, würde sich eine Sintflut über den Erdball ergießen – alle Weltmeere würden um 6–7 m ansteigen.
Das Inlandeis hat immer wieder zu Überquerungen gereizt, die nicht selten einen dramatischen Verlauf nahmen. Gleichzeitig ist es für die internationale Wissenschaft ein Gegenstand intensivster Forschung, so für die Wetterforscher, da diese gewaltigen Eismassen nicht zuletzt für die Entstehung der berüchtigten Island-Tiefs mitverantwortlich sind. Eiskerne aus Tiefbohrungen geben Aufschluß über die Atmosphäre, die Radioaktiviät und Luftverschmutzung vergangener Jahrtausende, denn sie enthalten unter gewaltigem Druck zu kleinen Blasen zusammengepreßte »Originalluft« frühester Zeitepochen, die man analysieren kann. Heute besitzt man bereits Eiskerne aus gut 2000 m Tiefe, was einem Alter von 100 000 Jahren entspricht. Der bei Tiefbohrungen gewonnene Bohrkern hat als ein »tiefgefrorenes Klimagedächtnis« Daten der Luftqualität aus mehr als einer halben Million Jahre gespeichert. An seinen Rändern ist das Inlandeis stark zerklüftet und von tiefen Spalten durchzogen, die über weite Strecken einen Aufstieg unmöglich machen. Diese Bruchspalten zeigen, daß das Eis in ständiger Bewegung ist, obgleich es zu völliger Unbeweglichkeit erstarrt zu sein scheint. Am deutlichsten wird das an den zahllosen Gletschern sichtbar, die sich überall durch tiefeingeschnittene Täler ihren Weg zum Meer oder in die Fjorde bahnen. Einzelne Gletscher wandern bis zu 30 m am Tag. Den Rekord hält dabei der *Store Qarajaq* mit einer zurückgelegten Strecke von 7,1 km pro Jahr. Die grönländischen Gletscher sind ungeheuer aktiv, vor allem in der Umanak- und der Disko-Bucht (s. S. 160), wo der Ilulissat-Gletscher Tag für Tag 130 Millionen km³ Eis ins Meer schiebt. Die einzelnen Eisberge können gigantische Ausmaße haben, wobei – je nach Dichte des Eises – nur ein Zehntel bis ein Sechstel über dem Wasser zu sehen ist, der weitaus größte Teil schwimmt unter dem Wasser. So haben Eisberge, die 100 m über dem Meer aufragen, was vor Ilulissat keine Seltenheit ist, in Wirklichkeit eine Höhe von bis zu 1 km. Ändert sich durch Abschmelzen oder durch die ständigen Angriffe von Ebbe und Flut das Gleichgewicht eines solchen Kolosses, kann dieser kentern oder mit ohrenbetäubendem Krachen auseinanderbrechen. Dabei entstehen oft haushohe Flutwellen, die eine Gefahr für Schiffe und Boote darstellen. Als Überlebenstechnik gegen diese plötzlichen Wellengebirge hat sich bei den Kajakfahrern seit Jahrhunderten die *Eskimorolle* bewährt, mit der ein geübter Bootfahrer sich blitzschnell kopfüber unter Wasser drehen kann, während der Kajak kieloben schwimmt, bis er auf den Wogenkamm gehoben ist. Dann schnellt der Eskimo mit einer oft trainierten Drehung wieder in die Normalposition.

SHOPPING/SOUVENIRS

In den meisten grönländischen Orten kann man in Kaufhäusern und Hotels grönländisches ***Kunsthandwerk*** und Kleinkunst kaufen. Besonders beliebt – wenn auch nicht gerade billig – sind Specksteinschnitzereien, meist Skulpturen aus dem Alltagsleben der Eskimos. Unter den Specksteinschnitzern gibt es eine Reihe anerkannter Künstler. Ähnliches gilt für den ***Tupilak***, der aus Walroßzahn, Knochen oder neuerdings auch aus Rentierhorn geschnitzt wird. Es handelt sich um kleine, groteske Dämonenfiguren in kombinierter Mensch-/Tiergestalt. Nach altem Eskimo-Glauben tragen sie an Stelle ihrer Besitzer Streitereien mit Dritten aus, weshalb sie besonders furchterregend aussehen müssen.
Typische Grönland-Andenken sind außerdem Harpunen mit geschnitzten Knochenspitzen, Hundepeitschen und Kajakmodelle. Beliebt sind auch ***Lederarbeiten*** und Erzeugnisse aus Robbenfell bis hin zum Grönlandpelz. Beim Kauf von Fellen sollte man darauf achten, daß sie gegerbt sind. Nicht zuletzt kommen ***Mineralien-*** und ***Briefmarkensammler*** auf ihre Kosten – ebenso wie Feinschmecker (Grönlandkrabben und Grönlandkaviar). Eine große Auswahl an guten Handarbeiten führt das Transit-Hotel in Kangerlussuaq, so daß man sich auch noch unmittelbar vor dem Abflug mit Andenken versorgen kann. In Nuuk bietet die von einem Deutschen betriebene
Galerie Arktis
H. Rinksvej 23
ein beachtliches Angebot von Eskimoarbeiten – ebenso das KNI-Bolighus im Ortszentrum. In Deutschland findet man arktische Kunst in der
Galerie Inuit
Mannheim
Augusta-Anlage 3.
Vertrieb und Informationen zu grönländischen Handarbeiten bei
Kalaallit Niuerfiat
Grønlands Handel
G-275 Tasiilaq

Preise: Das Preisniveau liegt – allein schon bedingt durch die hohen Transportkosten – erheblich über dem in Deutschland, im Durchschnitt um 75%. Für Touristen schlagen insbesondere die hohen Kosten für Flug- und Schiffspassagen sowie für Übernachtungen zu Buche. Teuer sind auch alle alkoholischen Getränke. Die Auswahl der Waren aller Art in den Geschäften ist überraschend groß, die Qualität hat in der Regel dänischen Standard.

Öffnungszeiten: In Grönland gibt es kein Ladenschlußgesetz. Deshalb sind Kioske und Kaufmannsläden sehr lange geöffnet, die größeren Geschäfte in der Regel montags bis donnerstags von 9.00 bis 17.30 Uhr, freitags von 9.00 bis 18.00 Uhr und samstags von 9.00 bis 12.00 oder 13.00 Uhr. Behörden, Post und KNI-Passagierbüros halten ihre Türen montags bis freitags von 9.00 bis 15.00 bzw. 16.00 Uhr offen. In größeren Orten haben Lebensmittelgeschäfte auch sonntags geöffnet.

SPRACHE

Die ***Landessprache*** ist das Grönländische. Fast alle Einwohner sprechen auch Dänisch, relativ wenige Englisch und kaum jemand Deutsch. Grönländisch ist der östlichste Zweig des Eskimoischen, das von 80 000 der insgesamt 90 000 Eskimos in Grönland, Kanada, Alaska und Nordsibirien gesprochen wird. Charakteristisch ist, daß nur die drei Vokale a, i und u eine Rolle spielen. Bei den Konsonanten sind es die Buchstaben p, t, k, s und q, die überwiegend verwendet werden, wobei das q wie »chr« tief im Rachen gesprochen wird. Die noch vor wenigen Jahren üblichen Betonungszeichen sind durch eine Rechtschreibereform abgeschafft worden. Die grönländische Grammatik wurde von dem Deutschen Samuel Kleinschmidt, der Mitte des vergangenen Jahrhunderts als Missionar der Herrnhuter Brüdergemeinde in Grönland tätig war, zum ersten Mal schriftlich fixiert. Da das Grönländische im wesentlichen nur aus Substantiven und Verben besteht, die durch unterschiedliche und oft in großer Vielzahl angehängte Endungen ergänzt werden, ergeben sich häufig wahre Wortungetüme. Ein Paradebeispiel ist der Satz »Ich werde ganz bestimmt sehen können, daß du der erste bist« – er heißt auf grönländisch: *»takusinnaassannqatsiarpara siullius utit«*.

Einige Begriffe:

Grönland *Kalaallit Nunaat*
Grönländer *kalaaleq (Pl. kalaatdlit)* oder *inuk (*Pl. *inuit)*
Deutscher tyskeq (Pl. *tyskit)* oder *noordleq (*Pl. *noordlit)*
Eis *siko*
Eisberg *iluliaq*
Packeis *sikut katingassut*
Eisscholle *pugtaaq*
Gletscher *sermeq*
Inlandeis *sermerssuaq*
Schlitten *qamutit*
Schlittenhund *qimugserpoq*
Eisbär *nanoq*
Rentier *tugto*
Moschusochse *umingmak*
Wal *arfeq*
Narwal *qilalugaq qernertaq*
Robbe *puisse*
Walroß *auveq*
Wind *anore*
Sturm *anorerssuaq*
Regen *sialuk*
Schnee *aput*
Sonne *seqineq*
Mond *qaaumat*
Nordlicht *arssarnerit*
Land *nuna*
Küste *sineriak*
Meer *imaq*
Fjord *kangerdluk*
See *taseq*
Fluß *kuuk*
Insel *qeqertaq*
Berg *qaaqaq*
großer Berg *qaaqarssuaq*
Ebene *narssaq*
Landzunge *nuuk*
Wohnplatz *asimioqarfik*
Stadt *igdlorpagssuaqarfik*
Haus *igdlo*
Schule *atuarfik*
Kirche *oqalugfik*
Krankenhaus *naaparsimavik*
Geschäft *niuvertarfik, pisiniarfik*
Postamt *agdlagkerissarfik*
Arzt *nakorsaq*

Zahlen:
1 *atauseq*
2 *mardluk*
3 *pingasut*
4 *sisamat*
5 *tatdlimat*
6 *arfinigdlit*
7 *arfineq mardluk*
8 *arfineq pingasut*
9 *qulingiluat*
10 *qulit*

UNTERKUNFT

Luxushotels wird man in Grönland vergeblich suchen. Nur in Nuuk bietet das 1989 eröffnete Hotel ***Hans Egede*** gehobenen Komfort. In Sisimiut, Ilulissat, Narsarsuaq, Narsaq, Qaqortoq und Uummannaq entsprechen die Hotels europäischer Mittelklasse. Einfachere Hotels oder sehr ordentliche Seemannsheime, die jedem Reisenden offenstehen, gibt es in Tasiilaq, Qasigiannguit, Aasiaat, Narsaq Kujalleq, Paamiut, Nanortalik, Maniitsoq, Kangerluarsoruseq. In Uummannaq wurde Grönlands nördlichstes Hotel eröffnet. In Upernavik und Qaanaaq gibt es keine öffentlichen Unterkünfte. Eine Hotelliste erhält man bei den dänischen Fremdenverkehrsämtern. Reservierungen sollten wegen der geringen Kapazität so früh wie möglich vorgenommen werden. Eine Ausnahme bildet das Hotel in Kangerlussuaq, das ausschließlich als Transitunterkunft für Fluggäste dient. Es nimmt keine Reservierungen entgegen. Die Unterbringung erfolgt automatisch bis zum Tag des Weiterfluges – was bei ungünstigen Wetterlagen nicht selten mehrere Tage dauern kann. Die Übernachtungspreise der Hotels liegen inkl. Frühstück zwischen 80 und 300 DM für ein Einzelzimmer.

Hotels:
(Vorwahl: 0 02 99-)

in Aasiaat:
Hotel Nikomut
Box 38, Tel. 4 20 38

Sømandshjemmet
Box 216, Tel. 4 27 11

in Tasiilaq (Ammassalik):
Hotel Angmagssalik
Tel. 1 82 93
Telex 91 800

Arctic Hotel
Box 501, Tel. 4 41 53
Telex 91 207

in Ilulissat:
Hotel Hvide Falk
Box 20, Tel. 4 33 43
Telex 91 202

in Kangerlussuaq:
Transithotellet
Tel. 1 11 11
Telex 90 838

in Maniitsoq:
Hotel Sukkertoppen
Box 35, Tel. 1 35 35

Turisthotellet
Box 31, Tel. 1 33 33

in Nanortalik:
Hotel Kap Farvel
Box 104, Tel. 3 32 94

Tupilak Hotel
Box 4, Tel. 3 33 79

in Narsaq:
Hotel Narssaq
Box 3, Tel. 3 11 01

Hotel Perlen
Box 8, Tel. 3 12 76
Telex 90 308

in Narsarsuaq:
Arctic Hotel
Box 39, Tel. 3 52 53
Telex 90 336

in Nuuk:
Hotel Godthåb
Box 68, Tel. 2 11 05
Telex 90 617

Hotel Grønland
Box 49, Tel. 2 15 33
Telex 90 625

Hotel Hans Egede
Box 289, Tel. 2 42 22
Telex 90 432

Sømandshjemmet
Box 1021, Tel. 2 10 29

in Paamiut:
Petersens Hotel
Box 67, Tel. 1 72 99

in Qaqortoq:
Hotel Qaqortoq
Box 155, Tel. 3 82 82
Telex 90 213

Sømandshjemmet
Box 148, Tel. 3 82 39
Telex 90 213

in Qasigiannguit:
Sømandshjemmet
Box 111, Tel. 4 50 81

in Qorqut:
Hotel Qorqut
Box 18, Tel. 2 12 82
Telex 90 681

in Sisimiut:
Sømandshjemmet
Box 1015, Tel. 1 41 50
Telex 90 856

Hotel Sisimiut
Box 76,
Tel. 1 48 40/1 42 63
Telex 90 802

in Qeqertarsuaq:
Hotel Puisi
Tel. 4 73 91

in Uummannaq:
Hotel Uummannaq
Tel. 4 85 18
Telefax 4 82 62

Jugendherbergen/Hütten: In Narsarsuaq, Narsaq und Qaqortoq bestehen Übernachtungsmöglichkeiten in Jugendherbergen (mit Schlafsack!). In den Sommermonaten können Wanderer in Südgrönland in einfachen Hütten der Schafzüchter übernachten. Dafür ist ein Hüttenschein erforderlich, den man erhält bei

Dansk Vandrelag
Kultorvet 7
DK-1175 Kopenhagen K
Die Übernachtungspreise liegen bei ca. 30 DM.

Mit Unterbringung in **Privatquartieren** kann man in Grönland nicht ohne weiteres rechnen. Man sollte daher die Unterkunftsfrage auf jeden Fall vor der Reise regeln.

Camping: Es gibt in Grönland keine Campingplätze im üblichen Sinne mit sanitären Anlagen etc., doch haben die meisten Städte Flächen für das Zelten ausgewiesen (Anfragen in den jeweiligen Rathäusern bzw. Polizeidienststellen). Außerhalb von Ortschaften darf überall frei gezeltet werden – einzige Ausnahmen bilden archäologische Fundstellen und Äcker in Südgrönland.

URLAUBSAKTIVITÄTEN

Angeln: Grönland hat bei passionierten Anglern, die die Fischjagd mit einem ungewöhnlichen Landschaftserlebnis verbinden wollen, einen guten Ruf. So bieten mehrere Reiseveranstalter spezielle Anglerreisen auf die Insel an. Zwar gibt es praktisch nur eine einzige ausgesprochene Süßwasserfischart, den arktischen Saibling (auch Bergforelle oder Grönlandlachs genannt), doch ziehen auch die atlantischen Lachse von den Fjorden in die Flüsse, so daß man auch dort dem nordischen König der Fische nachstellen kann. Die beste Zeit für den Lachsfang in den Fjorden ist Ende Mai/Mitte Juni, in den Flüssen ab Mitte Juli. Meeresfische, die man in den Fjorden und an der offenen See angeln kann, sind der Heilbutt, Seewolf, Katzfisch, Rotbarsch, Grönlandhai und Rochen. Für das Fischen im Salzwasser ist – mit Ausnahme von Lachs und Saibling – keine Genehmigung erforderlich. Für die Binnengewässer dagegen benötigt man einen Angelschein, den man gegen eine Gebühr bei den örtlichen Polizeidienststellen, in den Fremdenverkehrsbüros oder in den größeren Hotels erhält.

Bergsport: Von den Bergwanderungen bis zu hochalpinen Klettertouren bietet Grönland unbegrenzte Möglichkeiten. Für größere Bergsteigunternehmen muß die Genehmigung des Grönlandministeriums in Kopenhagen (s. S. 200) eingeholt werden. U. a. ist der Abschluß einer Such- und Bergungskosten-Versicherung vorgeschrieben. Die extremen Witterungsbedingungen und die weiten Entfernungen bis in die besiedelten Gebiete erfordern besondere Vorsichtsmaßnahmen – *vor jedem Alleingang wird gewarnt.* Organisierte Touren veranstaltet u. a. der Deutsche Alpenverein (Fürstenfelder Str. 7, 8000 München). Der Dänische Wanderverein DVL organisiert Bergwanderungen auf den Narsaq- und Qaqortoq-Halbinseln. Übernachtet wird dabei in Berghütten bzw. in Zelten. Auch zwischen Sisimiut und Kangerlussuaq sowie an der Disko-Bucht werden Bergwanderungen unterschiedlichen Schwierigkeitsgrades veranstaltet. Für Gruppen, die Berge oder Gletscher besteigen wollen, hat man am Tasermiut-Fjord bei Nanortalik in Südgrönland ein Basislager angelegt, das auch als Ausgangspunkt für Expeditionen auf das Inlandeis dient (s. S. 141). Neu: die Besteigung des »Herzberges« auf der Insel Uummannaq.

Bootsverleih: An einigen Orten können Motorboote bzw. Kutter mit Besatzung gemietet werden. Diese Fahrzeuge müssen von der staatlichen Schiffskontrolle zugelassen sein; sie tragen am Bug den Kennbuchstaben P mit einer Nummer.

Expeditionen: Grönland ist ein beliebtes Ziel für wissenschaftliche

und sportliche Expeditionen. Wer beabsichtigt, das Inlandeis zu überqueren oder Berge und Gletscher mit höheren Schwierigkeitsgraden zu besteigen, muß das vor der Abreise beim Grönland-Ministerium in Kopenhagen anmelden. Das Ministerium kann jede Expedition verbieten, wenn sie unverantwortlich erscheint. Es kann außerdem den Abschluß einer Spezialversicherung verlangen, die die Kosten für eventuelle erforderliche Rettungsaktionen trägt. Hilfe bei der Vorbereitung von Expeditionen erteilt:
Grønlands Reisebureau
Postbox 330
Nuuk/Grønland
Tel. 2 44 55

Jagd: Jagdinteressierte Touristen müssen sich mit Rentieren, Weiß- und Blaufüchsen, Schneehasen und Vögeln (außer Greifvögeln und Adlern) zufriedengeben. Robben dürfen von Nichtgrönländern nicht geschossen werden. Eisbären, Moschusochsen, Falken und Schnee-Eulen sind total geschützt. Den Jagdschein gibt es gegen mit Wildart wechselnder Gebühr bei den örtlichen Polizeibehörden, in den Touristenbüros und in den großen Hotels.

Skisport: Trotz der langen, schneereichen Winter ist der Skisport in Grönland nicht sehr stark verbreitet. Mehrere Städte haben jedoch mittlerweile Skilifte und Loipen. Gute Möglichkeiten gibt es für Skiwanderungen. Allerdings sollte man wegen der extremen Witterungs- und Landschaftsbedingungen größere Touren nur in der Gruppe unter Leitung von grönlanderfahrenen Führern unternehmen. Organisierte Skiwanderungen werden von verschiedenen Veranstaltern angeboten, darunter auch mehrtägige Ski-/Hundeschlitten-Touren mit Übernachtung in Zelten, die von Kangerlussuaq und Sisimiut oder umgekehrt (240 km) durch eine faszinierende und völlig menschenleere Berglandschaft führen.

VERKEHR

Binnenflugverkehr: Innerhalb Grönlands erfolgt der Passagierverkehr überwiegend auf dem Luftwege. Die grönländische Luftfahrtgesellschaft ***Grønlandsfly*** setzt dafür Kurzstartflugzeuge vom Typ DeHavilland DHC 7 (34–50 Passagiere) und Großhubschrauber vom Typ Sikorsky S-61 N (24 Passagiere) ein. Von Kangerlussuaq, das im 2. Weltkrieg von der amerikanischen Luftwaffe als Stützpunkt angelegt worden war, werden die Reisenden nach Nuuk oder Ilulissat per Flugzeug weiterbefördert. Von dort aus erfolgt der Weitertransport per Helikopter, und zwar von Nuuk nach Paamiut und Maniitsoq, von Ilulissat nach Qasigiannguit, Aasiaat, Qeqertarsuaq, Uummannaq und Upernavik. Direkte Hubschrauberverbindungen bestehen von Kangerlussuaq nach Sisimiut und Maniitsoq. Außerdem werden von Kangerlussuaq aus die Flughäfen Narsarsuaq in Südgrönland und Kulusuk in Ostgrönland angeflogen. Von Narsarsuaq aus kann man mit dem Helikopter die Städte Kangilinnguit, Nanortalik, Narsaq, Paamiut und Qaqortoq anfliegen.

Durch den Bau von Flughäfen in Nuuk und Ilulissat, die praktisch bei jedem Wetter angeflogen werden können, und den damit verbundenen Einsatz der relativ schnellen und weitgehend witterungsunabhängigen Kurzstartflugzeuge hat sich die Situation im Binnenflugverkehr gegenüber früher wesentlich verbessert. Noch bis Anfang der achtziger Jahre mußte man häufig tagelang in Kangerlussuaq auf den Weiterflug warten, weil Hubschrauberflüge wegen schlechten Wetters immer wieder ausfielen. Dieses Risiko besteht nach wie vor für die Flüge nach Sisimiut und Maniitsoq und die Weiterflüge von Nuuk, Ilulissat und Narsarsuaq. Für Helikopterverbindungen werden wegen dieser Unsicherheit keine Reservierungen entgegengenommen. Die Platzzuweisung erfolgt in der Reihenfolge des Eintreffens auf dem Flughafen. Es besteht also keine Gewähr für die Beförderung an einem bestimmten, vorgeplanten Tag. Das Risiko von Flugausfällen ist in den Wintermonaten besonders groß. Auf dem Flughafen Kangerlussuaq gibt es ein Transithotel, in dem über Nacht wartende Transitpassagiere automatisch (auf eigene Kosten!) untergebracht werden.

Die Flugpreise auf der Insel sind hoch. Auf einigen wenigen Strecken gelten bei Abflügen am frühen Morgen reduzierte Preise.

Schiffsverkehr: Entlang der Westküste und in Südgrönland verkehren außerdem Passagierschiffe und Versorgungskutter, die eine begrenzte Zahl von Reisenden befördern. So pendeln die beiden Schiffe MS *Disko* (200 Passagiere/64 Schlafplätze) und MS *Kununguak* (200 Passagiere/104 Schlafplätze) zwischen Upernavik im Norden und Narsarsuaq im Süden. Dabei werden regelmäßig bis zu 15 Häfen angelaufen, die Orte im Norden allerdings nur im Sommer, die Häfen im Süden praktisch mit Ausnahme der Zeit vom 20. 1. bis 1. 4. das ganze Jahr über. Die genauen Fahrpläne bei:

Grønlands Rejsebureau
Gammel Mønt 12
Postbox 130
DK-1117 Kopenhagen K
Tel. 33 13 10 11

In der Disko-Bucht bedient die *Tugalik* (100 Plätze) einmal pro Woche die kleineren Orte, in Südgrönland die *Taterak* (80 Passagiere) und im Gebiet um Maniitsoq die *Aviaq Ittuk* (20 Passagiere). Da die Schiffe stets dicht unter der Küste oder in den Fjorden fahren und in der Regel mehrere Stunden Aufenthalt in den Häfen haben, die zumeist für einen Rundgang ausreichen, bietet die Reise mit den Küstenschiffen die beste Gelegenheit, sich einen ersten Eindruck von Land und Leuten zu verschaffen. Wegen der geringen Passagierkapazität sollte man Passagen möglichst schon Monate im voraus buchen. (Buchungen u. a. bei den dänischen Reisebüros oder Grønlands Rejsebureau.)

Taxis/Mietwagen: Trotz der wenigen Straßenkilometer auf der Insel gibt es in allen größeren Orten überraschend viele Taxis. Man hat keine Probleme, vom Hubschrauberlandeplatz oder vom Schiffsanleger ins Hotel zu kommen. Mietwagen gibt es nur in Nuuk:

Godhåb Autoservice
Tel. 2 35 00

Nuuk Auto
Tel. 2 22 30

Hotel »Hans Egede«
Tel. 2 42 22

Hunde/Hundeschlitten: Das einzige Transportmittel während der langen Wintermonate war bis zur Aufnahme des Hubschrauberverkehrs der Hundeschlitten. Aber auch heute noch ist dieses für die Arktis charakteristische Fahrzeug unentbehrlich für den »Nahverkehr« im nördlichen Teil der Insel, z. B. für das Eisfischen weit außerhalb der Siedlungen, bei dem der Fang – oft viele hundert Kilo – heimgebracht werden muß. Im Süden wird man vergeblich nach Schlittenhunden suchen. Dort ist deren Haltung untersagt. Die Tiere stellen ein zu großes Risiko für die Schafherden dar. Der »Hundeäquator« verläuft nördlich der Stadt Sisimiut. An der Ostküste und nördlich der Hundegrenze hat praktisch jedes Haus sein Gespann von 8–15 Tieren – die meisten Orte dort zählen mehr Hunde als Einwohner. Während man noch vor wenigen Jahren überall streunende Tiere sah, müssen sie heute ständig an der Kette gehalten werden, wenn ihr Besitzer nicht riskieren will, daß sie von offiziell bestellten »Hundejägern« abgeschossen werden. Das war notwendig geworden, weil die kaum gezähmten Tiere häufiger Kinder anfielen und in einigen Fällen sogar töteten. Bei den Grönland-Hunden handelt es sich um eine besonders widerstandsfähige, kräftige Rasse, in die kein fremdes Blut eingekreuzt wird. So besteht ein absolutes Einfuhrverbot für Hunde auf der Insel. Hunde werden ausschließlich als Zugtiere gehalten. Sie entwickeln ihre größte Aktivität bei minus 15–20 Grad. Ein zehnköpfiges Gespann – fächerförmig vor den Schlitten gespannt und mit der Peitsche dirigiert – kann Lasten bis zu 400 Kilo je nach Gelände mit 10 bis 12 km/Std. fortbewegen. Tagesstrecken von 70 km sind keine Seltenheit.
Die grönländischen Schlitten wirken im Gegensatz zu den leichten kanadischen plump und schwerfällig. Sie erweisen sich beim Fahren allerdings als sehr praktisch und robust. Da man für alle Verbindungen der Einzelteile keine Nägel und Schrauben, sondern Bänder verwendet, ist die ganze Konstruktion sehr elastisch. Das erweist sich bei den Fahrten über Stock und Stein als großer Vorteil. In einigen Orten finden im späten Frühjahr Schlittenrennen statt. Hundeschlittenfahrten für Touristen – von Halbtagstouren bis zu mehrtägigen Ausflügen – gehören zu den besonderen Attraktionen eines Winterurlaubs auf der Insel. Landschaftlich besonders attraktiv und gut organisiert sind die Fahrten von Qasigiannguit, Ilulissat, Uummannaq und Tasiilaq.

Kajak: Der Kajak war bis zur Einführung von Motorbooten das wichtigste »Jagdinstrument« der Eskimos, das sie praktisch in unveränderter Form seit fast 1000 Jahren benutzen. Das ca. 5 Meter lange Boot mit seinem Gerippe aus Treibholz und seiner Bespannung aus enthaarten Fellen der Sattelrobbe oder der Klappmütze wird auf die Hüftbreite seines Besitzers maßgearbeitet. Für alle Nähte werden zu Garn gedrillte Walroß- oder Robbensehnen benutzt. Mit geflochtenen Sehnen oder Lederriemen werden auch die Einzelteile des Kajakgerippes miteinander verbunden. Ähnlich wie der Schlitten erhält das Boot dadurch eine hervorragende Elastizität. Der Einstieg läßt sich völlig wasserdicht verschließen, so daß selbst bei der berühmten *Eskimorolle* kein Tropfen Wasser eindringt. Lederriemen, die man an bestimmten Stellen über das Deck spannt, dienen zur Befestigung der für die Jagd notwendigen Geräte wie Harpunen, Haken, Messer und Leinen. Der Kajak muß so schmal sein, daß man sich möglichst geräuschlos über das Wasser bewegen kann, wobei Geschwindigkeiten von 10–15 Knoten erreicht werden. Vom Kajak aus jagten die Eskimos nicht nur Robben, sondern sogar Walrosse und Wale bis zu 10 m Länge. Heute werden die Boote nur noch an der Ostküste und im südlichsten und nördlichsten Grönland für die Jagd verwendet.

WETTER

Grönland gehört zur arktischen Klimazone, obgleich ein großer Teil der Insel südlich des Polarkreises liegt. Entscheidenden Einfluß auf die Temperaturen haben die vorbeiziehenden kalten Meeresströmungen – vor allem der Polarstrom an der eisreichen Ostküste – sowie die 2,5 Millionen km³ Eis, die das Innere der Insel bedecken. Das führt zu erheblichen Temperaturunterschieden. Während die sommerliche Durchschnittstemperatur an der Westküste bei plus 12 Grad liegt, beträgt sie für das Inselinnere minus 11 Grad. Im Süden klettert die Quecksilbersäule im Sommer über die 20-Grad-Marke (Höchstwert 28 Grad), und auch an der Disko-Bucht liegen die Sommertemperaturen nicht wesentlich niedriger. Dagegen zeigen die Wintertemperaturen weit größere Extreme. Während im Norden minus 50 Grad keine Seltenheit sind, mißt man im Süden kaum Temperaturen unter minus 30 Grad. (Kälterekord in Nordgrönland am 8. Januar 1954: minus 70 Grad). Erhebliche Unterschiede gibt es auch zwischen der West- und der Ostküste, wo die Temperaturen wesentlich niedriger liegen als im Westen. Die große Winterkälte ist dadurch erträglich, da es sich in der Regel um trockene Kälte handelt. Insgesamt liegt die Luftfeuchtigkeit auf der Insel niedriger als in Mitteleuropa. Niederschläge gibt es vorwiegend an der Küste; landeinwärts ist es meist trockener, wobei man die stabilsten Wetterverhältnisse an der Disko-Bucht findet.

Kleidung: Bei der Kleidung muß man berücksichtigen, daß die Temperaturschwankungen während eines Tages sehr groß sein können. So dürfen dicke Pullover (noch besser zwei dünne), wind- und wasserdichte Jacken oder Anoraks sowie eine Wollmütze selbst im Sommergepäck nicht fehlen, ebensowenig wie derbe Wanderschuhe. Wegen der intensiven Sonnenstrahlung sollte man eine gute Sonnenbrille und Sonnenschutzcreme dabeihaben.
Für den Aufenthalt am Ende der Fjorde und weiter landeinwärts empfiehlt

sich die Mitnahme von Anti-Mücken-Mitteln.
Bei Winterreisen sollte man eine warme Daunenjacke oder einen gefütterten Mantel bereits im Handgepäck haben, da den Reisenden beim Verlassen des Flugzeugs in Kangerlussuaq Temperaturen von minus 30 oder 40 Grad erwarten können. Unentbehrlich sind Thermo- oder Angoraunterwäsche mit langen Unterhosen, mehrere Pullover, lange, winddichte daunen- oder kunststoffgefütterte Kapuzenanoraks, dick gefütterte Stiefel, Wollmützen (am besten Schlupfmützen) und gute Handschuhe. Für Hundeschlittenfahrten benötigt man wärmste Kleidung, etwa Thermo- oder Daunenanzüge. Mit jeder Art von eleganter Kleidung sollte man sein Fluggepäck gar nicht erst belasten – für den Abend im Restaurant reicht legere Kleidung völlig aus.

Reisezeit: Die günstigste Zeit für eine Sommerreise liegt zwischen Ende Juni und Anfang September. In diesen Wochen herrschen – nach mitteleuropäischen Maßstäben – frühsommerliche Temperaturen, die Mitternachtssonne sorgt für langes Tageslicht, und die Vegetation zeigt eine oft überraschende Blütenpracht. Für Winterreisen sollte man die Zeit zwischen Mitte Februar und Anfang Mai wählen. Extreme Witterungsverhältnisse beeinträchtigen im Winter häufiger die Flugverbindungen auf den Hubschrauberrouten. Da es dann keine Ausweichmöglichkeiten auf andere Verkehrsmittel gibt (die Schiffahrt ruht während des Winters), muß man u. U. Wartezeiten von mehreren Tagen in Kauf nehmen.

ZEITSYSTEM

Auf der Insel gilt UTC (Universal Time Corrected) –4 Stunden, d. h., wenn es in Mitteleuropa 12 Uhr mittags ist, ist es auf Grönland 8 Uhr.

Register

Island

GRÖNLAND

(Ortsnamen jeweils in dänischer bzw. grönländischer Version)

Abbildungen

airtours international (15), Danish Tourist Board (7), Isländisches Fremdenverkehrsamt (11), Hans Joachim Kürtz (10), Silvestris (2)
Karten: H. Schultchen, Hamburg